数字金融产业创新发展、传导效应与风险监管研究

Research on the Digital Finance Industry's Innovation Development, Conduction Effect and Risk Supervision

姚 博 著

经济管理出版社
ECONOMY & MANAGEMENT PUBLISHING HOUSE

图书在版编目（CIP）数据

数字金融产业创新发展、传导效应与风险监管研究/姚博著. —北京：经济管理出版社，2019.6
ISBN 978-7-5096-6568-8

Ⅰ. ①数… Ⅱ. ①姚… Ⅲ. ①数字技术—应用—金融业—研究—中国 Ⅳ. ①F832-39

中国版本图书馆 CIP 数据核字（2019）第 081614 号

组稿编辑：宋　娜
责任编辑：宋　娜　张广花
责任印制：梁植睿
责任校对：陈　颖

出版发行：经济管理出版社
（北京市海淀区北蜂窝 8 号中雅大厦 A 座 11 层　100038）
网　　址：www. E-mp. com. cn
电　　话：(010) 51915602
印　　刷：三河市延风印装有限公司
经　　销：新华书店
开　　本：720mm×1000mm/16
印　　张：16.5
字　　数：243 千字
版　　次：2019 年 6 月第 1 版　　2019 年 6 月第 1 次印刷
书　　号：ISBN 978-7-5096-6568-8
定　　价：98.00 元

第七批《中国社会科学博士后文库》编委会及编辑部成员名单

本书获国家社会科学基金“比较优势演变作用下我国产业参与国际分工及价值链地位提升研究”（16CJY035）项目资助。

序　言

博士后制度在我国落地生根已逾30年，已经成为国家人才体系建设中的重要一环。30多年来，博士后制度对推动我国人事人才体制机制改革、促进科技创新和经济社会发展发挥了重要的作用，也培养了一批国家急需的高层次创新型人才。

自1986年1月开始招收第一名博士后研究人员起，截至目前，国家已累计招收14万余名博士后研究人员，已经出站的博士后大多成为各领域的科研骨干和学术带头人。其中，已有50余位博士后当选两院院士；众多博士后入选各类人才计划，其中，国家百千万人才工程年入选率达34.36%，国家杰出青年科学基金入选率平均达21.04%，教育部“长江学者”入选率平均达10%左右。

2015年底，国务院办公厅出台《关于改革完善博士后制度的意见》，要求各地各部门各设站单位按照党中央、国务院决策部署，牢固树立并切实贯彻创新、协调、绿色、开放、共享的发展理念，深入实施创新驱动发展战略和人才优先发展战略，完善体制机制，健全服务体系，推动博士后事业科学发展。这为我国博士后事业的进一步发展指明了方向，也为哲学社会科学领域博士后工作提出了新的研究方向。

习近平总书记在2016年5月17日全国哲学社会科学工作座谈会上发表重要讲话指出：一个国家的发展水平，既取决于自然科学发展水平，也取决于哲学社会科学发展水平。一个没有发达的自然科学的国家不可能走在世界前列，一个没有繁荣的哲学社会科学的国家也不可能走在世界前列。坚持和发展中国特色社会主义，需要不断在实践中和理论上进行探索，用发展着的理论指导发展着的实践。在这个过程中，哲学社会科学具有不可替代的重要地位，哲学社会科学工作者具有不可替代的重要作用。这是党和国家领导人对包括哲学社会科学博士后在内的所有哲学社会科学领域的研究者、工作者提出的殷切希望！

中国社会科学院是中央直属的国家哲学社会科学研究机构，在哲学社会科学博士后工作领域处于领军地位。为充分调动哲学社会科学博士后研究人员科研创新的积极性，展示哲学社会科学领域博士后的优秀成果，提高我国哲学社会科学发展的整体水平，中国社会科学院和全国博士后管理委员会于2012年联合推出了《中国社会科学博士后文库》（以下简称《文库》），每年在全国范围内择优出版博士后成果。经过多年的发展，《文库》已经成为集中、系统、全面反映我国哲学社会科学博士后优秀成果的高端学术平台，学术影响力和社会影响力逐年提高。

下一步，做好哲学社会科学博士后工作，做好《文库》工作，要认真学习领会习近平总书记系列重要讲话精神，自觉肩负起新的时代使命，锐意创新、发奋进取。为此，需做到：

第一，始终坚持马克思主义的指导地位。哲学社会科学研究离不开正确的世界观、方法论的指导。习近平总书记深刻指出：坚持以马克思主义为指导，是当代中国哲学社会科学区别于其他哲学社会科学的根本标志，必须旗帜鲜明加以坚持。马克思主义揭示了事物的本质、内在联系及发展规律，是“伟大的认识工具”，是人们观察世界、分析问题的有力思想武器。马克思主义尽管诞生在一个半多世纪之前，但在当今时代，马克思主义与新的时代实践结合起来，显示出更加强大的生命力。哲学社会科学博士后研究人员应该更加自觉地坚持马克思主义在科研工作中的指导地位，继续推进马克思主义中国化、时代化、大众化，继续发展

21 世纪马克思主义、当代中国马克思主义。要继续把《文库》建设成为马克思主义中国化最新理论成果宣传、展示、交流的平台，为中国特色社会主义建设提供强有力的理论支撑。

第二，逐步树立智库意识和品牌意识。哲学社会科学肩负着回答时代命题、规划未来道路的使命。当前中央对哲学社会科学愈加重视，尤其是提出要发挥哲学社会科学在治国理政、提高改革决策水平、推进国家治理体系和治理能力现代化中的作用。从 2015 年开始，中央已启动了国家高端智库的建设，这对哲学社会科学博士后工作提出了更高的针对性要求，也为哲学社会科学博士后研究提供了更为广阔的应用空间。《文库》依托中国社会科学院，面向全国哲学社会科学领域博士后科研流动站、工作站的博士后征集优秀成果，入选出版的著作也代表了哲学社会科学博士后最高的学术研究水平。因此，要善于把中国社会科学院服务党和国家决策的大智库功能与《文库》的小智库功能结合起来，进而以智库意识推动品牌意识建设，最终树立《文库》的智库意识和品牌意识。

第三，积极推动中国特色哲学社会科学学术体系和话语体系建设。改革开放 30 多年来，我国在经济建设、政治建设、文化建设、社会建设、生态文明建设和党的建设各个领域都取得了举世瞩目的成就，比历史上任何时期都更接近中华民族伟大复兴的目标。但正如习近平总书记所指出的那样：在解读中国实践、构建中国理论上，我们应该最有发言权，但实际上我国哲学社会科学在国际上的声音还比较小，还处于“有理说不出、说了传不开”的境地。这里问题的实质，就是中国特色、中国特质的哲学社会科学学术体系和话语体系的缺失和建设问题。具有中国特色、中国特质的学术体系和话语体系必然是由具有中国特色、中国特质的概念、范畴和学科等组成。这一切不是凭空想象得来的，而是在中国化的马克思主义指导下，在参考我们民族特质、历史智慧的基础上再创造出来的。在这一过程中，积极吸纳儒、释、道、墨、名、法、农、杂、兵等各家学说的精髓，无疑是保持中国特色、中国特质的重要保证。换言之，不能站在历史、文化虚无主义立场搞研究。要通过《文库》积极引导哲学社会科学博士后研究人员：一方面，积极吸收古今中外各种学术资源，坚持古为今用、洋为中用。另一方面，以中国自己的实践为研究定位，围绕中国自己的问题，坚持问题导向，努力探索具备中国特色、中国特质的概念、范畴与理论体系，在体现继承性和民族性、体现原创性和时代性、体现系统性和专业性方面，不断加强和深化中国特色学术体系和话语体系建设。

新形势下，我国哲学社会科学地位更加重要、任务更加繁重。衷心希望广大哲学社会科学博士后工作者和博士后们，以《文库》系列著作的出版为契机，以习近平总书记在全国哲学社会科学座谈会上的讲话为根本遵循，将自身的研究工作与时代的需求结合起来，将自身的研究工作与国家和人民的召唤结合起来，以深厚的学识修养赢得尊重，以高尚的人格魅力引领风气，在为祖国、为人民立德立功立言中，在实现中华民族伟大复兴中国梦的征程中，成就自我、实现价值。

是为序。

王京清

中国社会科学院副院长

中国社会科学院博士后管理委员会主任

2016 年 12 月 1 日

摘　要

在过去的十几年里，信息技术的迅猛发展为我们的生产生活带来了巨大的变化，而从2013年开始，数字金融这一新兴产业凭借成本低、速度快、覆盖广的优势迅速发展，对经济社会和传统金融产生了重要的影响。

数字金融的业态非常丰富，例如，以支付宝和微信支付为代表的第三方数字支付，诸多数字P2P网络借贷平台，众安保险等新型数字保险，天使汇和京东众筹等非公开股权众筹，余额宝等数字理财产品，芝麻信用之类的数字征信，网商银行和微众银行等数字银行，还有各种智能投顾产品、数字货币和区块链金融等形式。当前中国的数字金融已经走在世界前列，并且在未来很有可能会引领国际潮流。数字金融的本质仍然是金融，因此具有金融的一般属性，数字金融对宏观经济和小微企业的成长发展具有巨大的推动作用。但实际上，数字金融在一些业务上与传统金融有所重合，因此在一定程度上冲击了传统金融的经营业务和盈利能力，例如，对银行机构的全要素生产率和风险承担带来重要影响，在货币市场中会基于三种渠道产生传导作用，以及与银行间同业市场通过利率发生传染关联性。

本书以数字金融的相关文献如金融创新、信息不对称、信用、大数据、长尾效应、金融风险等理论为基础。首先，深入分析当前我国数字金融发展的几种业态模式，如第三方支付、P2P借贷、数字保险、网络众筹、货币基金、智能投顾、大数据征信和区块链等模式，研究它们的发展现状、存在问题以及未来的发展趋势。其次，实证分析数字金融对实体经济和传统金融影响的计量研究，包括其对经济增长的促进作用，对小微企业成长的影响效果，对商业银行效率和风险承担的影响，通过利率、资产价格、信贷在货币市场发挥传导作用，与银行间拆借利率市场、回购利率市场、债券市场的波动关联性。再次，结合数字金融的风险及其异化，以及各个业态的风险监管问题展开分析，同时借鉴国外数字金融风险的监管经验，探讨我国数字金融风险的监管对策。最后，对促进我国数字金融行业未来规范化发展提出政策建议。

总之，我国的数字金融还处于先行摸索阶段，数字金融又具有高杠杆、涉及面广等特点，数字金融的实践还有很多不完善之处，存在着方方面面的风险，要解决这些问题不能简单地照搬别国经验。因此，需要平衡数字金融的创新与风险之间的关系，搭好健全的监管框架，加快征信建设、自律管理和信息披露的完善工作，实行协调统一的有效监管措施。全面深入剖析和探讨数字金融创新在我国的发展模式与现状、对现实经济与金融市场的传导影响以及风险评价与监管，具有重要的意义。

关键词： 数字金融；业态模式；传导效应；风险与监管

Abstract

In the past ten years, the rapid development of information technology has brought great change to our mode of production and life, since the year of 2013, digital finance has been rapidly expanding with the advantages of low cost, high speed and wide coverage, and it has significant effect on economic society and traditional finance.

The forms of digital finance are very rich, such as the third-party payment with the representatives of AliPay and WeChat payment, P2P, the digital insurance like Zhongan Insurance, the non-public equity based crowd-funding like Tianshihui and Jingdong, digital financial products like Yu'E Bao, Zhima Credit, internet banking and micro banking of digital bank, intelligent investment products, bitcoin, block chain finance, and so on. At present, China's digital finance ranks the world, and in the future it maybe lead the international trend. The essence of digital finance is still finance, so it has the general characteristics of finance, digital finance has huge effect on promoting macro economics and micro enterprises' growth. But in fact, digital finance also has some coincidence with traditional finance in some business, so it may have some impact on traditional finance business and profitability at certain extent, such as it has important impact on the total factor productivity and risk-taking of the commercial bank institution, it produces conduction effect in the money market based on three channels, and it will be related with interbank market through interest rate.

This book is based on the theories of digital finance such as finance innovation, information asymmetry, credit, big data, long tail effect, financial risk, and so on. Firstly, it deeply analyzes several patterns of digital finance, including third-party payment, P2P, the digital insurance, crowd-funding, monetary fund, credit, intelligent investment products, digital bank, block chain and so on, it studies their status, problems and future trend. Secondly, it analyzes the effect of digital finance on real economy and traditional finance, including the promoting effect on the economic growth, and the impact on small and micro enterprises' growth, as well as the effect on commercial bank efficiency and risk-taking, the conduction effect of interest rate, asset price and credit in money market, the relation with the interbank offer rate market, repurchase rate market and bond market. Finally, combined with digital finance risk and alienation, this book analyzes risk regulation issues of each pattern, at the same time, it draws the experience of foreign digital finance risk regulation, discusses the measures of China's risk supervision, and it gives the policy suggestions to promote healthy development of China's digital finance industry.

In short, China's digital finance is still in the exploration stage, digital finance is with high-leverage and wide-range features, digital finance practice has much imperfection, there are many risk problems, and we can't simply copy other countries' experiences to solve these problems. Therefore, we need to balance the relationship between innovation and risk, construct a regulatory framework, speed up the construction of credit, self-discipline management and information disclosure, and implement unified and effective supervision strategy. Additionally, it is of great significance to analyze and explore the innovation of digital finance for China's development model and its status, and the conduction effect on real economic and traditional finance market, and risk evaluation and supervision.

Key Words: Digital Finance; Development Patterns; Conduction Effect; Risk and Supervision

目　录

Contents

第 1 章　绪　论

1.1　选题背景

目前，数字技术已经全面渗透到社会生活的各个领域，数字技术与各个产业的不断融合催生出许多新的行业，带来了效率的提升、产品形态的变化和商业模式的创新。值得注意的是，数字技术在某些行业领域引起的改变可以说是颠覆性的。例如，数字技术与传统金融的结合创造出了许多新的领域，数字金融正在以一种前所未有的姿态展现在人们的面前，越来越受到大众的关注，数字技术正深刻地变革着金融业。数字技术与金融的结合既满足了用户财富保值和增值的需求，也满足了弱势群体对金融服务的需求。我国的数字金融应该说是自 2003 年支付宝上线就出现了，2007 年第一家数字 P2P 平台拍拍贷正式上线，2013 年余额宝的凌空出世引起了人们对数字金融的广泛关注。余额宝迅速引爆了数字金融的巨大能量，其用户和规模急剧增长，2013 年可以说是我国数字金融发展的元年。

数字金融作为一种新出现的模式，打破了传统金融的经营方式，这种模式正在通过各种途径迅速发展和壮大，例如，以支付宝和微信支付为代表的第三方数字支付，诸多 P2P 数字网络借贷平台，众安保险等新型数字保险，天使汇和京东众筹等非公开股权众筹，余额宝等数字理财产品，芝麻信用之类的数字征信，还有智能投顾产品、数字货币和区块链金融等各种形式。自 2013 年开始，这些业态的发展也越来越丰富，从全球来看，目前中国的数字金融发展已经走在世界前列，未来很有可能引领国际潮流。实际上，数字金融在一些业务上与传统金融有所重合，因此在一定程度上冲击了传统金融的经营业务和盈利能力。金融业的快速发展推动了金融普惠的进程，但也面临着数字金融的立法与监管跟不上创新的局面。

数字金融行业的野蛮生长产生了日益突出的问题，由于数字金融融合了金融和互联网技术两方面的高风险，使得数字金融的风险扩散和传染更迅速，数字金融风险一旦大面积发生，监管将变得非常困难，直接威胁到整个金融体系的安全。总之，我国的数字金融还处于先行摸索阶段，数字金融具有高杠杆、涉及面广等特点，面临着技术风险、信用风险、系统风险等许多潜在的问题，要解决这些问题不能简单地照搬别国经验。因此，全面深入剖析和探讨数字金融创新在我国的发展模式与现状，对现实经济与金融市场的传导影响、数字金融的风险评价与监管具有重要的价值。

1.2 研究意义

数字金融作为一种新兴的金融业态出现，可能在未来若干年后仍是中国金融面临的现实。当前，我国正处于数字金融已经走在世界前列的大背景下，深入探讨数字金融的创新发展与应用，对实体经济与传统金融的传导影响以及风险评价与监管具有重要的理论意义和现实意义。

1.2.1 学术价值与理论意义

有关数字金融的概念和商业模式目前的争论焦点还比较多，数字金融的影响研究只集中在对宏观经济和商业银行的理论探讨层面，有关数字金融的风险评价文献多体现在数字 P2P 网络借贷领域，数字金融的风险监管目前主要是以 2016 年 10 月 13 日由包括中国人民银行在内的 17 个国家部委颁布的《互联网金融风险专项整治工作实施方案》和 6 个细分领域的整治文件为主。目前，对数字金融的概念与模式、传导影响、风险评价与监管还未形成较为成熟的思路体系，本书旨在构建从数字金融的创新模式到发挥的传导影响，进而评价数字金融存在的风险与如何监管的分析框架，并在相关理论基础上提出大胆的探索和假设，最终形成有利于数字金融产业健康发展的、更为贴近我国现实的科学解释，本书希望在此方面有所贡献。

1.2.2　应用价值与实践意义

在过去的几年里，我国的数字金融实践活动如火如荼地进行，尤其是以余额宝、支付宝、微信红包为代表的数字金融产品，正在急速地改变着人们的思维和生活方式，甚至是现实的商业形态。这一过程中形成了以下两种观点：一种观点认为，数字金融大大地提高了交易效率，能够实现去中介化，是一种新金融模式；另一种观点认为，数字金融借助大数据和互联网等数字技术手段开展金融行业的业务，因此数字金融只是金融销售和获取渠道上的创新。当然数字金融的各种模式发展情况并不相同，从大部分模式来看，我国的数字金融已经经历了 2011~2014 年的萌芽和膨胀发展阶段，正处于 2015~2018 年的低谷和整合过渡期，再过几年，相信其将逐渐回归理性的正规发展轨道。目前，各种数字金融创新模式的发展进程不同，依据 2016 年的北京大学数字普惠金融指数，笔者发现各地区的业态发展也有很大的差异，数字金融在发展过程中对实体经济和传统金融各领域的传导影响仍然具有较大的异质性，数字金融的风险点需要分清楚各自的轻重缓急，从而做出恰当、有效的监管和应对措施。因此，探讨数字金融各个创新模式的发展现状、在实体经济和传统金融领域发挥的传导作用，针对不同业态的风险点做好监管，并结合国家层面关于数字金融风险专项整治方案的贯彻实施等内容，对于保障我国数字金融产业健康有序发展具有重要的实践意义。

1.3 国内外研究文献综述

1.3.1 国内研究现状

随着数字金融在我国的蓬勃发展，近几年，该领域已经成为当前经济学界重要的争论焦点和研究内容之一，经济学者对此的探索已取得了丰硕的成果。本书旨在考察数字金融在我国当前的创新与发展现状、对宏观经济和传统金融产生的传导影响以及存在的风险和应对策略等问题，通过对相关文献研究进行梳理发现，学者们的研究主要集中在以下几个方面：

（1）关于数字金融概念与模式的评价。在数字金融定义方面，谢平和邹传伟（2012）提出了数字金融的概念，认为数字金融既不同于商业银行的间接融资，也不同于资本市场的直接融资，数字金融是集合支付、信息处理和资源配置为一体的多功能金融。罗明雄等（2014）认为，数字金融是利用网络技术实现资金融通的一种新兴金融服务模式，他们将数字金融分为第三方支付、P2P 借贷、大数据金融、众筹、信息化金融机构以及互联网金融门户六种模式。李博和董亮（2013）从服务形式的角度将数字金融划分为互联网延伸、金融的互联网居间服务和互联网金融服务三种模式。孙浩（2013）从商业化角度将数字金融划分为在线移动 P2P 支付、网上理财、金融大数据三类。吴晓灵（2014）指出数字金融包括：电商的结算业务、小微贷款业务、标准化金融产品销售、借贷信息平台等。王曙光和张春霞（2014）从业务功能的视角将数字金融划分为支付平台型、融资平台型、理财平台型和服务平台型。

在数字金融本质的内涵上，邱冬阳和肖瑶（2014）指出，数字金融的本质是金融，互联网技术只是衍生和完善传统金融体系的一种手段，并将数字金融从事的业务归纳为支付模式、融资模式、理财模式。吴晓求

(2014) 指出，金融与互联网具有耦合性，数字金融可以进一步优化资源配置的功能、提升金融的支付清算功能效率、完善财富管理功能。谭天文和陆楠（2013）从操作平台、征信系统、信息处理、信贷产品和风险、运营成本方面对数字金融的模式与传统金融的模式进行了比对分析。贾甫和冯科（2014）从整合、支撑、内核角度对数字金融进行了分析，认为数字金融是运用数字技术对传统金融缺陷的适当优化。于宏凯（2013）认为数字金融会影响货币政策，带来金融的不稳定，促使监管由机构监管转向行为监管。乔海曙等（2014）认为，数字金融的理论涉及 KMRW 声誉模型、互联网经济理论、梅特卡夫定律、长尾理论等。刘源（2013）认为，余额宝的迅速崛起体现了数字金融具有碎片化经营、实时化操作、流动性、收益性、安全性特征。曹凤岐（2015）认为，数字金融是资金配置错位严重和金融市场运行效率低下的产物，其主要得益于监管套利。张雪梅（2014）认为，中美两国的数字金融发展差异主要是由于利率差别大引起的金融需求侧重点不同、社会保障制度不同，导致了居民理财习惯不同，金融投资渠道多样性导致了服务质量不同，个人隐私保护和法规监管差距造成了市场准入不同。

此外，皮天雷和赵铁（2014）认为，数字借贷平台上汇集了大量的借贷信息，大幅地降低了交易成本和信息不对称性，提高了借贷双方的匹配选择效率。但是，黄益平等（2015）认为，中国网络借贷的发展时间并不长，不断爆发出各种提现困难、平台跑路、网络欺诈和非法集资案件。廖理等（2014）发现数字网络借贷存在地域歧视，但这些歧视并不是理性的。廖理等（2015）的研究还发现与普通学历的借款人相比，高学历人群优先受到出借人投资的优势并不是很明显。王会娟和廖理（2014）较为全面地评价了数字网络借贷的信用认证机制作用，包括信用认证评级、信用认证指标、信用认证方式分别对借贷行为产生的影响。蒋莎莎（2014）通过对宜信模式的研究，认为宜信实质上是一种异化的数字网络借贷模式，其利用专业放贷人的个人放贷模式实质上已经具备了资产证券化的性质，具有较大的风险。袁新峰（2014）对当前数字金融征信发展的思考中提到，良好的征信是数字金融发展的基础，数字金融征信的内涵是，数字金融应该保护客户的隐私，必要时与央行的征信数据系统做好信息共享。

当然，还有一些其他的观点，陈志武（2014）认为，数字金融并不是新金融，它只是在互联网空间内的一种金融产品销售和渠道方式的变化，本质上和银行、资本市场经营的产品没有区别。王国刚和张扬（2015）就数字金融作了深刻的辨析，主要包括以下三个角度：第一，从功能来看其是颠覆性金融还是仅仅提高了金融效率；第二，从机制来看其是新型金融运作还是体制性监管套利；第三，从发展上来看其是主流金融还是拾遗补阙。虽然不同专家和学者对数字金融的认识有所差异，但是达成了一个共识，即数字金融是借助大数据和云计算，利用互联网技术提供金融服务的新兴模式，是传统金融和现代信息技术相结合的产物，目前包括的模式主要有：第三方支付、P2P 借贷、数字保险、网络众筹、数字基金、智能投顾、数字征信、数字货币和区块链等类型的网络金融。当然，本书也认可王国刚和张扬（2015）对有关概念的辨析，即认为数字金融是包括互联网金融在内的更为广泛意义的电子化金融形式。

（2）关于数字金融对实体经济与传统金融体系带来的影响。在过去的20 年间，我国的数字技术通过拓宽金融包容渠道，实现了对实体经济增长的促进作用（谢平，2012；余点点，2013）。数字金融的借贷规模效应对商业银行产生了极大冲击，数字金融改变了传统支付手段，对第三方理财和商业保险产生深远影响（沈悦和郭品，2015；刘海二和石午光，2015）。梁璋和沈凡（2013）认为传统银行受到数字金融的冲击，金融替代效应逐渐增强，银行在资本成本、信用成本和政策红利方面的优势也会逐步降低，数字金融未来在支付、借贷、保险、众筹等领域获得牌照，在投融资和信用创造方面将和银行一样。还有一些学者研究了数字金融对货币政策产生影响的机理和传导途径（朱玲玲，2015；刘澜飚等，2016；邹新月等，2014），以及数字金融产品收益与利率市场、债券市场价格指数变动之间的关联性（祝伟凡，2015；吴诗伟等，2015）。陈海强（2014）认为数字金融为支付结算和渠道营销方面带来了巨大变化，商业银行需要重视数字技术的科技实力，整合资源，做好优化工作，形成新的价值体系。黄益平（2013）认为数字金融削弱了人们对单个金融机构的依赖，避免了金融掠夺，改变了交易结构，颠覆了权利契约，数字金融具有提升消费者效用价值的作用，真正实现了普惠金融和民主金融。戴国强和方鹏飞（2014）研究了数字金融为商业银行带来的风险变化，利率扭曲问题得到纠正。王达（2014）认为数字金融作为影子银行的成员会对整个金融体系发挥效用。缪海滨（2014）指出，货币市场利率与数字金融产品收益率之间具有相互影响的关系，如果利率完全恢复市场化，那么数字金融产品的收益率也会下降。肖大勇和胡晓鹏（2014）认为，数字金融体系拉长信用链条和多次证券化，信用就可以实现几倍的创造，增强了信用扩张的内生性。

针对数字金融为实体经济与传统金融带来的各种影响，如何发挥好数字金融的巨大优势并提升其产生的溢出传导效应将是一个重要的命题。

（3）与传统金融相比，数字金融存在的风险研究。郑联盛（2014）阐明了数字金融的风险主要体现在信息安全风险、操作风险、信用风险、业务风险、法律与信誉风险等方面。何虹（2013）认为数字金融风险主要表现为监管覆盖难以全面、法律体系不够完善、立法过程极为艰难、资金安全监管空白、个人信息容易泄露。杨群华（2013）认为数字金融会有一些特殊的风险，如系统安全风险、技术选择风险、虚拟金融业务风险。刘士余（2014）认为数字金融存在三大风险：机构法律地位不明确、资金第三方存管缺失和内控制度不健全。谢平（2014）认为数字金融风险具有特殊性：一是信息科技风险；二是长尾风险，数字金融拓宽了交易边界，服务了长尾人群。龚明华（2014）认为数字金融存在客户资金安全、信息安全、系统安全等问题，容易对社会稳定造成较大冲击。童文俊（2014）指出数字金融的洗钱风险包括基础层次的风险和深入层次的风险，防范洗钱风险需要制定客户身份识别制度，明确反洗钱义务，建立可疑交易报告制度。金锟和宋良荣（2014）通过对数字金融主体和其他博弈主体的分析，得出数字金融借贷的最大风险是个人征信体系的不健全。曹玲燕（2014）对数字金融风险的要素进行了分析，发现其主要集中在网络钓鱼风险、支付创新风险、操作风险、外部欺诈风险、流动性风险、市场风险以及法规声誉风险上。

（4）关于数字金融的风险评价与监管研究。数字金融风险监管主要集中在监管制度、数字征信等方面。谢平等（2014）指出数字金融有两个突出的风险即信息科技风险和长尾风险，阐述了包括审慎监管、行为监管、消费者保护在内的几种主要监管方式，并特别强调对于具有混业特征的数字金融交易业务，应该注意加强监管协调。王会娟和廖理（2014）探讨了信用评级、信用认证方式以及信用认证指标在数字网络借贷的风险监管中发挥的重要作用。曾建光（2015）依据百度搜索指数提出，数字金融产品的定价和风险感知之间存在正相关关系，进而认为管理层和监管者应该在数字金融的安全性方面保持持续投入。杨东（2015）认为我国现行的管制型立法对数字金融信用风险规制失灵，应当重新厘定信息工具范式，以大数据和征信为基础，发挥信息工具的风险预警作用，完善数字金融法律规制体系。闫真宇（2013）提出了完善数字金融风险监管的法律法规、促进数字金融监管合作、建立完善的消费者权益保护法机制以及加强数字金融行业的自律管理等建议。宏皓（2014）指出规避数字金融风险，需要政府建立跨部门监管机制，数字金融企业建立自律惩戒机制，投资者增强风险意识、提高投资管理水平。屈援和李安（2014）认为数字金融监管要创新理念，坚持鼓励创新与风险防范相结合，坚持扩大信息监测和加强信息披露相结合的监管原则。张海滨（2015）认为防范数字理财风险需要完善理财行业的内控制度、风险管理制度以及消费者权益保护机制。李友星等（2014）论述了数字金融监管的必要性，是要在维护金融市场活力和做好风险管控方面实现均衡。

1.3.2 国外研究现状

Michael Klafft（2008）对 Prosper 数字借贷平台收益率的研究表明，大多数投资绩效并不好，采用一些简单的投资规则能够提高投资组合的收益率。Andrew Verstein（2011）认为数字金融的技术创新和金融创新，使得借款人和投资人在数字 P2P 借贷平台实现了信息共享，另外还分析了数字借贷的监管问题，提出了监管建议。Eric Chaffee 和 Geoffrey Rapp（2012）

研究了《多德—弗兰克华尔街改革和消费者保护法》出台后数字借贷的监管问题，并从多个层面分析目前实施的监管框架效果。Ajay Agrawal 等（2013）和 Eunkyoung Lee 等（2012）认为数字网络借贷中存在羊群效应，当参与投标的人数越多时，越会吸引更多的投标者参与到投标过程中。

Magee（2011）认为，数字金融借贷最大的优势是借款者可以在不提供担保和抵押的情况下以较低的利率筹集到资金，并且投资者可以获得满意的收益。Lee E.和 Lee B.（2012）认为数字金融借贷应当是不提供担保的，由于这个市场的贷款人不是专业的投资者，所以承担了较大的风险。Riza Emekter 等（2014）通过对美国 Lending Club 借贷数据的研究发现，信用等级、债务水平、FICO 得分、借贷循环利用率在贷款违约方面发挥着重要作用，在未来的发展中，平台必须要吸引高 FICO 得分和高收入用户来维持公司业务量。Herzenstein 等（2011）和 Agrawal 等（2010）认为数字众筹融资具有网络低成本交易的优势，与传统融资相比，网络融资不存在地域歧视和地域偏好。Zhang 和 Liu（2012）指出数字 P2P 市场中潜在出借人投资决策绝不仅仅是简单跟随前期出借人投资决策的纯粹行为，他们会积极地进行学习观察，并通过公开信息再调整自己的判断预期。

1.3.3 简要述评

通过对以上的文献梳理笔者发现，有关数字金融的概念还处于争论阶段，对数字金融业态的评价只集中在数字 P2P 借贷领域，全面分析数字金融各种商业模式的研究不多，对数字金融为实体经济和传统金融带来的影响的探讨都是支离破碎的论述，并没有形成逻辑体系，对数字金融的风险探讨所选取的角度也有很大的差别。从整体来看，还缺少对数字金融创新模式、传导影响和风险评价三者之间较为全面、统一、深入的研究，尤其是把三者结合起来，探讨它们之间的关联性，更是没有相关文献进行系统分析。

1.4 研究目标、思路、方法、内容、技术路线

1.4.1 研究目标

本书以数字金融的相关理论分析为基础，首先，深入分析了当前我国数字金融发展的几种业态模式，包括发展现状、存在问题、有何解决办法以及未来的发展趋势；其次，实证分析数字金融对实体经济和传统金融的传导影响的计量研究，包括其对传统金融模式业务的冲击，对经济增长的促进，对商业银行效率和风险承担的影响，通过利率、资产价格、信贷在货币市场传导作用的发挥，与利率市场、债券市场的波动关联性，对小微企业成长的影响效果等；最后，结合数字金融几种模式的潜在风险点，提出数字金融监管过程中面临的诸多复杂问题，并以当前数字金融风险专项整治文件为基础，提出数字金融行业未来的风险监管重点和促进数字金融行业健康发展的政策建议。

1.4.2 基本思路

本书以数字金融相关基础理论、传导效应理论和风险理论为基础，以该领域的研究成果为知识储备，综合运用多学科分析范式和计量统计工具，吸收数字金融、传导影响、风险评价方面的创新性成果，依据“明确研究问题—吸收前人研究成果—理论分析—现状分析—实证传导分析—风险分析—风险监管应对—提出政策建议”的思路，对此进行系统研究。

1.4.3　研究方法

（1）理论分析。以数字金融创新理论、金融中介理论、长尾理论、大数据理论、风险理论等为基础，分析数字金融产业的成长机理，数字金融对实体经济和传统金融的传导影响理论，数字金融的风险类型、风险生成机理、风险监管与规制理论。

（2）对现状的描述分析。对数字金融的几种业态模式（第三方支付、P2P借贷、数字保险、网络众筹、货币基金、智能投顾、大数据征信、数字货币和区块链）进行评价，包括发展现状、具备的优势特征以及代表性案例。

（3）对传导机制的实证分析。采用格兰杰因果检验、脉冲响应、方差分解、VAR（LSTVAR）模型、GARCH模型、动态面板回归以及数值模拟等计量方法，考察数字金融对宏观经济、商业银行、货币市场的传导影响，数字金融与利率市场、债券市场波动的关联性传导效应，实证分析数字金融对小微企业发展的影响。

（4）风险评价分析。针对数字金融主要业态模式的风险点进行着重考察，并结合一些特殊业态的潜在风险进行评价分析，借鉴国外的风险监管经验进行比较分析，以此确定我国的数字金融风险监管重点和健康发展的政策建议选择。

1.4.4　研究内容框架

本书内容共分为8章，每章侧重点有所不同，但各章内容相辅相成，具体内容安排如下：

第1章为绪论，介绍选题背景和研究意义，国内外研究现状，研究目标、思路、方法、内容、技术路线，创新点与不足之处。

第2章为数字金融的相关理论基础，包括金融创新理论、金融抑制理论、金融中介理论、普惠金融理论、金融脆弱性理论、风险理论、信用理论、信息不对称理论、金融监管理论、大数据理论、二八定律以及长尾理论等。

第 3 章为数字金融产业创新发展模式，包括数字支付、数字 P2P 借贷、数字众筹、数字保险、数字基金、智能投顾以及数字征信。

第 4 章为数字金融产业对实体经济的传导效应，包括其对经济增长的推动作用和对小微企业成长的促进效果。

第 5 章为数字金融与传统金融体系之间的传导效应，包括数字金融对银行机构、货币市场的传导机制，与银行间（拆借、回购、债券）市场的传染关联性分析。

第 6 章为数字金融行业的风险及异化分析，主要包括数字金融的风险成因、风险类型、风险特征以及风险传导机制，数字金融问题平台的事实分析，数字金融平台的风险异化分析，各个分业态的风险形式与监管问题分析。

第 7 章为国外数字金融风险监管经验启示与我国数字金融风险应对。通过描述国外的数字金融风险监管经验以及对我国风险监管的启示，我国的数字金融风险监管空白，进而梳理我国数字金融风险监管的原则、方式、要素，以及风险防范对策。

第 8 章为促进数字金融产业规范化发展的政策建议，主要包括应对数字金融风险的五个体系构建，基于国家、行业、企业层面的数字金融风险监管建议，规范数字金融行业发展的根本手段和辅助措施，各个数字金融业态的发展监管，以及探索协调统一的数字金融监管路径。

1.4.5 技术路线

技术路线如图 1–1 所示。

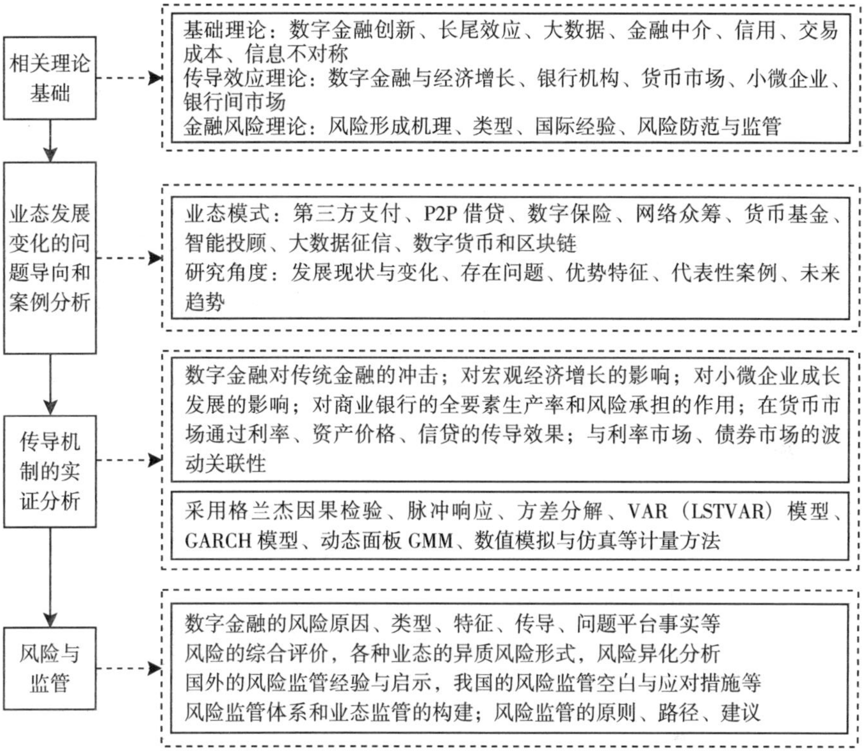

图 1-1 研究技术路线

1.5 创新点与不足之处

1.5.1 创新点

本书针对数字金融的创新发展模式、传导效应与风险监管进行了深入的研究，其创新点如下：

（1）基于数字金融相关理论，构建创新业态模式、传导影响效应、风险评价与监管三者之间的内在逻辑关系和理论框架，分析数字金融创新模式在实体经济与传统金融领域引起的传导效应，以及存在的风险与监管措施的整个路径机制，这是本书的特色之处。

（2）全面评价数字金融几种业态模式（第三方支付、P2P 借贷、数字保险、网络众筹、货币基金、智能投顾、大数据征信、数字货币和区块链）在我国当前的发展现状、具备的比较优势、代表性案例、存在的问题和未来的发展趋势。

（3）构建大样本面板分析数字金融在实体经济和传统金融领域发挥的传导效应机制，采用格兰杰因果检验、脉冲响应、方差分解、VAR（LSTVAR）模型、GARCH 模型、动态面板回归、数值模拟等诸多计量方法，考察数字金融对宏观经济、商业银行、货币市场、利率市场、债券市场影响的关联性传导效应。

（4）对数字金融几种主要模式存在的风险进行探讨，包括使用综合分析法进行客观评价，结合国家“一行两会”[①]或监管部门陆续颁布的数字金融风险监管方案措施，以此为出发点，探讨我国数字金融下一步的监管任务和监管重点，并提出有效的政策建议。

1.5.2 不足之处

受笔者的知识水平、研究能力、工作经历所限，本书还存在很多不足之处，体现在以下几个方面：

（1）对数字金融机构的调研不够深入，对各种数字金融发展出现的新模式缺乏深入的调查研究，难以更深层次领悟和掌握数字金融的最新前沿内容。

（2）数字金融的传导会影响经济社会的方方面面，但限于有限的精力，本书只选取了实体经济中的经济增长和小微企业经济发展的改善情况，以及传统金融包括商业银行机构、货币市场、银行间市场的关联性研究。

---

① 中国人民银行、中国银行保险监督管理委员会（以下简称“银保监会”），中国证券监督管理委员会（以下简称“证监会”），余同。

（3）对数字金融的风险量化模型分析较为欠缺，目前较多的风险模型预测是模糊分析，该分析具有明显的劣势，即主观性和专家评判权重太大，导致分析结果并不理想，所以本书尽可能寻找全面的风险评价分析，包括风险的异化表现。

（4）数字金融作为一种新兴的行业，数字金融风险的监管措施较为匮乏和落后，行业的透明度较低，搜集到的资料可应用性不高。目前，“一行两会”虽然也出台了不少数字金融风险监管举措，但是这些监管办法要真正落实可能面临的问题还不小，鉴于笔者在这方面缺少实践经历，所以对监管的评价和提出的监管建议可能有失偏颇。笔者会在以后的研究中加强理论和实践的学习，以期能够提出更贴近实践研究方面的建议。

第 2 章　数字金融的相关理论基础

2.1　金融创新理论和金融抑制理论

2.1.1　金融创新理论

金融创新的定义包括广义和狭义两种，广义的金融创新是指采用新的技术和方法，通过改变金融体系基本要素的组合赋予其新的功能的过程，包括产品、市场、机构和制度创新；狭义的金融创新则仅指金融产品创新，或者叫金融手段的创新。数字金融是一种典型的金融创新，金融创新会增加新的风险，金融脆弱性会不断上升。

从创新动因来看，金融创新理论包括需求主导型、供给主导型、规避管制型三类。需求主导型金融创新理论主要有财富效应理论和需求推动效应理论。财富效应理论认为财富增长是金融业创新的主要动力，财富增长增大了人们对金融资产和金融交易的需求，改变了人们对金融交易的偏好；需求推动效应理论认为客户对金融产品和金融服务的新需求是金融创新的主要原因。供给主导型金融创新理论主要有技术推动理论和交易成本理论。技术推动理论认为信息技术在金融行业的应用是金融创新的主要原因；交易成本理论认为金融创新的支配因素是降低交易成本的重要构成。规避管制型金融创新理论包括规避管制理论和诱导约束理论。规避管制理论是金融机构为了获得利润而回避政府的管制所引出的；诱导约束理论认为金融创新是金融机构为了获得最大利润，减轻外部对其的金融压抑而采取的自卫行为。

从经济效益来看，金融创新包括微观效应和宏观效应。微观效应主要是分析金融创新对微观经济变量的影响；宏观效应是分析金融创新对宏观经济变量的影响。金融创新对货币需求有稳定作用，通过加入金融创新的货币需求理论模型可以验证，金融创新在决定货币需求总量及波动性中起着重要作用，这种作用随着通货膨胀的提高而增强。

Tufano（2002）把金融创新的动因归纳为六个方面：不完全市场、代理问题和信息不对称、交易和营销成本最小化、税收与监管制度、全球化与风险激励、科技进步。实践证明，许多金融创新是上述因素共同推动的结果，金融创新的主体分为两类：政府和市场。金融制度可以为金融组织提供游戏规则和公平环境，保证金融运行的安全、稳定与效率。

2.1.2 金融抑制理论

金融抑制和金融深化是一个问题的两个方面，金融抑制的核心在于国家对金融的管制导致了金融资源配置效率低下，为了消除金融抑制的恶性循环，必须进行金融深化。麦金农（Mckinnon）和爱德华（Edward）提出了金融抑制理论和金融深化理论，揭示了发展中国家由于利率和汇率管制，对传统部门和私营部门采取信贷歧视手段来抑制金融体系和经济发展，政府如果消除金融抑制，就可以促进经济与金融的良性发展，这就是金融抑制和金融深化。发展中国家的金融抑制情形表现为：负储蓄、负投资、负收入、负就业。总之，金融抑制会造成社会主体享受到很少的金融服务，对社会产生巨大的负面效应。

金融抑制的原因主要是人为因素、银行寡头垄断、资本市场不健全、民营资本很难进入银行体系，所以就需要金融深化和金融改革。整个金融体系向民营资本开放，大力发展影子银行和数字金融体系，为小微群体创造宽松的金融环境，具体表现在：①给数字金融机构提供较低的准入门槛，使得大量的民营资本介入数字金融体系；②逐步实行利率市场化，使得数字金融体系按照市场化利率维系供求关系。

2.2　金融中介理论和普惠金融理论

2.2.1　金融中介理论

阿罗—德布鲁的一般均衡模型以市场完全竞争为假设条件，企业和家庭的行为都是市场行为，不存在金融中介，与中国的现实情况极为不符。经济学界还针对发展中国家的现状指出了一个事实，即金融中介机构比证券市场更占主导地位，并且发现现实中的金融市场离不开金融中介。可以讲，数字金融也是金融中介发展的一种形式，用户使用数字金融平台直接实现了资金的借贷和理财，没有数字金融这个平台，资金需求者无法获取有价值的信息，金融中介存在的主要原因是金融市场信息不对称，这就需要付出交易成本，包括交易前的搜集成本、交易中的结算和支付成本以及交易后的监督成本。

基于功能的视角，一般主要从资产转换、风险承担、流动性创造、参与成本、受托监督五个角度刻画金融中介的特殊性。金融中介主要包括银行类中介、保险公司、证券、基金公司、小贷公司、担保公司、融资租赁公司、典当行等新型的金融中介体系。数字金融平台已成为我国的金融中介体系之一，数字金融壮大使得我国的金融中介数量暴增，这些机构服务于小微个体，为其提供资产转换、流动性创造、风险分担与转移以及为其他金融机构降低参与成本的服务，为政府提供代理监督成本。因此，数字金融的产生、发展与定位，就是金融中介功能的完善与扩展，也是业务多元化、细分化以及专业化的体现。

2.2.2 普惠金融理论

普惠金融最早起源于爱尔兰和德国，是指贷款机构向贫民提供无抵押、无利息的小额贷款，尤努斯的格莱珉银行就是只为穷人发放贷款的银行。世界银行扶贫小组在2005年提出，普惠金融具有包容性特征，能够让小微个体享受金融服务，让金融惠及大众，尤其是让每一个弱势群体能够得益于金融福利，而不是被金融发展所排斥。普惠金融体系对于全球的反贫穷可以发挥巨大的推动作用。普惠金融体系是对传统金融体系的一种创新和发展，体现了包容性增长，让每一个人得到了享受金融服务的机会。大型企业和有钱人已经享受到了相当多的金融服务，普惠金融的客户主要是传统金融服务不到的人群，普惠金融并不是与传统金融分蛋糕，而是传统金融的补充。

2.3 金融脆弱性理论和风险理论

2.3.1 金融脆弱性理论

金融脆弱性理论主要是为了分析金融风险成因、促进金融稳定的理论，金融脆弱性分为广义和狭义两种。广义的金融脆弱性是指趋于高风险的金融状态，包括一切融资领域的风险积聚；狭义的金融脆弱性是指高负债的特性导致金融业更容易陷入困局。明斯基提出的金融脆弱性理论，将借款企业分为安全性、投机性、高风险性三类。安全性借款企业的特点：预期收入总额大于到期债务本息，每个时期的预期收入都能够偿还到期债务本息，风险较低。投机性借款企业的特点：在借款后的前一段时间里，每一期的预期收入只能偿还到期债务利息，但长期预期收入大于债务总额。高风险性借款企业的特点：预期收入大于债务总量，但预期收入不仅小于到期债务本金，甚至小于到期利息，直到最后一期的预期收入才能够偿还每一期的到期债务。

之后，克瑞格从银行角度对借贷市场的金融脆弱性进行了研究，提出了安全边界理论，安全边界即为银行利息所提供的风险报酬和收益保障，银行的借贷主要取决于借款人过去的借贷记录，而不太关注未来的预期收益保障。随着经济扩张，高风险项目不会立即出现问题，银行会根据以往的借贷记录做出借贷决定，结果安全边界会不断地降低，金融脆弱性会逐步提升。

2.3.2　风险理论

风险是指实际收益与预期收益之间存在差异的不确定性，金融风险是指各种因素导致实际收益和预期收益的偏差。数字金融平台提供金融信息服务，但潜在的金融风险又会不时地出现。风险控制需要以下五个步骤：①风险识别，确定数字金融借贷平台流程，掌握风险易发环节，对关键风险因素进行预判，建立风险识别指标体系；②风险评估，运用大数据估计风险发生的概率，平台自身也要对各个风险环节进行判断；③风险监控，平台建立自己的风险控制指标，时刻监测指标变化，通过层层管理来控制风险；④风险处理，平台针对不同的风险，采取对应的措施，减小风险对平台的损害；⑤风险报告，在风险识别、评估、监控、处理各个环节都要进行报告，进一步加强对风险控制的分析，最终达到控制风险的目的。

2.4 信用理论和信息不对称理论

2.4.1 信用理论

信用是指以借款人对出借人的承诺、信任为基础，借款人在一定时间内获得借款的能力。信用包括两个要素：①授信人对受信人的信任；②授予信用和偿还信用的时间限制。在现代社会中，信用借贷的前提是受信人在信用借贷期限内对借贷资金的还款和付息，信用关系的建立以借贷双方的相互信任为前提。数字金融的发展要以信用理论为基础，资金供给者在了解资金需求者的信用等级状况以后才会转让资金在一定期限内的使用权利，资金需求者需要在合约到期以后偿还资金和利息。当出现信用违约时，资金供给者无法得到本金和利息，所造成的信用风险就是最大的风险，信用风险的防范对于数字金融的规范发展具有重要意义。

2.4.2 信息不对称理论

信息不对称理论是在 1970 年由 George Akerlof 提出来的，他认为在市场经济活动中，由于社会分工和专业化，各类交易主体对有关信息的掌握是有区别的，以致在交易过程中难以做出准确判断，信息不对称会导致金融体系中的逆向选择和道德风险问题。由于存在信用不良的借款人，金融机构会审慎发放贷款，同时造成信用良好的借款人无法获得贷款，这就产生了逆向选择问题。借款人从金融机构获得贷款后，采取不负责任的态度，将资金用于不利于金融机构的高风险投资活动中，不能按期偿还贷款和利息，从而产生了道德风险问题。

虽然公平信息披露不能够保障信息不对称的消失，但是公平信息披露会降低信息不对称带来的不良影响。根据信息不对称理论，当前数字金融依托了现代信息工具数字技术手段，采取大数据信用评估方法打通了客户的信息透明度渠道，消除了信息不对称障碍，建立了信息沟通机制。

2.5　金融监管理论与大数据理论

2.5.1　金融监管理论

金融秩序的运行常常伴随着风险的来临，而风险一旦突破就会面临金融危机，为了保障金融秩序和金融体系的安全运行，从金融监管的实践中衍生出了金融监管理论。金融监管有广义和狭义之分。狭义的金融监管是指监管部门对金融机构的各种监督和管制，包括市场准入、业务范围、市场退出等规定和对金融组织机构、风险管理、控制等合规性要求，以及整个立法过程；广义的金融监管还包括金融机构的内部控制和行业的自律性监管。

从国际经验来看，金融监管经历了四个阶段。1930 年以前，中央银行制度普遍确立，金融监管开始出现，重点集中在中央银行实施的货币管理和防止银行挤兑的政策层面。1930~1970 年，金融市场失灵，学者们意识到了金融体系的负外部性、金融市场的信息不对称性、金融机构的垄断性倾向，学者们开始主张政府实施干预的金融监管，研究也多集中在对金融机构经营行为的规制、监管、干预方面，核心是金融体系的安全。1970~1990 年，金融自由化理论主张金融效率优先，放松对金融机构的过度监管，在利率、借贷范围、业务、经营地域上要做出调整。1990 年以后，金融监管主张安全与效率并重：①加强功能监管，降低监管套利的可能性。②加强资本监管，提出最低资本充足率的要求，推行金融机构的资产业务限制制度。③注重市场纪律监管，政府监管与市场约束相结合。④激励监管，将监管与激励方案联系起来。

2.5.2 大数据理论

大数据是以新数据处理技术为手段，通过对海量、结构复杂、内容多样的数据进行分析，以快速预测事情发生的可能性，形成洞察力，得出根本性的判断和预见。在大数据时代，每个主体都可能会产生数据，既是数据的创造者和传播者，也是数据的接收者和分享者，大数据挖掘的是事物背后的关系。大数据与金融业具有高度的契合性，金融业拥有着丰富和爆发式增长的客户数据，主要被运用到数字金融的风险监管中，数字金融的海量客户信息正是通过大数据分析技术来实现的。当前，商业银行积累了大量的用户流水数据，但银行各部门之间的关联性不高，造成了数据整合的难度，利用大数据可以促进银行对沉淀数据的深度挖掘。此外，金融机构还可以以现有数据为基础，做好用户消费习惯和行为的预测分析模型，有效地提高客户的转化率。

2.6 二八定律与长尾理论

帕累托在 1909 年通过实证研究发现社会财富分布并不遵循正态分布原则，而是一种不规则的帕累托分布，也就是少数人掌握了社会的大量财富，而剩下的小部分财富由大量穷人分配，进而提出 20%的人掌握着 80%的社会财富，即二八定律。根据二八定律，传统商业银行将 20%的优质客户作为其盈利资源，低成本吸引这些大客户，造成大量中小客户的利益受到严重挤压。

相对于二八定律的长尾理论，其原理是积少成多，当数量足够庞大时，小市场也可以汇聚成大规模，80%的客户需求虽然零散、小量，但是聚集起来就是一个巨大的长尾市场。

数字技术使得长尾市场的边际成本变得更低甚至为零，数量庞大的客户群体使得长尾效应更加有效，降低了门槛，增大了“尾巴”，长尾理论的提出是对传统二八定律的彻底否定。金融市场就是典型的长尾市场，传统银行的重心是集中在20%的高净值客户的金融需求上，而数字金融机构的业务创新主要针对分布在金融长尾尾部的小额、零散、个性化的融资和理财需求群体上，它们依靠自己的特点，服务80%的中小客户，把长尾客户变成了它们特有的发展空间，但同时也使得数字金融的风险覆盖面更大、影响范围更广。

第 3 章　数字金融产业创新发展模式

3.1　数字支付

支付是人类在社会经济中完成交易的重要手段。随着电子技术的发展，人们的支付方式从早期的实物支付和现金支付，逐步演变为 20 世纪的非现金支票、银行卡和电话支付。进入 21 世纪，随着数字信息技术的发展，支付方式更进一步向互联网支付、移动支付方向发展，成为现代社会的一个重要支付方式。

从支付便利性角度来看，数字网络及移动支付能够减少支付环节，降低支付成本。例如，依赖支付宝、微信支付等第三方支付服务，可以很方便地将小额闲置资金转入余额宝进行理财投资，在满足信用条件的前提下，可以向“微粒贷”申请几百元到几万元的小额借款。从支付可得性角度来看，数字网络和移动支付可显著提高偏远地区金融服务的可得性，解决农村偏远地区的金融服务“最后一公里”问题。目前，中国的数字支付主要来自银行业和第三方机构的支付业务，下面逐一分析，其中，数字支付业务的各参与方如图 3-1 所示。

根据北京大学数字普惠金融指数，本书描绘了各省的数字支付变化情况，从图 3-2 可以看出，2011 年到 2013 年再到 2015 年我国部分省、自治区、直辖市的数字支付指数增长很快，这与最近几年我国的数字普惠金融发展密切相关。另外，上海市、浙江省、北京市的数字支付程度要远远超

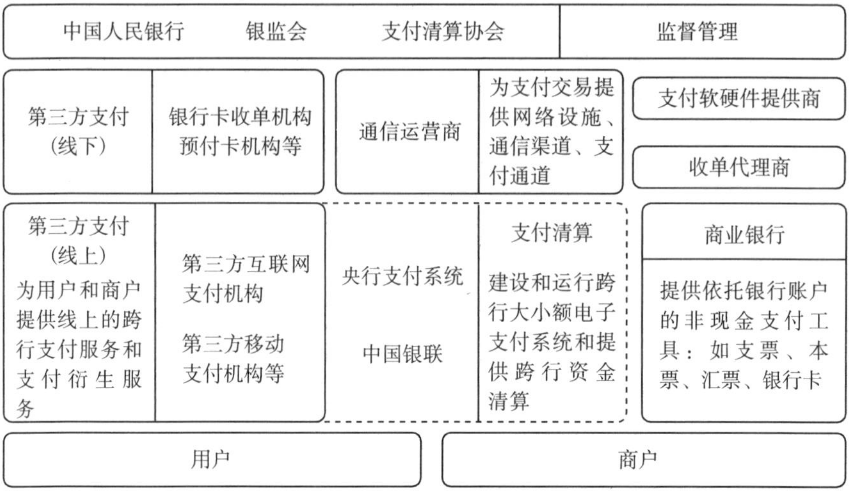

图 3-1　中国的数字支付业务参与方

资料来源：艾瑞咨询：《2015 年第三方移动支付研究报告》。

过其他省、自治区、直辖市，排名靠后的主要是青海省、新疆维吾尔自治区等地区，这也与当地的经济发展和数字金融发展有很大的相关性。从图 3-3 可以看出，互联网金融发展越突出的地区，数字支付的程度越明显，即数字支付与互联网金融发展正相关，尽管也出现一些异常城市，比如互联网金融发展指数高但数字支付程度不高的城市，这是因为每个地区在数字支付、数字借贷、数字理财、数字征信领域的优势方面有所区别。

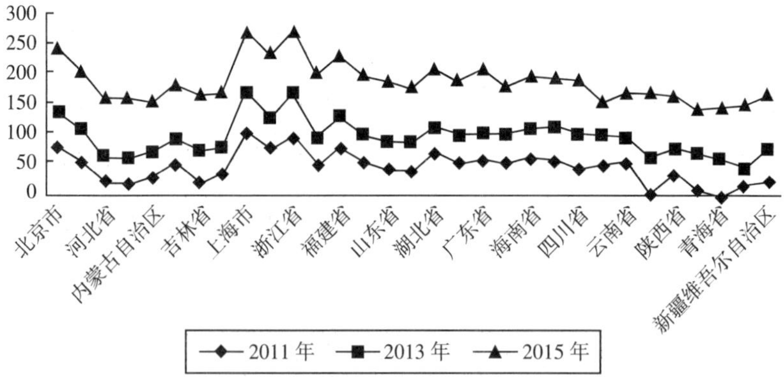

图 3-2　我国部分省、自治区、直辖市的数字支付指数发展变化

资料来源：北京大学数字普惠金融指数（支付部分）。

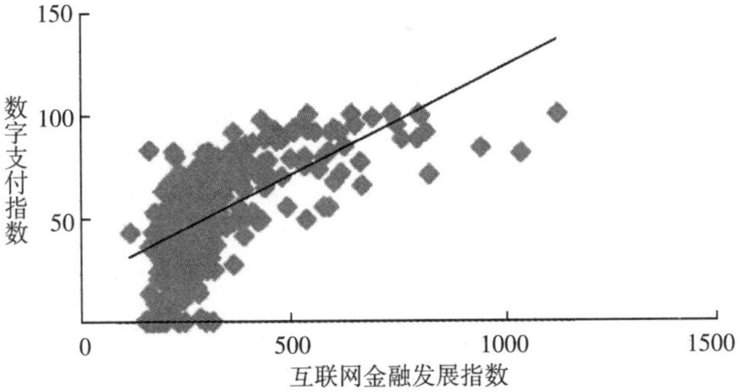

图 3–3　数字支付与互联网金融发展之间的相关性

资料来源：北京大学数字普惠金融指数、北京大学互联网金融发展指数。

3.1.1　传统银行的数字支付业务

3.1.1.1　传统银行的数字支付产品形态

在数字金融兴起的背景下，各大商业银行通过集中整合优质资源的方式，构建统一的数字金融生态环境，近年来，中国银联和各大银行不断推出各种支付产品，同时银行将数字支付与特定金融场景相结合，进行品牌化包装，传统银行开发的数字支付产品情况如表 3–1 所示。

表 3–1　传统银行的数字支付产品

金融机构	支付产品	概述
中国银联	MPOS 手机刷卡机	与手机、平板电脑等通用智能移动设备进行连接，通过互联网进行信息传输，外接设备完成卡片读取、PIN 输入、数据加解密、提示信息显示等操作的支付方式
	无卡支付	银联卡持卡人，通过互联网、手机、电视或 IVR 语音等方式开展非面对面交易时，通过提供银联卡卡号、手机号和证件信息等交易要素给发卡机构，由发卡机构进行信息验证和交易授权的银行卡支付业务
工商银行	工银 e 支付	通过在手机银行客户端输入事先设定的静态支付密码即可进行的支付工具，目前用户数量已超过 4500 万户
	二维码支付	通过简单的“扫一扫”即可进行的覆盖 O2O 场景的非接触移动支付方式，此产品于 2016 年 7 月才发布
建设银行	龙卡云支付	通过智能手机的“建行随芯用”客户端，在具有“闪付”功能的银联 POS 机上可完成的非接触性移动支付
	e 商贸通	利用电子支付渠道，为大型商贸电子交易市场及其所属中小企业会员客户提供电子商务结算以及信贷资金监管的金融服务平台

续表

金融机构	支付产品	概述
农业银行	智付通	智付通业务是以签约方式绑定客户结算账户，通过智能支付终端向客户提供查询、转账、缴费等金融服务的银行业务
	惠农银讯通	与移动通信公司合作研发的面向农村的移动支付金融服务产品。该产品的最大优势在于不用受通信、交通、电力等因素的制约，依托移动公司网点就能办理代理缴费支付业务，操作简便安全
	金易通宝	面向商户的移动支付工具，需要商户在移动终端安装农业银行移动金融客户端并配置 MPB 设备（俗称“移动支付盒子”，通过蓝牙技术与金易通宝客户端连接使用）
中国银行	中银跨境 e 商通	为跨境海淘的个人消费者提供的网上支付服务；可为跨境电商进口企业和第三方支付公司提供在线人民币支付、跨境资金分账与清算、国际收支申报、反洗钱等“一揽子”服务
	中银长城 e 闪付	以智能手机为基础，基于 NFC 的 HCE 和 Token 技术的线上线下一体化的数字消费解决方案
	中银易商	聚合了多种金融应用的便利支付方式，还可快速查找中行网点、优惠商户以及 ATM
民生银行	民生付	C2B 全网线上收单产品，相关手续费比较优惠，可支持其他银行的网关支付及 200 余家银行在移动端或 PC 端的认证支付
	航旅快付	可在航旅电商平台上直接使用的支付方式，不需要通过第三方支付公司，将民生借记卡与虚拟账户绑定即可使用
	码上付	扫描二维码的非接触性移动支付方式

资料来源：《中国人民大学数字普惠金融发展报告》（2016）。

3.1.1.2 传统银行的数字支付产品的交易规模

根据中国支付清算协会数据，2015 年我国传统银行共处理数字支付业务 363.71 亿笔，金额为 2018.20 万亿元，分别比 2014 年增长 27.29%和 46.67%（见图 3-4），截至 2015 年末，国内银行数字支付客户总数为 11.23 亿个，同比增长 41.61%。近年来，传统银行数字支付的交易数量和用户规模都保持良好的增长势头，同时移动互联网化趋势显著，总体而言，数字支付领域对整个传统金融的普惠进程具有示范效应。

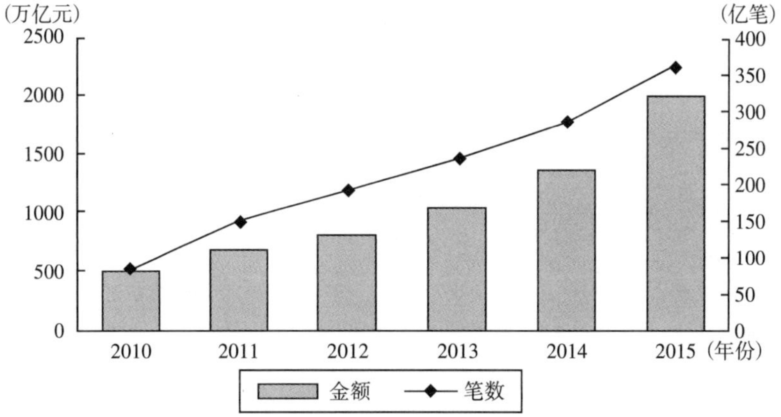

图 3-4　2010~2015 年传统银行的数字支付交易规模

资料来源：中国支付清算协会。

3.1.2　第三方机构的数字支付业务

第三方机构的数字支付业务最早可追溯至 1999 年，首信易推出网上在线支付，开创行业先河。之后，第三方机构不断创新数字支付方式，推动了整个支付体系的变革，尤其是在互联网支付和移动支付领域。2004 年支付宝首推信用中介的担保交易模式，解决了网上交易买卖双方之间资金和实物交割的信任问题，促进了电子商务飞速发展。2012 年为移动支付元年，微信支付和支付宝钱包开创移动支付，紧接着，NFC 支付、二维码支付、声波支付和指纹支付等各种先进数字支付方式涌现。互联网巨头在移动支付端的竞争越来越激烈，BAT 巨头抢先布局移动支付领域，极大地推动了移动支付的推广力度，如图 3-5 所示。

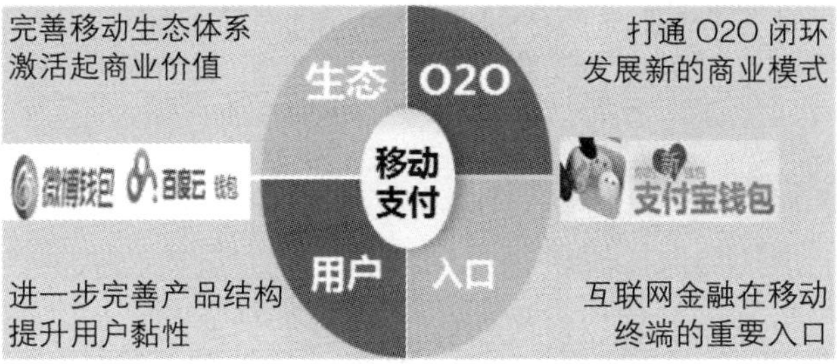

图 3-5　BAT 巨头移动支付端布局

资料来源：易观智库。

第三方机构的数字支付保持快速发展势头，支付规模不断上升，数字支付技术，特别是移动支付技术不断创新，支付手段呈多元化格局，应用场景不断拓展，正在逐步取代现金支付方式。

3.1.2.1 第三方机构数字支付业务的交易和用户规模

第三方机构数字支付业务在金融普惠领域，主要包括互联网支付和移动支付两类。

根据中国支付清算协会数据，2015 年第三方机构的数字支付业务中，互联网支付业务 333.99 亿笔，金额 24.19 万亿元，分别比 2014 年增长 55.13%和 41.88%（见图 3-6）。移动支付业务 398.61 亿笔，金额 21.96 万亿元，同比分别增长 160%和 166.5%（见图 3-7）。

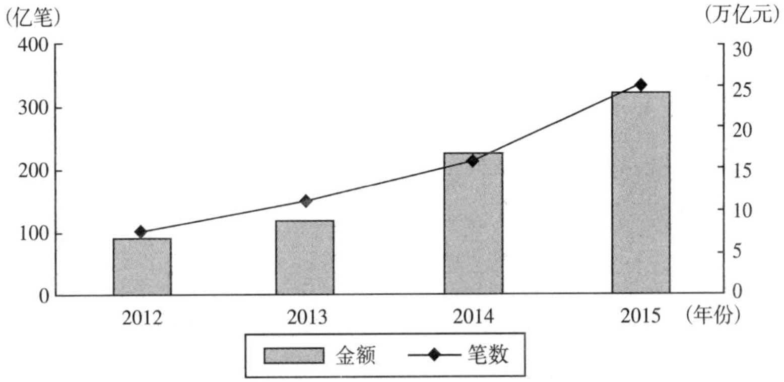

图 3-6 2012~2015 年第三方支付机构的互联网支付交易规模

第三方机构数字支付业务为客户开立的支付账户总量为 26.36 亿个，同比增长 20.15%，第三方机构数字支付业务移动电话近场支付客户数量达到 2.04 亿个，同比增长 78.95%。从数据上来看，无论交易量还是用户数都保持两位数以上增长，其中尤以移动支付业务为甚，同比交易增长量超过 1.5 倍。

与传统银行的网上支付服务相比，第三方机构数字支付业务交易量总体尚小，目前仍然是以传统银行为主导、第三方机构数字支付业务为补充的市场局面，但增速上远超传统银行的数字支付业务，这一方面是由于原本基数较小，另一方面也与用户体验、场景结合度密切相关。

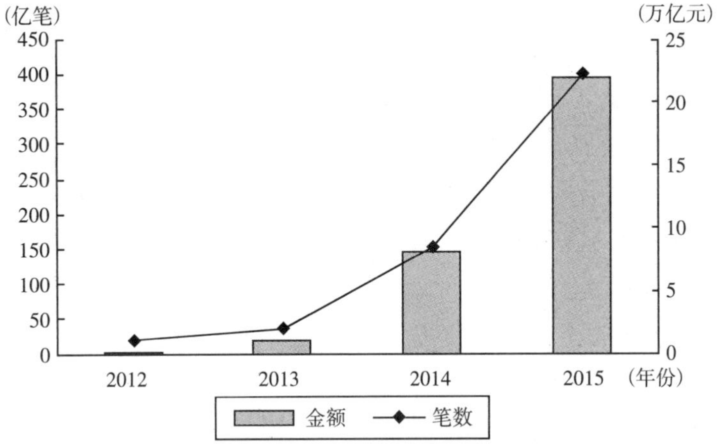

图 3-7　2012~2015 年第三方支付机构的移动支付交易规模

资料来源：中国支付清算协会。

相比较而言，第三方机构的数字支付业务更符合未来金融的发展定位，一方面是用户数较多，单笔金额较小，另一方面是线下近场业务聚焦服务于原本不被 POS 机覆盖的增量商户，有效地拓展了非现金支付的受理面。

3.1.2.2　第三方机构数字支付业务的安全性

出于消费者权益保护考虑，第三方机构数字支付业务一般会针对消费者在支付中发生的资金损失建立一套风险补偿机制。因此，一旦欺诈风险高企，将会面临消费者权益侵害所致的名誉损失，也将增加用于风险补偿的运营成本。我国的支付宝和财付通等业务在支付安全性上远远领先于国外的支付机构，支付宝的资损率在十万分之一以下，而 PayPal 的资损率是千分之七，支付宝的资损率是 PayPal 的百分之一，支付宝的风险控制水平比 Google、Facebook、PayPal 公司均要好。造成这一现象的原因是多方面的，如国外支付服务收取的费用远高于国内，因此可以将更多的利润用于覆盖风险损失，另外将大数据技术广泛运用于风险甄别也成为决定性因素。

中国数字支付的发展是由传统银行的数字支付业务和第三方机构的数字支付业务两种力量共同推动的。银行卡和网上银行是中国数字支付的基础，在此基础上，各家银行推出了基于互联网的线上和线下支付方式，第三方机构的数字支付业务通过接入银行网关，提供网关支付、快捷支付、认证支付、二维码支付等多样化的支付解决方案。在这一背景下，中国目前是全球数字支付覆盖的最主要的地区。

3.1.2.3 案例分析：支付宝、微信支付、易宝支付

2003年，为了解决网上交易买卖双方互不信任的问题，阿里巴巴公司创造性地设立了支付宝公司，并在2004年推出了具有信用中介功能的虚拟账户，开创了全新的经营方式，把中国古老的担保交易方式无缝地嫁接到了互联网平台上。在消费支付的基础上，支付宝进一步拓展针对老百姓的民生服务，搭建国内最早的智慧城市民生综合服务平台。目前，支付宝服务了医院、社保、医保、学校等，以及提供了就诊、入学、缴费等“一揽子”解决方案，让更多的人享受便捷金融服务，提升了社会整体效率。截至2016年6月，全国已经有29个省347个城市开通了支付宝城市服务。在支付宝内可以办理涵盖车主服务、政务办事、医疗服务、交通出行、气象环保、充值缴费、文化生活、综合服务等10大类58项不同类别的服务共计5300多项业务应用，不仅如此，支付宝还走出了中国，在全球范围内开展服务。

微信支付是由腾讯免费聊天软件微信（Wechat）及腾讯旗下第三方支付平台财付通（Tenpay）联合推出的互联网支付产品。微信支付平台所提供的服务可分为消费服务、理财服务、生活服务、资金服务四类。2015年春节，微信支付在中央电视台春节联欢晚会这个强大的媒体平台引导下，借助“红包大战”成功提高市场份额，与支付宝共同占据移动支付市场的“山头”。根据统计，2014年中国第三方互联网支付市场份额中，支付宝占比为49.6%，财付通占比为19.5%。财付通市场占比与第二季度相比，增加了10.6%。

易宝支付创立于2003年8月，依托航空、电信、教育等领域和移动互联网的渗透而获得了快速发展。2006年易宝支付与教育部门合作开展教育事业的网上缴费服务，2008年在地震捐款方面开展网上支付服务，易宝支付在新的领域进行业务拓展，品牌价值逐步得到提升。2011年，易宝支付获得央行颁布的首批支付牌照。2013年，易宝支付分别注册了保理和小贷公司，加快了互联网金融的布局。从2008年开始，易宝支付

就开始为产业链上下游企业提供小额资金贷款，累计有 300 亿元的贷款量，合作的银行包括工商银行和招商银行等，易宝只收取手续费。2013 年，易宝在数字金融领域率先布局，形成支付平台、理财平台、金融平台的联动效应，加快了支付业务向金融服务公司的转型。易宝目前的支付业务主要集中在航空、保险、旅游、游戏等行业，业务贯穿整个产业链，可以快速评定链条上的企业信誉情况。

3.1.3 数字支付的未来

数字支付的快速发展，除极大地拓展了金融服务的触达能力和覆盖范围之外，还构成了一种金融生态圈，该生态圈以互联网支付为核心和先行者，包括投资、理财、借贷、融资、征信等，对传统金融服务形成了一个有效的补充。同时，数字支付的发展还存在一些不可忽视的问题，比如央行暂停发放第三方机构支付牌照，导致支付牌照在市场上奇货可居；目前的数字支付平台中，未落实实名认证账户比例较高，容易带来洗钱风险，还可能会成为信用卡恶意套现的工具；数字支付集中在四大机构（支付宝、财付通、银商、快钱），它们总共占支付市场比例为 87.3%，已经形成了巨大的规模效应，一旦发生安全和风险事故，很有可能会造成系统性风险；当然还有一些其他问题，数字支付加速了货币的流通速度和放大了货币乘数，形成了信用货币的竞争性供给，为货币供给的可控性增加了难度。结合 2015 年 12 月 28 日央行发布的《非银行支付机构网络支付业务管理办法》，我们认为应该鼓励对有条件的传统金融机构和互联网公司颁发支付牌照，制定技术标准，对具有不同重要性地位的支付公司进行分级管理，针对一些支付公司还有资金池、信用错配、资金托管等功能，需要从业务方面实施穿透式监管，从而共同维护好数字支付市场，甚至是整个金融市场的有效发展秩序。

3.2 数字 P2P 借贷

3.2.1 数字 P2P 借贷的介绍与现状

P2P 是 Peer to Peer Lending 的缩写。数字 P2P 借贷是随着互联网技术而兴起的一种个人对个人的信息获取和资金借贷过程，在债权债务属性关系中脱离传统的资金媒介形式。针对数字 P2P 借贷在国内的发展历程来看，目前我国的数字 P2P 借贷正处于行业整合期（见图 3-8）。

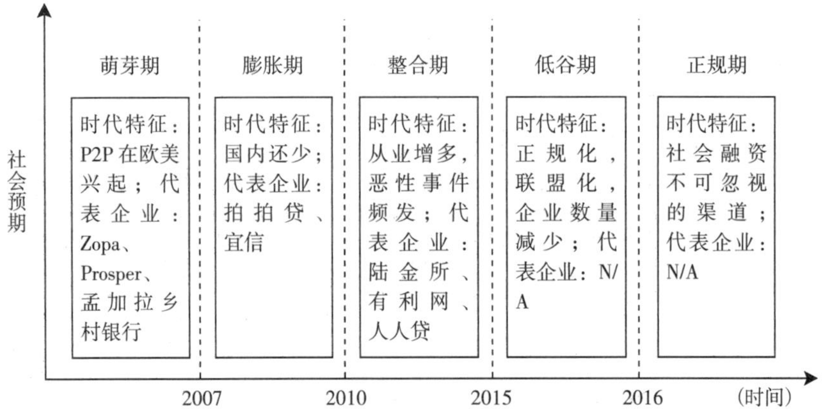

图 3-8 数字 P2P 借贷的发展历程

资料来源：笔者自行制作。

全球首家数字 P2P 网络贷款平台是 2005 年成立于英国伦敦的 Zopa，随后美国、中国、印度、澳大利亚等国家也相继成立数字 P2P 网贷平台，虽然英美目前的数字 P2P 网贷行业发展较为成熟，但是其市场规模还不到银行借贷的 1%；同时，与英国不同，美国的数字 P2P 网络贷款更多是消费者的信用贷，美国的数字 P2P 产业已经从最初的直接联结个人贷款者和借款者的平台转型发展成向机构投资者销售贷款。

中国的数字 P2P 借贷平台始于 2007 年成立的拍拍贷，2012 年兴起，2013 年出现爆发式增长，随后便一发不可收拾。正是因为数字 P2P 网贷平台能满足银行难以覆盖的群体，所以数字 P2P 网贷平台已成为小微企业、个体工商户、居民等金融弱势群体的重要融资渠道。根据网贷之家的数据，截至 2016 年 7 月底，中国数字 P2P 网贷规模为 23904.79 亿元，累计平台数达到 4160 家，累计停业及问题平台数达到 1879 家，即正常运行平台数为 2281 家。中国已经成为全球数字 P2P 网贷平台数量最多、规模最大的国家。但是，这一行业也引发了大量关注和疑虑，2015 年末的 e 租宝违约事件无疑给国内数字 P2P 借贷行业造成了巨大的负面影响。

在国外，数字 P2P 网贷平台是作为信息中介存在的，而在国内，数字 P2P 网贷平台同时兼备信息中介和信用中介的属性。其贷款对象可以是中小企业（如 First Circle、Zidisha），也可以是普通居民（如 Zopa、Prosper、Lending Club、人人贷、拍拍贷）；其盈利模式有商业性质的（如 Zopa、MyC4、Smava、宜人贷、人人聚财），也有公益性质的（如 Kiva、Zidisha、宜农贷）。2016 年 8 月 24 日颁布的《网络贷款信息中介机构业务活动管理暂行办法》将数字 P2P 网贷平台明确定义为信息中介，2016 年后国内的数字 P2P 网贷平台的经营方式与之前相比发生巨大的变化。

据网贷之家及盈灿咨询数据统计（见图 3-9），随着数字网贷成交量的稳步上升，数字 P2P 网贷行业贷款余额也随之同步走高，2016 年末，数字网贷行业运营平台将达到 5500 家，数字 P2P 网贷规模成交量将达到 25000 亿元，而 2014 年全年网贷成交量只有 3058.2 亿元，2015 年网贷历史累计成交量首次突破万亿元大关，达到了 10021 亿元，这组数据表明网贷行业正在飞速发展。

以 2015 年为例，数字网贷行业依旧处于快速增长阶段，虽然新增平台的增长速度有所放缓，但全行业成交额呈指数型增长的态势。2015 年广东省、北京市、上海市、山东省和浙江省是平台数量最多的五个省市，占比分别为 17.47%、15.86%、10.99%、9.73%和 9.68%。2015 年，共有 1436 家平台上线运营，自 2015 年 6 月开始呈显著减少趋势。

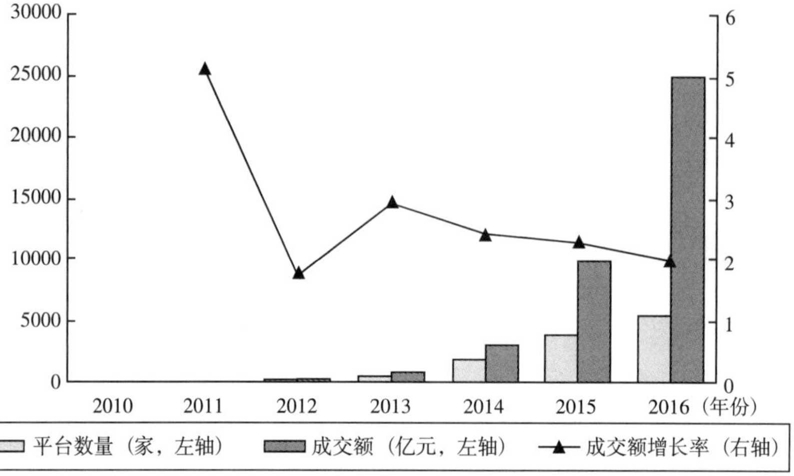

图 3–9　数字 P2P 借贷平台的数量和成交额

资料来源：网贷天眼。

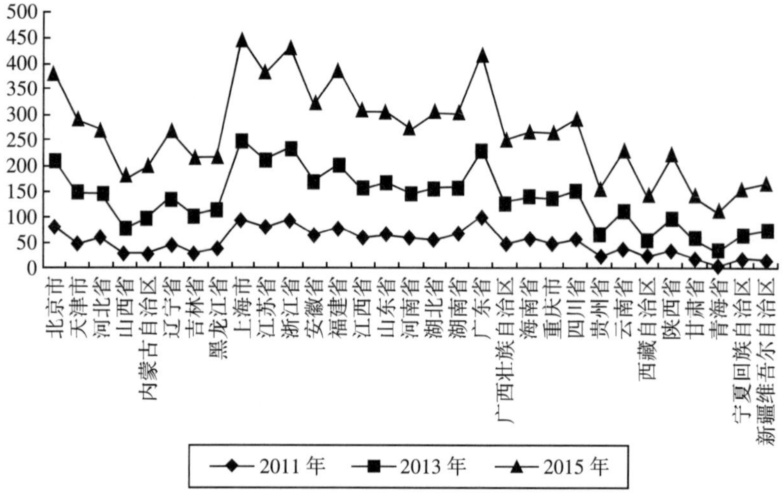

图 3–10　数字 P2P 借贷指数发展变化

资料来源：北京大学数字普惠金融指数。

根据北京大学数字普惠金融指数，本书描绘了我国部分省、自治区、直辖市的数字 P2P 借贷变化情况，从图 3–10 可以看出，2011 年到 2013 年再到 2015 年我国部分省、自治区、直辖市的数字 P2P 借贷指数增长很快，这与最近几年我国的数字普惠金融密切相关，另外，上海市、广东省的数字借贷程度要远远超过其他省、自治区、直辖市，排名靠后的主要是山西省、青海省、宁夏回族自治区、新疆维吾尔自治区等地，这也与当地的互联网金融发展有很大的相关性。从图 3-11 可以看出，互联网金融发展越突出的地区，数字借贷的程度越明显，也即数字借贷与互联网金融发展正相关，尽管也出现一些异常城市，比如互联网金融发展指数高但数字借贷程度不高的城市，但是数量较少。

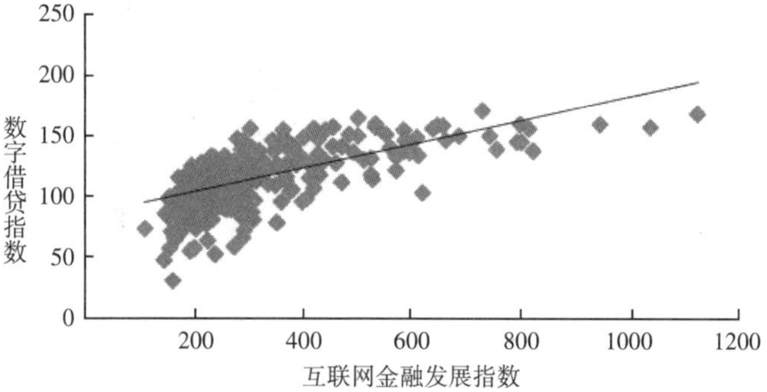

图 3-11 数字借贷与互联网金融发展指数相关性

资料来源：北京大学数字普惠金融指数、北京大学互联网金融发展指数。

3.2.2 数字 P2P 借贷的发展模式及存在问题

行业发展模式：①信息中介模式——拍拍贷。数字 P2P 平台作为纯粹的中介，由借款人发布借款信息，投资者选择借款人。例如，拍拍贷平台采取一个投资者对应多个借款人的形式，借款利率通过投资者竞标确定，借款人按月还本付息。②债权转让模式——宜信。数字 P2P 平台将自己的资金出借给借款人，平台再将该债权出售给投资者，完成债权转让，且平台对该债权进行担保。宜信和多家平台采用该模式，风控办法包括：严格的线下信用审核、建立风险准备金、需要大量的线下人员，且受地域限制。③担保抵押模式——陆金所、人人贷、红岭创投。该模式又分为两种：一是数字 P2P 平台引入第三方机构对项目风险进行审核，并为投资者的资金提供本金保障，数字 P2P 平台不负责坏账处理，不承担资金风险，典型代表是陆金所和人人贷等；二是由数字 P2P 平台自行担保，通过自行提取的风险准备金来为坏账买单，如果出现项目逾期情况，投资者可将债权转让给平台，国内大多数字网贷平台采取该模式。④平台合作模式——有利网。数字P2P平台与小额贷款公司合作，由小额贷款公司提供优质的借款人，并且与平台承担连带责任。⑤抵押、质押模式——易贷网。该模式是易贷网公司专门为数字P2P业务推出的房产抵押、汽车质押项目，平台承诺保本保息，目前在成都地区成交量巨大，融资规模近30亿元。⑥混合模式——积木盒子。该模式是前几种模式的有机融合，根据各项目的自身特点和风险性能差异性推出产品，让投资方有选择地投资适合自己的项目。该模式受到广大投资者的喜爱，是未来数字P2P模式的发展趋势。

问题分析：中国数字P2P行业在发展模式方面进行了不断创新，正是因为数字P2P网贷平台能满足银行难以覆盖的群体，数字P2P网贷平台已成为小微企业、个体工商户、居民等金融弱势群体的重要融资渠道，但过快的发展必然会带来一系列问题。在数字P2P网贷行业爆发式增长的背后，风险也随之而来，2015年末的e租宝、中晋等事件无疑给国内数字P2P行业造成了巨大的负面影响，一时之间公众对问题平台的关心程度大幅度提升，舆论对数字P2P网贷平台也充满顾虑。目前，中国数字P2P网贷问题平台的发展现状主要有以下三个特点：

第一，问题平台总数持续上升。图3-12为2012~2016年累计问题平台的发展趋势，可以看出累计问题平台从2012年的16家发展到2015年的1263家，累计平台占比也在逐年增加，从2012年的8%到2015年的32.7%，年均增长10%左右，根据网贷之家数据，截至2016年9月，累计数字P2P借贷平台达到1879家，占到总平台数的45%，问题平台的大规模爆发表明数字P2P网贷行业存在很大的问题。

第二，问题平台具有一些同质化属性。根据黄益平、沈艳、王靖一（2016）对3439家平台（其中问题平台有1073家）的研究，发现缺失信息严重、注册资本低于3000万元、项目品种单一、成立时间晚、利率极端（高于16%或低于8%）以及保本保息的平台容易出问题。详细来看，问题平台占总平台之比的地域差异不大，不同项目期限、业务类别、保障方式的平台，发生问题的概率大体相似。

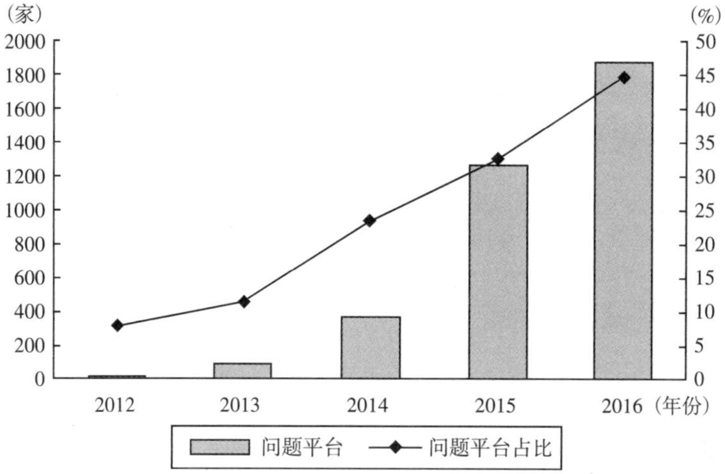

图 3–12　数字 P2P 网贷问题平台的发展趋势

第三，问题平台多数由于自身经营不善、风险控制做得较差、大量借款订单出现还款逾期导致平台无法运营。另外，平台自身存在非法集资、自融、资金池等问题，由于筹集资金与发放贷款、资金兑付之间存在时间差，并且平台将资金挪作他用，使得其资金链很容易断裂，导致提现困难，会引起投资人发生挤兑风险。在 2015 年的问题平台类型中，有 62.00%是关站失联即跑路，25.96%是提现困难，9.68%是平台清算，0.44%是公安介入。

3.2.3　数字 P2P 借贷的发展前景

2015 年以前，监管当局对数字 P2P 借贷行业的发展是处于观望状态，监管也比较宽松，但是随着 2015 年底 e 租宝、中晋等大平台不断出现问题，监管层意识到了对数字 P2P 借贷行业监管的重要性。2015 年 12 月，原银监会出台了《网络信贷信息中介机构业务活动管理暂行办法（征求意见稿）》，2016 年 8 月 24 日，原银监会正式颁布《网络借贷信息中介机构业务活动管理暂行办法》（以下简称《办法》）。在定位上，《办法》将 P2P 借贷机构界定为信息中介，而不是信用中介，不允许设立资金池，不得利用网络借贷平台做自融，平台不得做资产证券化业务；对借款额度做了进一步限制，要求同一自然人在同一平台和不同平台的借款余额上限分别不超过20万元和100万元，同一法人或其他组织在同一平台和不同平台的借款余额上限分别不超过100万元和500万元，可见这是清晰地把网络借贷平台定位为服务小额融资的角色；明确了监管是由银监系统和地方金融办共同负责的体制，前者负责行为监管，后者主导机构监管；增加了律师事务所、信息系统安全评价等第三方机构对机构合规和信息系统稳健情况进行评估的要求。《办法》的实施，向公众表明了监管部门鼓励发展数字P2P借贷合规企业，表明了对打击取缔非法企业工作的决心，并且给出了未来整改过渡期为12个月的期限。

但是《办法》也面临一些问题，比如：12个月整改期过后，一些平台并没有完全成为信息中介，监管应该是坚决取缔还是放之任之；目前规定对平台实行不设准入门槛、不发牌照，实行备案制设计，那就需要严格的信息披露才可以甄别出一些资质不佳甚至动机不纯的平台，而这些信息披露又是一大难题；银监系统和地方金融办的“双头监管”模式，其实是把权力交到地方政府手里，那么相应的责任和后果地方金融办是否能够完全承担；另外，平台上客户的个人信息、银行卡信息和资金都值得关注。因此，要促进数字网络借贷的健康发展，需要多管齐下。要充分明确银监系统和地方金融办的责任和所承担的后果，利用大数据、社交网络等数字技术对风险进行定价以及对客户进行信用评级，建立统一的征信平台，分享用户信用信息，在行业内建立信用信息共享平台，否则无法对《办法》规定的个体或法人在不同平台累计贷款额度进行监管。

3.3　数字众筹

3.3.1　概念与特点

众筹（Crowdfunding），即大众筹资或群众筹资，具有低门槛、多样性、依靠大众力量、注重创意等特征。数字众筹融资模式，则是基于数字科技，通过互联网渠道向大众募集创业企业早期发展需要资金的一种行为，该模式起源于 2009 年成立于美国的 Kickstarter。我国的第一家数字众筹平台是 2011 年 7 月成立的点名时间，在随后的几年里，一系列众筹平台如天使汇、淘梦网、淘宝众筹等开始大批上线运营。2015 年，我国各类正常运营的数字众筹平台有 283 家，新增筹资项目 49242 个，预期筹资额度为 494 亿元，所有平台实际成功筹资金额为 115 亿元。2014 年 12 月，中国证券业协会出台的《私募股权众筹融资管理办法（征求意见稿）》，标志着中国数字众筹行业迎来了规范化的监管。2015 年，在我国全民扶持创业、全民支持创新的社会环境下，通过互联网向大众群体募集创业早期所需资金的新兴普惠金融融资方式，有望成为助力“大众创业、万众创新”的最佳实践形式。

数字众筹融资模式，与天使投资、风险投资等融资模式并不相同，参与众筹的融资者并不仅仅是为了获得资金，通常还为了获得外部资源在技术创新和管理经验方面的帮助，而投资者也有多元化的目标，有的是为了与融资者互动，享受参与创新的过程，有的是为了获得经济回报，如股权回报，或以较低价格获得产品，还有的是把它当作一种慈善行为。首先，回顾我国数字众筹行业近年发生的大事件：2011 年 7 月国内第一家网络众筹平台点名时间上线，随后一系列大平台上线；2011 年 11 月，天使汇上线运营；2012 年 3 月，淘梦网上线，主要面向微电影领域；2013 年 12

月，淘宝众筹平台成立，意味着电商巨头开始挺进数字众筹行业；2014年7月，京东众筹上线；2015年4月，苏宁众筹上线。随着越来越多的互联网金融科技巨头进入数字众筹领域，折射出该领域的巨大发展潜力。

数字众筹模式主体由三方构成：发起人、投资人、平台运营方。如图3-13所示，发起人就是筹资人，负责在平台上创建项目；平台运营方就是数字众筹网站，负责审核和汇集投资项目简介、实施结果、筹资情况等一系列信息，并从中收取一定的手续费用以维持平台运营；投资人通过浏览平台选择合适的目标项目进行投资，出资人的回报既可以是资金回报，也可能是实物回报，如产品样品、会员卡、演唱会门票等。数字众筹模式不仅可以满足个人和中小企业的资金需求，也支持多样化的筹资意图，包括灾难捐款、图书出版、艺术家粉丝支持和创业等。数字众筹作为一种新型的金融融资手段，打破了传统的融资模式，融资来源不再是风投、银行、资本市场等，而是一种平民大众都可以参与投资的模式。

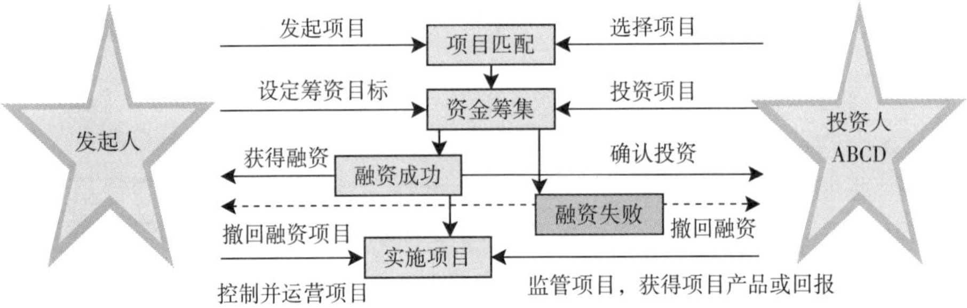

图 3-13 数字众筹模式构建流程

资料来源：笔者自行制作。

数字众筹具有以下三个主要优势：①传播性，创业者可以把自己的梦想呈现在多人面前，全世界的人都可以看到自己的方案，并成为分享信息的新节点；②互动性，对项目感兴趣的人可以随时和项目发起人进行沟通；③高效性，通过数字科技，数字众筹平台上的每个项目可以被成千上万的人浏览，投资人也可以从众多的项目中进行筛选。

3.3.2　我国数字众筹的发展现状与案例

3.3.2.1　有关几类数字众筹概念的界定

数字众筹的形式包括股权众筹（目前，国内也称其为非公开股权众筹）、债权众筹、奖励众筹（也称为回报众筹、实物众筹、产品众筹）、公益众筹（也称为捐赠众筹）。

股权众筹是指小微企业对自己的项目发起融资，并出让相应比例股权的一种公开募集股本的活动，但是，目前我国的数字股权众筹是通过互联网形式进行的非公开股权众筹融资或私募股权基金投资的募集行为，也就是说，并不属于真正意义上的股权众筹融资，只有获得公募股权众筹试点牌照才属于证监会的股权众筹范畴，并且国内成熟的股权众筹网站还比较少，目前做的最大和最好的非公开股权众筹网站平台是天使汇，其次是大家投（原名众帮天使网）。不过，2015 年 6 月 9 日，蚂蚁金服获得上海市黄浦区工商局颁发的股权众筹营业牌照，这也是地方政府首次颁发的公开股权众筹牌照，蚂蚁金服旗下的股权众筹融资平台“蚂蚁达客”也于 2015 年 11 月上线进行测试。2015 年 7 月 9 日，首家股权众筹行业自律组织“中关村股权众筹联盟”成立，它由天使汇、京东众筹、众筹网等 80 多家数字众筹平台组成，主要职责是建立行业自律的技术标准，规避行业系统性风险。

可以讲，股权众筹涉及的相关主体的权利义务非常复杂，受资本市场的法律约束众多，当前还处于探索期。2015 年 8 月 10 日，证监会下发《关于对通过互联网开展股权融资活动的机构进行专项检查的通知》，要求未经国务院股权监督管理机构批准，任何机构和个人不得开展互联网形式的非公开股权众筹或私募股权投资基金募集行为，这一规定导致很多股权众筹平台纷纷改名或者重新定位，例如，中证众筹平台改名为中证众创平台，天使客改名为创业融资平台，众投帮定位为新三板股权投融资平台。可以看出，数字众筹融资仍然是一个监管的不明朗地带，未来的监管趋势何去何从，很值得我们一窥究竟。

此外，债券众筹主要包括个人债P2P和企业债P2B，其中，P2P即网络借贷，指多位投资人通过网站平台对借贷项目进行投资，未来获取利息并收回本金。奖励众筹是一种预售类的众筹项目，特点是项目完成后给予投资人一定形式的回馈品和纪念品，回报多是项目完成后的产品，奖励众筹一般并不构成众筹网站的全部项目，在某种程度上与团购类似。公益众筹的特点是通过众筹平台发起公益筹款项目，但融资方不需要向投资人给予回报的一种筹资形式，公益众筹在国外是由非政府公益组织类似于红十字会这样的机构进行运营，该类众筹在我国的发展具有很大的限制。

3.3.2.2　数字众筹的金融融资格局

目前，我国的代表性数字众筹平台如表3-2所示。下文主要探讨国内的股权众筹（或称非公开股权众筹）、奖励众筹领域的发展情况。

表3-2　国内各种类型数字众筹平台代表性案例

债权众筹	拍拍贷、人人贷、积木盒子等P2P平台和P2B企业债务
股权众筹（非公开股权众筹）	天使汇、大家投、京东众筹
奖励众筹（回报众筹、实物众筹、产品众筹）	点名时间、众筹网、追梦网、淘宝众筹
公益众筹（捐赠众筹）	微公益、腾讯乐捐

结合盈灿咨询发布的众筹年报数据分析，截至2015年12月，全国各类正常运营的数字众筹平台有283家，该数量是2013年的近10倍，2015年底，所有数字众筹平台成功筹资金额为115.00亿元，而2013年只有3.35亿元，具体如图3-14所示。

以2015年为例，数字众筹行业新增项目49242个，其中，奖励众筹项目最多，占项目总数的68%，公益众筹占比15.8%，非公开股权众筹项目占到15.3%。事实上，全国数字众筹行业预期筹资额度约为495亿元，非公开股权众筹预期筹资为271.19亿元，占到总预期筹资额的54.79%，奖励众筹的预期筹资额度为209.04亿元，占到总预期筹资额的42.24%，公益众筹预期筹资额度为14.69亿元，占到总预期筹资额的2.97%。从筹款完成率来看，发现公益类众筹项目平均完成率最高，为42.95%，奖励类众筹项目平均完成率为 26.80%，非公开股权众筹融资项目平均完成率最低，占到 19.14%，图 3–15 为几种类型数字众筹平台的成功筹资额、预期筹资额和实际完成率。

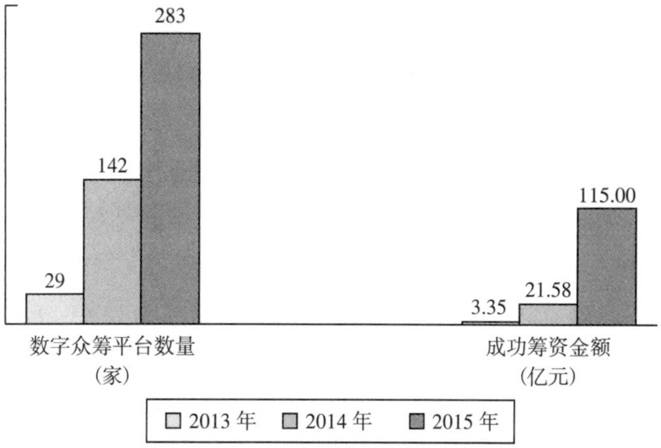

图 3–14　数字众筹平台数量和成功筹资金额

资料来源：盈灿咨询。

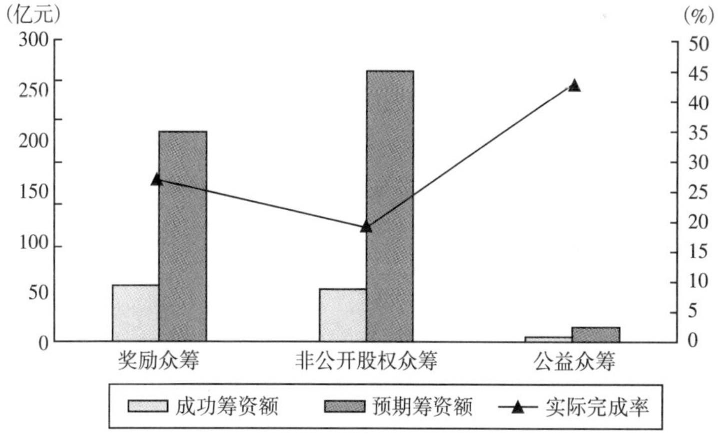

图 3–15　各种类型数字众筹平台成功筹资额、预期筹资额和实际完成率

根据众筹行业发展统计，公益众筹比例普遍不高，股权众筹融资缺口较大，实际市场资金占资金需求的 19.1%，这也反映了中小企业融资难、融资渠道窄的问题，奖励众筹多是针对某个项目，实际募资情况多能接近市场需求。

2015年中国主流数字众筹平台数据统计如表3-3所示，股权类众筹的代表性平台天使汇、原始会等获得了快速发展，平均每天为中小企业融资5~7个项目；奖励类众筹代表性平台京东众筹、淘宝众筹等募资成功率均在100%以上，京东众筹募资成功率更是超过1200%。总体来看，股权类众筹融资项目的成功率较低，而奖励类众筹融资成功率偏高，这是因为奖励类众筹项目投资风险小、门槛低、多为实物回报。

表3-3 2015年中国主流数字众筹平台统计数据

众筹名称	项目个数	成功筹资额（亿元）	预期筹资额（亿元）	实际完成率（%）	投资个数
天使汇	2607	7.69	10.00	76.9	2000
众筹网	1964	0.62	0.75	81.7	165137
追梦网	871	0.16	0.36	45.5	54803
淘宝众筹	544	0.64	0.24	267.8	585923
乐童音乐	400	418	600.00	69.8	35961
京东众筹	301	1.47	0.12	1241.0	591742
中国梦网	291	823	0.31	27.2	42217
原始会	281	1.94	2.39	8.1	1526
淘梦网	206	271	0.96	2.8	2207
大家投	185	0.39	0.85	46.0	932
天使客	18	0.28	0.26	109.0	556
众投邦	5	0.75	0.60	125.0	59

注：实际完成率为成功筹资额与预期筹资额的比值，该指标用来衡量互联网众筹平台在线项目的实际融资能力。

3.3.2.3 主要数字众筹平台比较

案例1 天使汇（股权类众筹平台）

（1）概况。天使汇成立于2011年11月，是中国首家发布天使投资人众筹规则的平台，也是国内最大和领先的中小企业股权众筹融资平台，致力于帮助靠谱的项目找到合适的资金。截至2015年底，天使汇在各地合作孵化器超过200家，平台上获得融资的项目，融资额度大多集中在

100 万~500 万元。天使汇的投资领域重点集中在本地生活服务类、移动/SNS 社交类、金融服务类，其次为教育培训类、媒体和娱乐类。在融资金额上，本地生活服务类、移动/SNS 社交类、金融服务类这三个领域占到总融资规模的 70%，天使汇融资领域的项目个数分布和项目金额分布如图 3-16 所示。天使汇平台挂牌项目总融资达到 7.69 亿元，以 2014 年和 2015 年合投的 50 个天使轮投资项目为例，融资额总共超过 10887 万元。

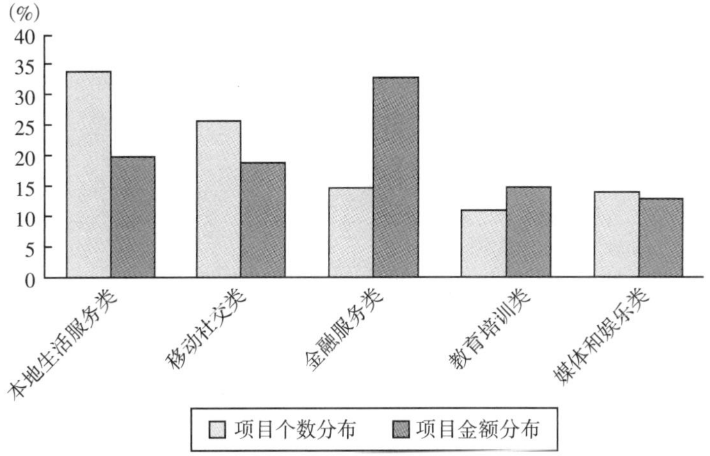

图 3-16　天使汇 2015 年在数字众筹领域的融资项目个数分布和金额分布

资料来源：根据公开资料整理。

（2）服务和盈利模式。天使汇提供的金融服务，从天使轮到 A 轮的在线众筹股权融资，再到 B 轮到 C 轮的“股权+债权”融资服务，最后到 C 轮 Pre-IPO 的股权转让服务和 IPO 的转板服务。天使汇的盈利模式包括：一是收取融资服务费，为融资额的 5%，并向盛邦投资支付服务价款；二是提供信息化软件服务；三是提供增值服务和高级服务。

案例 2　京东众筹（奖励类和股权类众筹平台）

2014 年 7 月京东众筹开始运营，2015 年为其快速发展的一年，以 2015 年为例（见表 3-4），京东奖励众筹全年成功筹款 13 亿元，业绩在奖励类众筹平台排名第一，总共有 3312 个项目，其中，千万元级项目有 18 个，百万元级项目有 272 个，项目成功率超过 80%。

表 3-4　京东众筹 2015 年发展情况

京东奖励众筹业绩		京东东家业绩（非公开股权众筹）	
总项目数（个）	3312	总项目数（个）	74
平均完成率（%）	83.6	平均完成率（%）	127
年度预期筹资额（亿元）	42	年度预期筹资额（亿元）	5.4
年度实际筹资额（亿元）	13	年度实际筹资额（亿元）	7
投资人次（万人）	740	投资人次（人）	3200

在非公开股权众筹方面，京东东家成功筹款超过 7 亿元，在 130 家非公开股权众筹平台中排名第一，成功筹资额在千万元级别的有 18 个项目，京东奖励众筹和非公开股权众筹经典项目如表 3-5 所示。

表 3-5　京东奖励众筹和非公开股权众筹经典项目

奖励众筹智能硬件千万元级项目			非公开股权众筹项目		
名称	成功筹资额（万元）	投资人次	名称	成功筹资额（万元）	投资人次
小牛智能电动踏板车	7200	114159	乐禾	3962	150
博乐宝智能净水器	2090	8713	猫酷	3617	22
神画 Z1，智能影院	1241	7592	熙金资本	2600	21
伊莱特 Wi-Fi 智能饭煲	1177	16477	言几又	2506	34
极米 Z4X 无屏超级电视	1122	22674	三个爸爸	2498	98
手游宝 4G 路由	1059	26967	孕期助手	2400	16
沃趣电动车	1035	27777	推特网络	2122	43
一个人拍大片	1011	2448	紫辉基金	2100	11

京东众筹的运营特色和盈利方式：

京东众筹最重要的特色是推出众创生态圈，如图 3-17 所示，京东奖励众筹收取筹资额度的 3%，在非公开私募股权融资方面，融资额在 1000 万元以上收取总额 3%的平台佣金，1000 万元以下收取 5%的佣金。

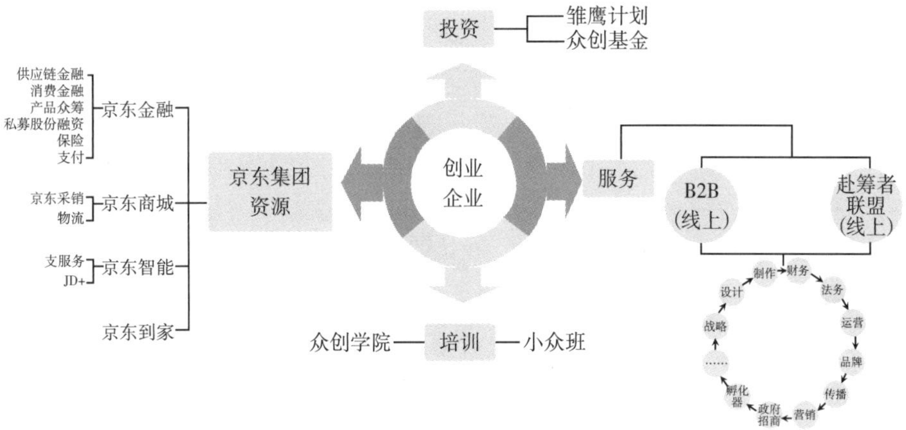

图 3-17　京东众筹众创生态圈

资料来源：京东金融。

案例 3　淘宝众筹（奖励类众筹平台）

淘宝众筹隶属于杭州阿里巴巴集团，于 2014 年 3 月 1 日上线，淘宝众筹类型均为奖励类众筹平台，2015 年，预期筹资额为 2.8 亿元，实际总筹资额为 10.7 亿元，超过 3100 个项目成功筹资，其中千万元级项目有 14 个，累计获得 617 万人次支持。2015 年淘宝奖励众筹千万元级经典科技项目如表 3-6 所示。

表 3-6　2015 年淘宝奖励众筹千万元级经典科技项目

名称	筹资额（万元）	投资人次
小米下一款手机产品	3559	35595
萝卜车	2366	55753
小 K 迷你智能微插	2114	348122
小蚁智能行车记录仪	1619	54230
曼申云智能锁	1510	23941
智能支付手表	1468	44054
Hornets 大黄蜂竞速超跑	1336	69301
雷霆 i 智能 360 神器	1219	34846
大白儿童空气净化器	1217	1573
Pap 口袋影院	1198	9860

续表

名称	筹资额（万元）	投资人次
云马智行车 C1	1159	5879
小狗 VV 除螨仪	1095	3187

2015 年淘宝众筹实际筹资的 10.7 亿元分布如图 3-18 所示。其中，科技类众筹成功募集 84778 万元，农业类成功募集 6968 万元，设计类成功募集 6138 万元，动漫类和影音类的募集金额分别为 2955 万元和 1518 万元，公益类和娱乐类分别成功募集 887 万元和 594 万元，书籍类仅成功募集 142 万元。

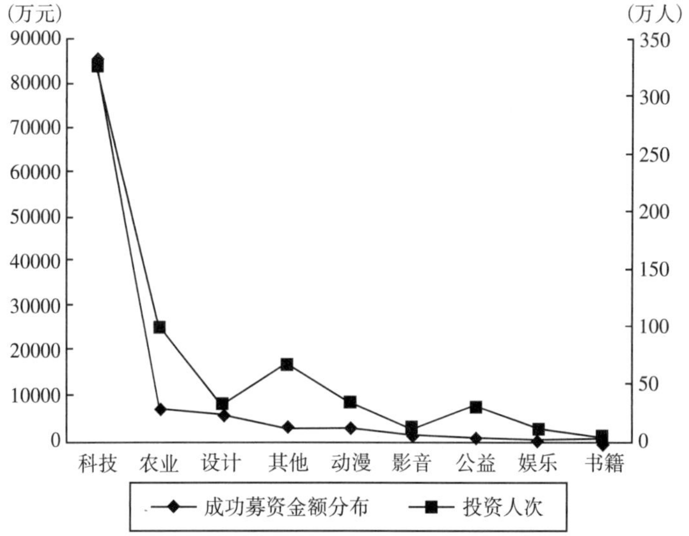

图 3-18　2015 年淘宝众筹成功募资金额分布和投资人次分布

资料来源：淘宝众筹，盈灿咨询。

2015 年淘宝众筹获得的 617 万投资人次分布如图 3-18 所示，科技类获得的投资人次达到 325 万，农业类获得 100 万人次支持，动漫类共有 35 万投资人次支持，公益类和设计类分别获得 32 万人次和 31 万人次支持，娱乐类和影音类分别获得了 12 万人次和 11 万人次支持，书籍类仅获得 3 万人次支持。

淘宝众筹模式特色和盈利方式如下：

模式：盲订（2015 年 6 月 1 日淘宝众筹发起 700Bike 盲订）、新品尝鲜、创新力量、创业者淘宝店铺（淘宝众筹要求发起人必须先在淘宝上开店）、C+孵化计划（该计划于 2015 年 4 月 10 日启动，定位为创新创意者的孵化平台，向全球征集最具爆点的科技设计产品）。淘宝众筹盈利方式：淘宝众筹不向发起人和支持者收取任何手续费和利润分成。

3.3.3 数字众筹的展望

目前，数字众筹是一种面向公众的集资模式，2015 年 8 月 10 日，证监会下发《关于对通过互联网开展股权融资活动的机构进行专项检查的通知》，但该通知没有具体操作细则和监管准则，因此对于数字众筹行业发展来说尺度难以把握，众筹网站碍于非法集资的红线，大多股权融资项目都是低调进行的，具体业务极有可能越界，甚至已经越界，也就是说，股权众筹融资面临着是否合法的政策性问题。此外，还有数字众筹平台融资的资金链运作和款项的后期管理问题、数字众筹融资项目审核不够规范以及存在领投陷阱等。未来数字众筹领域的发展也会出现一些新趋势，2015 年是非公开股权众筹的发展元年，非公开股权融资正在由私募向大众化方式演进，市场上将会有更多的人参与到非公开股权众筹融资形式中来。各大网商平台为了博眼球，开展了数字众筹模式预售或众筹形式的营销，这种模式不仅能够获得资金支持，而且把自己的品牌推向大众消费者，让更多人参与到产品的研发和生产过程中，未来奖励众筹模式也将得到更多人的认可，公益众筹作为新的公益项目筹款模式，可以增强捐款者与募款者的互动，提高公益事业的支持和服务。随着数字众筹行业的发展成熟，政府会不断出台监管细则，保障普惠金融融资新体系的健康稳定发展。

3.4 数字保险

数字保险是指保险公司或第三方保险机构以互联网或大数据技术为工具来支持保险销售的经营管理活动行为，我国的数字保险起源于2000年8月，太平洋保险和平安保险同时开通了自己的全国性网站，可以在网上实现从保单设计、投保、核保、交费到后续服务全过程的数字化。2015年，我国数字保险整体保费规模达到了2234亿元，同比增长160.1%，数字保险收入在保险业总收入中的比例也从2013年的1.68%提升到2015年的9.21%，开通数字业务的保险公司数量已超过100家。数字保险具有标准化、低价格、社交性、私人定制等特点，可以说，数字技术引导保险业普惠发展将是对传统保险的革命性创新。

数字科技为保险业发展带来了大好时机，表现为：原来主要在线下设计和推广的高成本的保险产品，现在可以通过互联网大数据技术手段解决；传统线下保险产品逐步向互联网端转移，迎合用户需求的数字保险创新产品不断出现；保险企业和第三方机构都开始重视数字端金融的营销推广，用户对数字保险产品的接受度逐步提升。数字保险为传统保险带来的是革命性的创新，是一场从市场到产品和渠道的全方位变革，保险已经不再是传统的产险、财险、寿险、健康险，与特定场景相结合的创新险种不断出现，保险产品的设计者和参与者从传统的保险公司拓展到下游公司，数字渠道的销售和反馈参与面广泛，大大降低了渠道运营成本。数字保险的巨大优越性体现在以下几个方面：消费市场的增量险种在互联网“长尾效应”下不断创新；依据渠道反馈和大数据结合，实现了保险产品的精准化设计，渠道环节实现网络化、碎片化和场景化。

3.4.1　我国数字保险发展的典型事实

根据原保监会发布的数据，2015 年我国保险业总资产已经超过 12 万亿元，全国保费收入达 2.43 万亿元，同比增长 20%，行业发展速度创 7 年来新高，可见保险市场潜力巨大。但是，我国保险业正处于发展的初级阶段，如图 3-19 所示，与发达国家相比，我国的保险普惠深度① 尚不及其一半，即使按照乐观预期估计，到 2019 年，保险普惠深度才刚刚达到美国 2015 年的水准，因此，数字保险刚好打破了这种僵局，分别从场景、产品和用户体验方面给普惠保险业带来了巨大的革命。

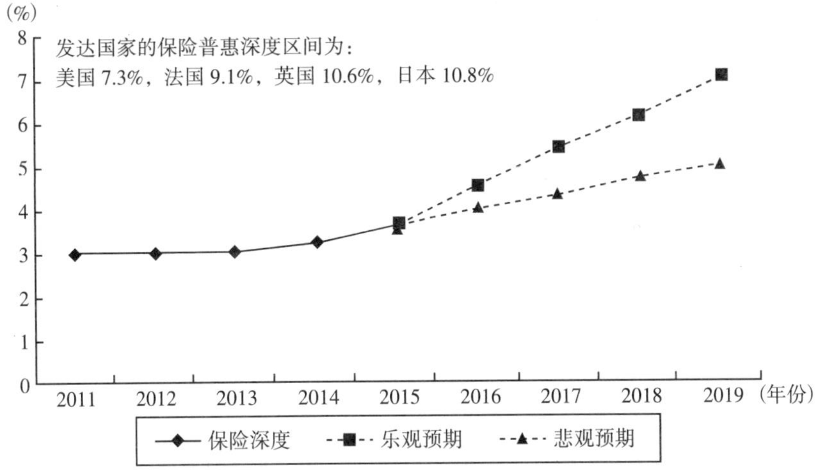

图 3-19　中国的保险普惠深度与发达国家的比较

资料来源：艾瑞咨询。其中，2015 年之前的保险数据来自保险业协会，2015 年以后的保险数据来自保险业企业财报预期估计。

如图 3-20 所示，2015 年我国数字保险整体保费规模达到了 2234 亿元，同比增长 160.1%，数字保险收入在保险业总收入中的比例也从 2013

---

① 保险普惠深度是当地的保费收入与该地区的 GDP 比值，反映了保险业在整个国民经济中的地位，保险普惠深度取决于一个地区的经济发展和保险业发展情况。

年的 1.68%提升到 2015 年的 9.21%，开通数字业务的保险公司数量已超过 100 家。

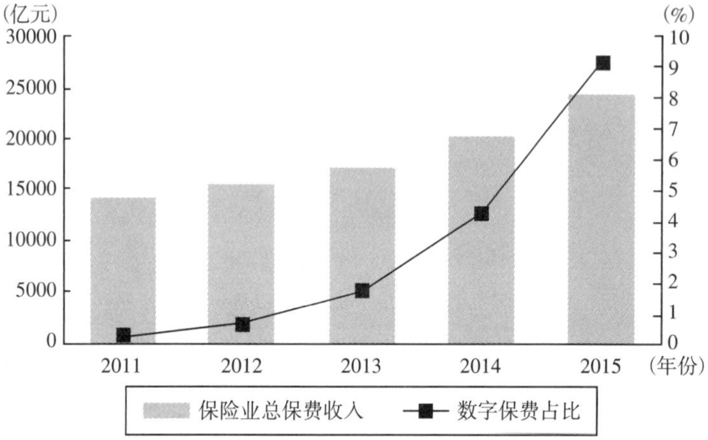

图 3-20 保险业总收入和数字保费占比

资料来源：曲速资本 2016 年互联网保险行业研究报告。

数字保险产业正在加速融入到金融体系当中，根据艾瑞模型的核算，数字保险规模从 2010 年的微乎其微，快速增加到 2015 年的 2000 亿元，预计到 2020 年将超过 8000 亿元规模。

（1）数字保险的可得性极大地拓展了普惠金融的覆盖广度和使用深度。

如图 3-21 所示，从 2011~2015 年我国部分地区的数字保险指数发展

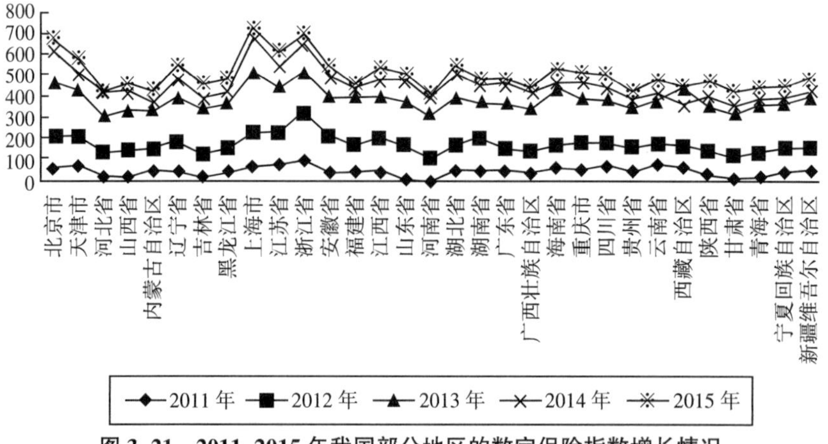

图 3-21 2011~2015 年我国部分地区的数字保险指数增长情况

资料来源：北京大学数字普惠金融指数。

状况可以看出，近年来各省的数字保险增长迅速，尤其是在 2013 年和 2014 年，出现了极大的增长，这都与数字普惠金融的巨大发展密不可分，由于 2015 年受到互联网金融监管政策的影响，数字保险的增长趋势有所减缓，此外，各地区的数字保险渗透程度也表现出了一定的差距。

当然数字保险的发展也不是孤立的，与当地的互联网金融普及情况和经济发展水平正相关，如图 3-22 和图 3-23 所示，通过对比不同地区的数字保险和互联网金融及人均 GDP 之间的关系可以看出，互联网金融发展

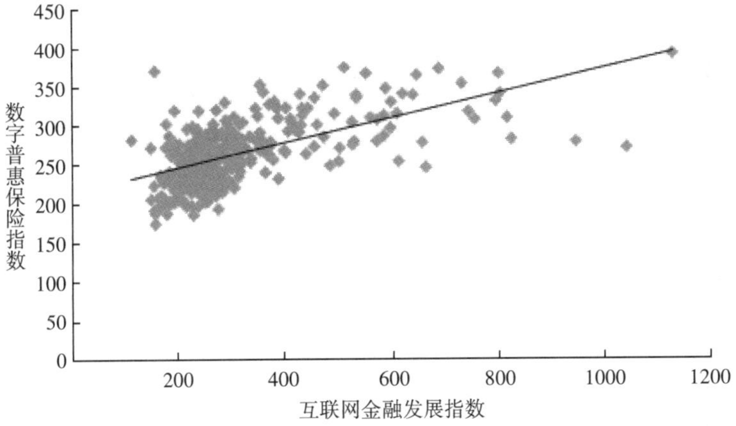

图 3-22　数字保险与互联网金融发展指数的相关性

资料来源：北京大学数字普惠金融指数。

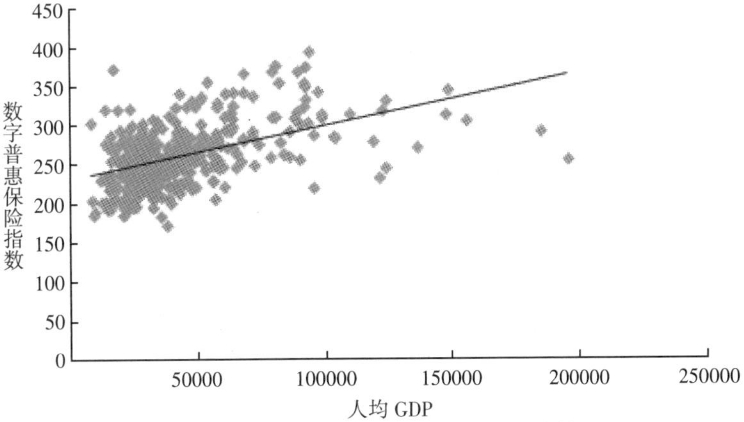

图 3-23　数字保险与人均 GDP 的相关性

资料来源：北京大学数字普惠金融指数。

程度越突出，经济发展层次越高，数字保险指数也越高，不过也有一些互联网金融发展指数很高的地区，数字保险指数并不高，这是因为互联网金融其他很多模式，如数字支付、数字P2P借贷、数字理财、数字征信在某些地区发展突出所造成的，同样也存在一些经济发展水平高的地区，数字保险指数不高，其原因可能是有些地区是资源型城市，其发展模式和金融现状与其他地区相比有很大差别。

（2）互联网科技助推数字保险大爆发，如传统险种的数字化应用（数字寿险、数字财险、数字车险）以及数字创新险。

从数字保险的保费规模市场份额格局来看，如图3-24和图3-25所示，人保和平安两大公司凭借其在保险行业的优势，在整体保费规模市场的占比较高，但在剔除数字车险后，只从数字财险保费规模市场份额来看，众安保险的优势却是非常明显的。

第一，数字寿险：中小公司异军突起。从表3-7可见，2013~2015年，数字寿险保费规模从2013年的54.46亿元增长到2015年的1465.60亿元，增长了近26倍，数字寿险占比由0.05%提升到了7.20%，开展数字化业务的寿险公司也从44家增加到了61家。整体来看，寿险在数字化业务中的增长程度非常快速，不过数字寿险仍处于初级阶段，理财型保险占据绝

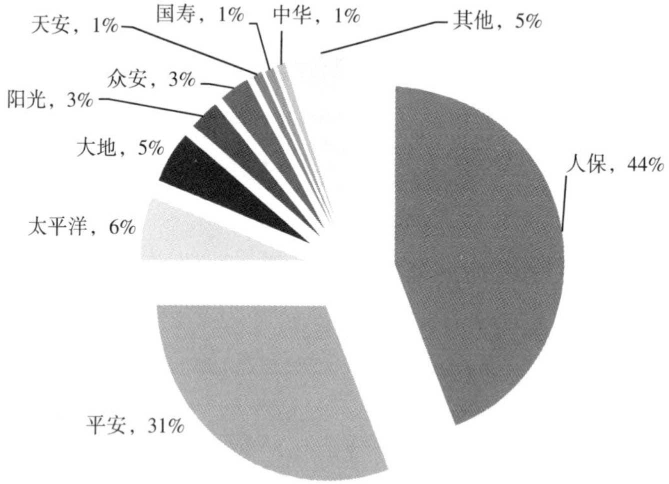

图3-24　2015年中国数字保险的保费规模市场份额

资料来源：中国保险业协会。

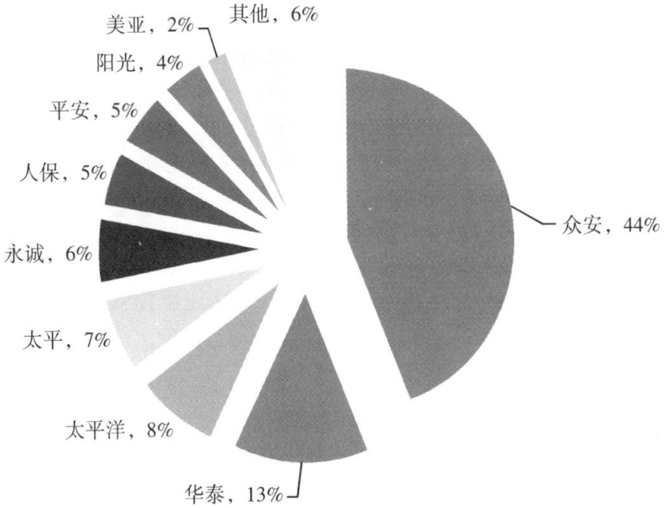

图 3-25 2015 年中国数字财险（财产险，不包括车险）的保费规模市场份额

资料来源：中国保险业协会财险工作部。

表 3-7 2013~2015 年我国数字寿险和数字财险发展情况

年份	2013	2014	2015	年份	2013	2014	2015
数字寿险保费规模（亿元）	54.46	353.2	1465.6	数字财险保费规模（亿元）	236.69	505.77	768.36
数字寿险占比（%）	0.05	2.8	7.2	数字财险占比（%）	3.7	6.7	9.1
开展数字寿险公司数量（家）	44	52	61	开展数字财险公司数量（家）	16	33	49

对高比例，寿险公司对数字化的应用，在模式创新上仍有待加强。

第二，数字财险：寡头效应明显。在表 3-7 中，2013~2015 年，数字财险保费规模从 2013 年的 236.69 亿元增长到 2015 年的 768.36 亿元，增长了 225%，数字财险占比由 3.70%提升到了 9.10%，开展数字化业务的财险公司也从 16 家增加到了 49 家。相对寿险来讲，这种能快速起量的数字财险缺乏分红险，增长缓慢。

数字财险业务结构单一，渠道大体通过官网实现，数字财险产品偏同质化，并且大型保险公司寡头垄断地位正在强化。

第三，数字车险：刚需特性显著。车险包括交强险和商业险，车险是数字保险规模最大的险种，依据艾瑞咨询数据，2014 年我国数字车险占到数字化保险的 48%，其次是数字财险，占到数字化保险的 23%，然后是数字意外险、数字寿险等其他险种。数字科技和互联网大数据对车险规模壮大的影响很深入，体现在车险的定价和渠道方面，也就是说，数字端的价格优势和快捷购物体验，使得数字车险能够快速发展起来。

从长远来看，车联网兴起后，OBD（On-Board Diagnostic，车载诊断系统）将参与车险定价，推动行业真正走向市场化定价，引起车险市场化改革。另外，基于 OBD 的 UBI（User Based Insurance，基于用户的保险）正是车险行业发展的方向。自平安保险开展官网直销后，国内主流保险公司纷纷效仿，车险的官网直销价格比线下渠道低 15%左右。随着车险费率市场化改革的推进，保险公司的车险产品将逐渐差异化，第三方平台（如慧泽网、新一站等）的比价和导购功能将进一步显现，帮助消费者挑选合适的车险产品，依据欧美发达市场经验来看，第三方平台将在数字车险领域发挥重要的价值。

第四，数字创新险：形式各种各样，表 3-8 为整理的部分创新险种。

表 3-8 数字创新险种

险名	推出时间及公司	简介	险名	推出时间及公司	简介
赏月险	2013 年 8 月 安联财险 淘宝保险	中秋节当天出现意外事故赔偿 10 万元	随 e 保	2014 年 11 月 阳光人寿	4 档保险套餐，42 种疾病覆盖，确诊即赔付
鞭炮险	2014 年 1 月 富德生命 淘宝	16 岁以下孩子被鞭炮所伤可申请最高 3 万元赔偿	医药险	2014 年 11 月 阳光财险	售价 100 元，24 小时提供电话医生、天猫医馆 90 元购药理赔
摇号险	2014 年 2 月 长安保险 壹金融	若中签可获得保费的 100 倍奖励	微互助	2014 年 2 月 泰康人寿	将求关爱页面分享到微信朋友圈，好友支付 1 元，该保单保额增加 1000 元
高温险	2014 年 5 月 众安保险	出现 37℃的天数超过约定免赔天数，按 5 元/天给付赔偿金	司机误工险	2014 年 4 月 快的打车	快的司机在营运中遇到事故送医或车受损，司机可获误工补偿

续表

险名	推出时间及公司	简介	险名	推出时间及公司	简介
旅游天气险	2014 年 9 月 众安保险 同程旅游	参与 1 元营销，若景区下雨，赔付 10 元	爱升级	2014 年 4 月 阳光保险	每一个朋友圈好友通过分享链接购买，则同一链接内的所有人的保额上涨 2500 元
贴条险	2015 年 3 月 OK 车险	贴条违章在线支付，系统减去 100 元罚金的部分费用	宝贝存钱罐	2014 年 8 月 富德生命人寿	家长每次存钱即为孩子的保单交保险费
股票跌停险	2015 年 4 月 雪球网	单只股票投保 100 元，若跌停则最高赔付 1 万元	孝亲保	2015 年 2 月 德华安顾人寿	45~75 岁人的高龄保障，免体检
好人险	2015 年 5 月 小白保险	支付 9.9 元，若好心帮人，发生纠纷，可获最高 5 万元诉讼费	喂小保	2015 年 8 月 众安在线	诉讼保险产品，当事人要打官司或成为被告，都可以购买
加班险	2015 年 7 月 华海保险	每月支付 9.9 元，若 21 点下班可获 9 元赔付	种牙险	2015 年 9 月 长城人寿	在中日友好医院做种牙手术后，出现伤口感染，可获额外赔付
失眠险	2015 年 9 月 意时网	凌晨 0~1 点在版友评论、发表意见，赔付 5 元	春晚收视率险	2014 年 1 月 安诚财产	可以猜测春晚收视率区间，包括 10 万元人身意外险
买贵管赔险	2015 年 11 月 中国人寿	“双十一”京东价格便宜产生的损失	滴滴随乘险	2015 年 10 月 滴滴出行	在乘滴滴专车出现意外时，可获得 120 万元保障
堵车险	2015 年 12 月 OK 车险	1 元购买，堵车超过 5 分钟可获赔偿	波波保	2015 年 3 月 平安养老	女性患乳腺癌可获得保障
结婚险	2016 年 2 月 太平财网	投保 299 元，购买 3 年后与指定心上人结婚，可获 5999 元奖金	外卖保	2015 年 4 月 饿了么	用餐中出现食品安全问题，可获得赔偿
熊孩子险	2015 年 7 月 人保财险	在购买保单一年内，由小孩造成他人或财产损失，可获赔偿	知音保	2015 年 6 月 众安保险	做一次乳腺癌基因检测，可获得 1 年期 10 万 ~30 万元乳腺癌保险

资料来源：曲速资本。

3.4.2　数字保险案例：众安保险

3.4.2.1　众安保险概况

2013 年 9 月，众安在线财产保险股份有限公司获得原中国保监会批复，这是国内首家获得互联网保险牌照的公司，2013 年 11 月，众安保险在上海举行了挂牌仪式，首批保险产品于 2013 年底正式上线。众安保险发展迅速，原保监会数据显示，2015 年，众安保险累计投保数达到 6.3 亿单，前三季度保费收入为 3.6 亿元。众安保险拥有雄厚的股东背景，对数字保险理解深刻，发展前景向好：一方面，众安保险将创造更多与特定场景相结合的创新险种，核保和理赔实现标准化；另一方面，可以依托股东资源往传统线下保险领域延伸。

3.4.2.2 众安保险主推的数字金融型小微险种产品

众乐宝是众安保险联合淘宝网推出的国内首款网络保证金保险，旨在为加入淘宝消费者保障服务协议的卖家提供履约能力保险。

参聚险是众安保险联合聚划算平台专为卖家量身打造的、用于代替缴纳保证金而推出的一款保险服务产品。

百付安是众安保险联合百度手机卫士推出的、专为下载并使用百度手机卫士的用户提供的一款保险服务产品。

小米手机意外保障险是众安保险联合小米公司，为小米 4 手机独家定制的手机意外保障服务。该保险是迄今为止国内最大的单一品牌“手机意外保”服务项目。

河狸家安心保障险是众安保险联合国内美业 O2O 龙头河狸家推出的国内首款美业 O2O 安心保障计划。

美团食品安全保险是众安保险携手国内最大外卖平台“美团外卖”共同打造的，为美团外卖的在线商家提供食品安全责任险。

轮胎意外险是众安保险于 2015 年 5 月 20 日，联合途虎养车网、新焦点汽车维修服务有限公司共同推出的国内首款轮胎意外保障服务。

总之，众安保险推出的数字保险产品普遍属于小额、海量、高频、碎片化的小微险种。

3.4.2.3 众安保险涉足的领域特征

众安保险广泛应用于电商、交通意外、健康、旅行等领域，但在未来的发展过程中已经开始涉及诸多特色领域，目前来看，如图 3-26 所示，电商、交通意外是发展最为健全的两个子行业，也是很容易和数字化生态相结合的行业，3C 和健康是数字保险发展最有潜力的行业。

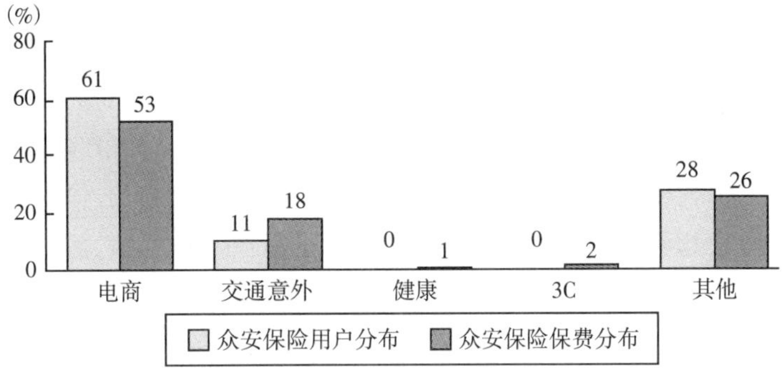

图 3-26　2015 年 7 月至 2016 年 6 月众安保险的领域分布

资料来源：众安保险。

3.4.2.4　众安保险的模式评价

众安保险经营范围遍及全国，注册地在上海，全国不设分支机构，保险产品的销售和理赔均在互联网端数字化进行。该公司采用扁平化管理，总共有 600 多名研发工程师，产品形态是互联网端的碎片化和数字化形式，产品设计基于数据驱动，产品更迭快速，最快 15 天可以上线一款保险产品，拥有强大的客户资源，融通电商阿里巴巴的广大客户群体，采用可信赖的交易平台支付宝，为客户提供可以安全支付的保障。但是，其模式也存在一些不足之处，众安保险的支柱型产品并没有成为其盈利的增长点，保费收入排在前五名的险种也是总体处于亏损状态，获利来源主要依靠其纯线上无网点和无太多人力的成本优势。

3.4.3　数字保险发展的趋势

在数字保险越来越体现出场景化、高频化、碎片化趋势的同时，数字保险产品却面临着同质化倾向、产品和服务信息披露不充分、信息安全风险加大、线上和线下资源整合能力不足、售后服务不到位等问题。实质上，该行业也表现出了显著的差异性，深层次的问题表现在以下几个方面：传统保险企业通过官网进行直销，效果有待于检验；数字保险的场景关联式发展与销售策略存在诸多变数；专业的第三方数字保险机构作用越来越突出；数字保险公司之间的竞争表现为“巨头”与“新秀”的狂欢。因此，我们认为数字保险会有以下几个发展趋势：互联网企业电商网站作为传统保险的销售渠道，可能势力逐步削弱；第三方数字保险机构或将迎来前所未有的发展机会，可以通过自身平台结合场景充当销售渠道。

总之，数字化和保险业将会继续融合，在数字化环境下，用户所处场景本身即为销售渠道，这对拓展保险业长尾用户具有重要意义，可以说，数字技术极大地推动了保险业发展，数字保险覆盖了更多低收入群体的保险保障需求，因此数字保险使金融实现了更高的目标和满足了更多的需求。

3.5　数字基金

3.5.1　数字基金的特点及优势

3.5.1.1　数字基金及特点

近年来，以云计算、大数据、社交网络等为代表的新一代互联网信息技术的快速发展，以及数字技术不断向金融业渗透融合，催生了一种新型的金融业态，即数字基金。2013 年 6 月 13 日，支付宝直销数字基金金融产品，短短两个月规模已超 200 亿元，此外，2014 年天弘基金一度成为国内第一、全球第七的大货币基金公司，数字基金的出现引起金融市场的高度关注。数字基金凭借便利性、流动性和高收益，在较短时间内迅速抢占了传统金融机构的市场，对金融发展产生了深远的影响。数字基金运用互联网进行投资理财的模式，具有如下特点：①效率高，成本低。②操作便捷，人人参与。③信息对称，供求匹配。

3.5.1.2　数字基金的优势

（1）数字科技平台与基金公司高度融合。数字基金实现了互联网与基金的高度融合，同时在客户发展方面具有可持续性。根据《证券投资基金销售管理办法》规定，第三方支付平台不得代销基金，不过这些平台公司进行大量金融创新开展业务。

（2）满足了新兴客户群体投资要求。数字基金发掘的是银行没有重视的新兴客户，余额宝就是通过互联网满足了这类群体的投资需求。

（3）更好的客户体验。数字基金采用互联网技术，给客户带来的体验超过了传统理财产品。数字基金理财产品给出每天的收益提示，这种体验非常人性化。

（4）较少的风险。数字基金多是货币基金，与传统基金相比，其风险较低。

（5）极强的流动性。由于大量消费者在电商平台上消费，阿里平台及天弘基金公司可以对他们的支付行为做出判断，不至于发生挤兑风险。

（6）较低的门槛。传统基金的门槛相对较高，而数字基金的低门槛表现在用 1 元就可以购买理财产品。

3.5.2　我国数字基金的发展状况

2015 年，我国公募基金有 1897 只，其中，开放式基金 1763 只，封闭式基金 134 只，在开放式基金中股票型基金占比最高，为 39.6%，混合型基金和债券型基金比例相当，以余额宝为代表的“宝宝类”互联网货币基金增幅较大，由 2013 年的 6.6%增至 2015 年的 10%。2015 年公募基金份额为 42011 亿元，公募基金净值为 45353 亿元，基金份额净值双升的原因为“宝宝类”数字货币基金产品认可度高，销售份额大幅提升。

数字基金的兴起，加速了基金产业链上各参与方的洗牌：①2015 年增加了 6 家新基金公司，券商系基金开始破题，PE 机构也在布局公募基金；②竞争最为激烈的是基金销售机构，互联网企业的接入刺激了传统基金公司进入网络销售渠道，保险和期货也开始加入基金销售大军；③《中华人民共和国证券投资基金法》允许非金融机构进行基金托管业务，2015 年共有 12 家机构开展托管业务；④2015 年共有 14 家第三方支付机构获准为公募基金销售公司提供支付结算业务；⑤金融搜索、门户网站、金融超市等也参与到基金的销售和推广之中。

根据北京大学数字普惠金融指数，本书描绘了2015年各省、自治区、直辖市的数字货币基金指数相对排序情况，以2015年指数最高的地区为基准值，将排序在基准指数60%之后的地区列为第一类区域，60%~70%范围内的地区列为第二类区域，70%~80%范围内的地区列为第三类区域，80%~100%范围内的地区列为第四类区域，在2015年，大部分地区属于第二类和第三类区域，这说明大部分地区的数字货币基金指数在最高数字基金指数省份的60%~80%范围内，在第四类区域的省市只有北京市、上海市、江苏省、浙江省、广东省等发达省市。另外，中西部地区的数字货币基金指数大都落在第二类、第三类区域，表明具有很好的发展潜力，另外，这也与当地的互联网金融发展有很大的相关性。从图3-27可以看出，互联网金融发展越突出的地区，数字货币基金的程度越明显，也即数字货币基金与互联网金融发展正相关。

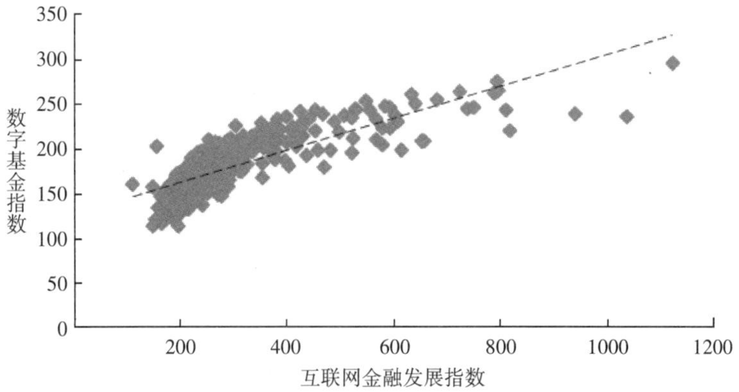

图3-27 数字货币基金与互联网金融发展指数相关性

详细地，数字基金的发展现状还有以下几个方面：

（1）现有的数字基金业务模式和典型余额类货币基金的实现形式。前者包括数字金融超市模式、金融机构主导模式、金融搜索模式；后者包括余额宝模式、理财通模式、基金主导模式。具体如表3-9所示。

表 3-9 数字基金业务模式和货币基金实现形式

数字基金业务模式		互联网金融超市模式	金融机构主导模式	金融搜索模式
	优点	商品延展性强，产品丰富	销售成本低，利于品牌建立	模式简单，门槛低
	缺点	金融势力较弱	开发成本高，产品迭代慢	对金融企业增值服务要求高
货币基金实现形式		余额宝模式	理财通模式	基金主导模式
	优点	全产业链，财富使用价值高，体验好	全产业链，体验好，产品丰富	尾随佣金率低，基金公司主导
	缺点	产品单一	财富使用价值低	难以形成规模

（2）基金销售环节互联网水平稳步提升。根据艾瑞咨询数据，如图 3-28 所示，与 2014 年相比，2015 年基金公司的直销比例上升了 21%，银行代销下降了 26%，2018 年基金直销机构的互联网水平接近 50%，基金代销机构的互联网水平达到 80%。由于尾随佣金和平台费率等费用支出较高，基金机构也在积极布局互联网销售渠道，以摆脱垄断机构，谋取更多利益。

图 3-28 基金销售的互联网水平

资料来源：艾瑞咨询。

（3）数字基金规模迅速增长，依据艾瑞咨询数据，如图 3-29 所示，

2015 年数字基金交易规模为 77673 亿元，2018 年达到 154787 亿元，2015 年基金（包括直销和代销）互联网化水平超过 50%，2018 年达到 67%。究其原因，来自以下三个方面的力量：一是以余额宝为代表的“宝宝类”货币基金快速增长；二是代销机构的互联网水平快速提升，电子银行和独立代销机构都是重要的交易额来源；三是传统基金公司开始自建平台布局互联网，追求更大的利润。

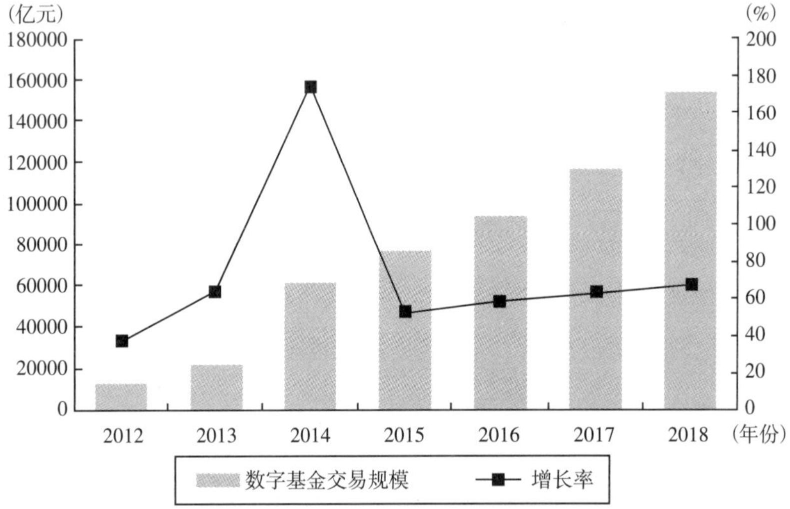

图 3–29　数字基金的交易规模和增长率

（4）用户购买基金产品最看重的因素是收益率和资金安全性。用户购买基金产品看中的其次因素如图 3–30 所示，具体内容依据艾瑞咨询 2015 年于 iClick 社区调研所得数据。

（5）最主要的投资渠道是第三方支付平台、网上银行、基金官网，其次是手机银行、电子商务平台。第三方支付拥有广阔的用户基础，且得益于“宝宝类”货币基金的发展，使其成为最主要的投资渠道；中国投资用户对于银行的信任度和依赖性较强，因此，手机银行、网上银行都是不容忽视的投资渠道；基金官网能够提供专业化的服务和针对性强的投资产品，也是用户最主要的选择之一。

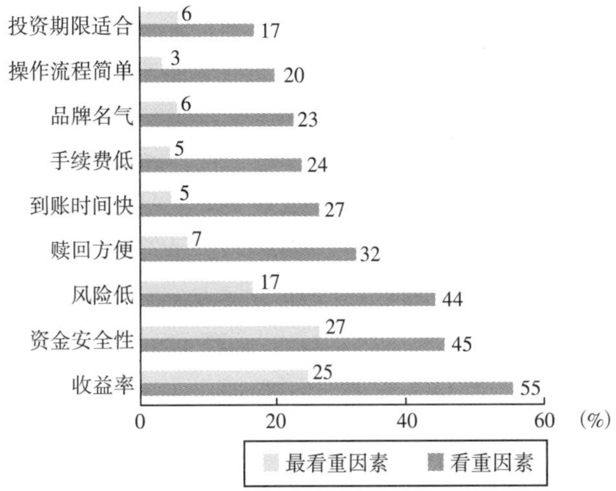

图 3-30　用户购买互联网基金产品所看重的因素

3.5.3　各领域代表性数字基金产品的比较

本书选择关注度较高的一些数字基金产品，包括传统银行发行的数字基金、基金公司发行的数字基金、三大运营商发行的数字基金、互联网巨头公司发行的数字基金。传统银行主要是通过网上银行或直销银行销售基金，在数字基金市场占有一定的市场份额。随着行业的发展，互联网公司、银行、电信运营商与基金公司合作开发数字基金理财产品，基金公司是基金管理人，互联网公司等合作伙伴将基金与其业务场景结合起来，形成理财产品。另外，三大运营商具有庞大客户群体，在数字基金产品领域走得很快。互联网巨头公司具有相应的产业背景，如电子商务、社交、搜索，因此这也为它们在进行创新数字理财产品方面开拓了空间。本书整理了数字基金产品的资金规模、昨日万份收益、7 日年化收益率、起购金额、单日提取上限、提现速度等，如表 3-10 所示。

表 3–10　各种机构发行的数字基金产品

	产品名称	发行机构	资金规模（亿元）	昨日万份收益（元）	7 日年化利率（%）	起购金额（元）	单日提取上限（万元）	提现速度
传统银行发行	民生如意宝	民生银行	394.09	0.79	2.56	0	500	实时（有条件）
	壹钱包活钱宝	平安银行	337.05	0.63	2.38	1	5	实时（有条件）
	中信银行薪	中信银行	170.95	0.65	2.42	0	不限制	实时
	工银薪金宝	工商银行	49.82	0.67	2.45	100	不限制	隔日
	招行朝朝盈	招商银行	24.51	0.76	2.53	0	不限制	实时
	添金宝	渤海银行	111.19	0.99	2.40	0	不限制	实时
基金公司发行	现金快线	工银瑞信基金	1529.1	0.70	2.47	0	100	实时
	华夏活期通	华夏基金	641.00	0.69	2.42	0	20	实时
	汇添富现金宝	汇添富基金	394.09	0.79	2.56	0	500	实时
	活期乐	嘉实基金	361.87	1.00	2.66	1	25	实时（有条件）
	南方现金宝	南方基金	258.57	0.76	2.46	100	50	实时
	易方达 E 钱包	易方达基金	184.51	0.70	2.53	1	50	实时（有条件）
	中银活期宝	中银基金	101.85	0.64	2.62	1	30	实时（有条件）
	广发淘金	广发证券	101.18	0.98	2.74	0	10	实时
	博时现金宝	博时基金	88.33	1.36	3.62	100	50	实时
	壹诺宝	新华基金	72.12	1.08	2.22	0	5	实时
	招财宝	招商基金	19.54	0.78	2.79	0	50	实时
	富钱包	富国基金	16.49	1.09	2.72	0	5	实时（有条件）

续表

	产品名称	发行机构	资金规模（亿元）	昨日万份收益（元）	7 日年化利率（%）	起购金额（元）	单日提取上限（万元）	提现速度
基金公司发行	天添宝	中加基金	12.95	0.73	2.78	1000	20	实时（有条件）
	活期盈	和讯	9.34	1.10	3.15	1	10	实时（有条件）
	倍利宝	银河基金	9.06	0.49	2.10	100	10	实时
	万家现金宝	万家基金	6.70	0.60	2.59	1	10	实时（有条件）
	交银现金宝	交银施罗德基金	6.46	0.59	2.15	100	50	实时（有条件）
	融通现金宝	融通基金	4.56	0.66	2.28	0	500	实时（有条件）
	大成钱柜	大成基金	4.51	0.83	2.34	0	10	实时（有条件）
	华泰柏瑞现金	华泰基金	4.20	0.61	2.29	1	50	实时
	现金增利宝	国富基金	2.95	0.60	2.20	1	10	实时（有条件）
三大运营商发行	电信添益宝	中国电信	394.09	0.79	2.56	0	5	7~15 个工作日
	和聚宝	中国移动	18.56	1.39	3.17	0	5	实时
	沃百富	中国联通	16.49	1.09	2.72	0	5	实时（有条件）
互联网巨头公司发行	余额宝	支付宝	8163.12	0.65	2.36	1	5	实时（有条件）
	百度百赚	百度	641.00	0.69	2.42	1	20	实时
	零钱宝	苏宁	394.09	0.79	2.56	1	14	实时（有条件）
	微财富存钱罐	新浪微财富	394.09	0.79	2.56	0	不限制	T+1
	网易现金宝	网易	394.09	0.79	2.56	0	500	实时（有条件）
	微信理财通	腾讯	360.36	0.71	2.53	0	6	延时

续表

	产品名称	发行机构	资金规模（亿元）	昨日万份收益（元）	7日年化利率（%）	起购金额（元）	单日提取上限（万元）	提现速度
互联网巨头公司发行	百度百发	百度	169.97	0.64	2.36	0	5	实时（有条件）
	佣金宝	腾讯	123.69	0.72	2.64	0	不限制	T+1
	京东小金库	京东	47.80	0.64	2.36	1	5	实时（有条件）

资料来源：融 360 研究院，中国人民大学数字普惠金融报告。

3.5.4 数字基金的总结

数字技术使得 1 元理财的出现冲破了传统银行设置的理财门槛（最低 5 万元），人人可以理财，随时可以理财，尤其是余额宝的出现对推动小微理财具有里程碑的作用，但是对于数字基金的发展也有四个方面需要注意：①如何培育用户对数字基金产品的交易和风险思维习惯。基金产品直接的投资标的物是股票，本质上是一种投机性较高的权益类产品，受行情影响很大，一般数字基金理财用户缺乏专业的基金产品识别和选购能力，这也导致大部分基金用户难以长期盈利。②“产品研发+互联网”渠道销售并不是数字基金真正的创新所在。目前的数字基金，更多的表现形式是金融业务的互联网化，也就是将原本以网银为主进行代销的基金产品放到阿里、京东、平安、腾讯这些大的平台上，或者在一些垂直细分的如天天基金网、好买基金、数米基金等代销牌照平台上销售，但是这并没有改变目前基金产品的运作和销售方式。③数字基金的某些噱头并没有真正体现出大数据优势。金融行业不确定性更大，偶然性较多，即便很推崇大数据概念，但具体到实际产品还是很难摆脱主流金融产品收益趋势的影响。④数字基金销售平台急需规范。2013 年下半年余额宝推出后，多家机构纷纷推出了高收益的类余额宝产品，一度出现了 6%、8%、10%的收益率，比拼年化收益率已经成了各个平台的主打宣传语和醒目标语，但是《基金销售管理办法》第三十五条明令禁止预测基金的投资业绩、夸大片面宣传基金收益、违规承诺收益和赔偿损失。因此，为了确保客户充分了解数字基金产品的潜在风险，必须要进一步规范销售过程中的风险提示。不过数字基金要发展，关键还在于两点：①“产品+平台”是核心，积极拓展应用场景，基金公司通过官网、手机 APP 等自建平台，或者和第三方互联网平台合作，来实现基金互联网化。但目前来说，发展更多的是金融企业和第三方企业的联合。②深挖用户数据，个性化定制产品加速发展。大众用户目前越来越追逐对产品和服务需求的个性化，互联网投资用户数据的挖掘，有助于根据用户的需求来设计产品。

3.6　智能投顾

智能投顾（Robo-Advisor），是一种结合人工智能、大数据、云计算等新兴技术以及现代投资组合理论（MPT）的在线投资顾问模式。因其服务过程能够实现全部或绝大部分自动化操作管理，所以被称为智能投顾。目前，智能投顾以 ETF 作为主要投资标的。智能投顾技术诞生于 2010 年，经过短短几年的发展，已经在国际主流成熟市场上获得认可。

智能投顾的核心技术流程体现在现代投资组合理论（MPT）、投资策略生成（ISM）、量化投资策略、智能代理（IA）四个维度，通过人工智能以及大数据技术将四个维度衔接，使之成为一个有效的投资决策系统，并对投资组合进行动态优化调整。与传统意义上的量化交易不同，智能投顾的投资模型参数可以做到实时变动从而达到自动优化的效果。目前，智能投顾有两大模式：全智能投顾和半智能投顾。全智能投顾（Robo-Advisor）是智能投顾模式的缔造者，公司大多以新兴互联网平台投顾公司起家，如 Betterment、Wealthfront、SigFig 等；半智能投顾（Cyborg-Advisor）由传统金融机构自主研发或是吸收全智能投顾公司产生，如先锋基金 PAS、嘉信理财 SIP 等。

3.6.1 智能投顾的特点和优势

智能投顾是技术进步推动金融创新的直接产物，投顾服务在历经传统投顾1.0时代、在线投资组合管理2.0时代后，正式迈入智能化、个性化、泛在化的3.0时代，如表3-11所示，智能投顾提升用户投顾服务体验的同时，极大地拓展了投顾服务的边界。

表3-11 投顾服务从1.0迈向3.0时代

	传统投资顾问	在线投资组合管理	智能投顾
发展层次	投顾1.0	投顾2.0	投顾3.0
服务或费用	一对一服务	人工服务为主	有限或无人工服务
服务内容	财富管理+投资建议	交易型投资组合管理	资产组合动态自动管理和建议
目标客户	高净值人群	中等净值人群	中低净值人群

智能投顾的服务领域主要为财富管理，另外，逐渐衍生出养老、房贷、育儿等定制化的增值服务。

表3-12 智能投顾与传统投顾的比较

数据类型	智能投顾	传统投顾
服务流程	用户测评—自动化生成方案—客户调整—方案确定—投后自动化管理	了解客户需求—协助客户测评—商讨投资方案—人工买入组合—投后跟踪组合表现—同客户商讨调整方案
服务模式	互联网线上服务	传统线下服务
操作过程	简单	复杂
费率	低	高
增值服务	税收盈亏收割、房贷、报税	无
策略执行力	严格执行	相对松散
服务时间	7×24小时全天候	5×8小时工作时间
客户情绪安抚	无	有

同传统投顾相比（见表 3-12），智能投顾具备以下特点和优势：

（1）服务流程简化。依托于互联网数字科技，投资者只需要在平台上回答相应的投资调查问卷，智能投顾系统便可以评估出投资者的风险偏好，确定理财方案，整个流程仅需几分钟。传统投顾的流程包括了解客户需求、给出理财方案、实施理财方案以及后期跟踪调整，其中理财方案的敲定还需要客户与理财顾问面对面交流以及方案设计。

（2）低门槛、低费率。传统银行的私人理财服务门槛多为 600 万元以上，智能投顾对投资人的资金要求在 1 万~10 万元，部分智能投顾，如 Betterment 或钱景私人理财，甚至实现了“零门槛”。传统投顾服务收费项目繁多且非常不透明，往往会收取咨询费、交易费、充值提现费、投资组合调整费用、隐藏费用、零散费用等近十类费用，总费率高达 1%以上。智能投顾采取完全透明化收费，大体来看，费用主要为资产管理费和交易费，其中资产管理费多数在 0.1%~0.25%，如国外的 Wealthfront、Betterment、Future Advisor 和国内的弥财，部分甚至收取零管理费，交易费比例一般在 0~0.2%，因此，管理费和交易费合计基本在 0.35%左右。

（3）较高的专业化程度和策略执行力。财富管理的过程涉及标的种类选择、配置比例划分、风险事件处理等。智能投顾给出的资产配置方案多数基于经典的资产配置理论，具备较强的专业性。以 Wealthfront 为例，基于现代投资组合理论，选择股票、债券和实物资产构建客户的投资组合；通过均值—方差原理（MVO），构建资产的有效前沿，设定每一类资产最高和最低的投资限制，对单项资产的风险进行严格控制；基于投资者的风险测评结果，给出适合投资者的配置比例。随着资本市场行情的变动，投资者的投资组合比例会发生偏移，多数智能投顾采用资产再平衡策略，通过买入和卖出的操作，调整投资组合的资产配置比例，从而将其维持在较为稳定的水平。

（4）丰富的定制化场景。《2013 年中国城市居民财富管理与资产配置调查报告》显示，我国居民的理财目标包括退休养老规划、子女教育、财富增值保值、突发事件预防、购房购车、子女婚嫁等，这对财富管理行业提出了更高的要求。智能投顾为投资者提供了基于多种场景的资产配置计划，颠覆了传统投顾单一的资产管理模式。以钱景私人理财为例，其为投资者提供了存钱购房、存钱结婚、存钱育儿、存钱养老和梦想基金五个理财目标。

（5）7×24 小时全天候提供投资咨询和管理服务。智能投顾提供的投资咨询、投后管理皆由后台智能算法独立完成，此外，部分智能投顾算法可以实时监控全球资本市场以及风险事件，会自动调整组合中相应资产的权重以降低组合的风险。智能投顾就像一个贴身管家，7×24 小时智能化管理用户的投资账户。

3.6.2 我国智能投顾市场的发展情况

3.6.2.1 国内资产管理市场环境

《2015 年中国资产管理市场报告》显示，我国各类资管机构管理资产总规模达到约 93 万亿元，预计 2020 年总规模将达到 174 万亿元，如图 3-31 所示。虽然市场规模已较为可观，但行业整体发展严重滞后，产品种类有限且同质化竞争严重。2016 年 6 月我国上市 ETF 合计 130 只，资产规模累计 4729 亿元，多数是传统股票指数型 ETF，债券型 ETF、商品型 ETF 则不足 10 只；而同期美国市场有近 1600 只 ETF，管理资产规模累计 2.15

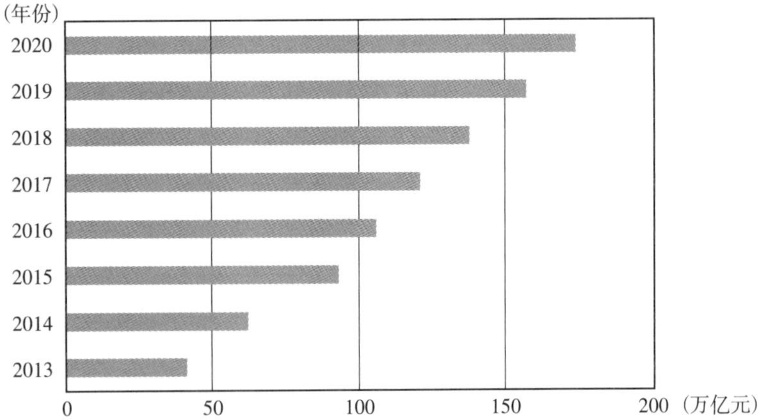

图 3-31　中国资产管理规模情况

万亿美元，产品种类繁多，涵盖国内市场、国外市场、股指、债券、商品等多个类型。

投资品种匮乏，居民资管需求长期被抑制：由于可投资标的匮乏，居民投资需求被长期抑制，导致我国居民长期形成了“重储蓄、轻投资、轻配置”的特点，资产配置以房地产投资和储蓄为主，如图 3-32 所示；而美国家庭资产配置中房地产占比仅为 27%，家庭财富更为分散地投资到基金、债券、退休金计划等金融投资产品上。房地产及储蓄占比过大的直接结果是金融产品投资规模偏低，资产管理需求长期受到抑制。

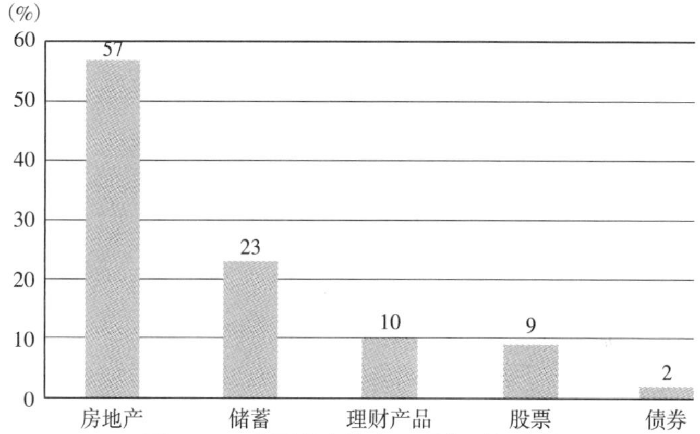

图 3-32　中国家庭资产配置类别与比例

居民财富配置日益多元化，金融资产占比持续提升。近年来，随着三四线城市房地产市场降温以及资产管理行业不断成熟，房产占我国居民资产配置比重已有所下降，2008~2015 年居民房地产投资增速明显慢于可投资资产总体规模增速；而资本市场产品、银行理财产品、保险以及其他境内投资则出现高速增长，反映出我国居民资产配置正日益趋于多元化和分散化。参照美国等成熟市场，随着我国居民财富的持续增长以及金融市场的不断成熟，家庭资产配置中房地产比重将进一步下降，财富将配置于多元投资标的，居民资产管理需求将逐步释放。

3.6.2.2　国内智能投顾行业发展迅猛

我国智能投顾资产管理规模加速迈向万亿元级，国内智能投顾产品集中爆发于2014年、2015年，目前已经有多家公司推出了丰富多样的智能投顾产品，从产品开发模式来看，主要分为三大类型：

（1）互联网金融信息服务公司：如同花顺（iFinD智能投顾）等互联网金融信息服务公司推出智能投顾服务，并取得不错的市场反响。

（2）互联网巨头科技型公司：百度金融大举进入智能投顾，试图与传统资管业务有机结合；阿里巴巴、京东等在财富管理领域早有布局，如阿里旗下的蚂蚁聚财、京东旗下的京东智投；分众传媒收购智能投顾平台“拿铁财经”70%股权。

（3）传统证券公司和基金公司：平安银行推出平安一账通，打造综合一站式智能投顾平台；华泰证券于2016年4月出资8亿美元竞购美国资产管理软件生产商AssetMark，后者为7.5万以上的投资顾问和投资者提供服务；光大证券旗下的立马理财与网易深度合作，探索智能投顾业务；申万宏源证券联合股利多和天音通信正式发布新产品“股神+”，提供智能理财解决方案；广发证券推出贝塔牛，提供A股及大类资产配置智能投顾服务。

3.6.2.3 典型的国内智能投顾产品介绍

（1）同花顺（iFinD智能投顾）。该产品于2016年5月正式登陆同花顺i策略平台。其主要通过对iFinD金融数据库、舆情监控系统、i问财知识库等的深度学习来构建投资决策模型，实时结合市场信息来提供A股市场投资建议。iFinD智能投顾目前针对正式用户免费开放，iFinD正式用户能够实时收到大盘走势预测与风险提示，未来iFinD智能投顾有望效仿i策略平台现有的付费打赏模式实现收入变现。同花顺作为国内主要互联网金融信息服务公司之一，自2009年便开始布局智能投顾产品，具有技术、客户、数据等相关领域的资源储备和明显的先发优势。

（2）平安一账通。该产品是中国平安旗下的财富管理平台，于2009年问世，2015年发布了3.0版本，亮点在于为用户提供个性化理财服务的私人投资顾问。2016年初，一账通累计注册用户超过1亿，管理资产总额超过1.9万亿元。通过账户内存款、信用卡、投资、保险、贷款、车辆和房产等资产信息整合，一账通可以基于算法对投资者的资产配置进行全面分析，然后根据用户的风险偏好问卷，设计出个性化财富管理方案。

（3）弥财。该产品于2015年10月正式上线，主打手机端的移动智能投顾，投资范围以海外股指ETF、美国企业债券为主，能帮助用户进行个性化海外资产配置，投资门槛为5000美元，年费率为0.5%。弥财主打通过自动再平衡策略帮助投资者调整投资比例，降低交易频次，为投资者带来额外收益。弥财为用户挑选8只海外ETF，涉及10多个行业、3800多家公司以及175个国家，分别为：新兴市场股票指数（VWO）、亚太地区股票指数（VPL）、欧洲股票指数（VGK）、美国整体股票市场指数（VTI）、新兴市场债券指数（EMB）、美国债券投资指数（LQD）、国际综合债券指数（BNDX）、美国市场债券指数（BND）。

（4）广发证券贝塔牛。该产品于2016年6月上线，属于国内券商开发的第一款智能投顾产品。该产品嵌入广发证券易淘金APP之中，提供股票智能投顾和大类资产（ETF为主）配置智能投顾两大类服务，并能对智能投顾所构建的投资组合实现一键批量下单。其中，股票智能投顾共提供4类策略，大类资产配置智能投顾按照用户风险偏好和投资期限不同，量身定制个性化资产配置方案。

（5）胜算在握。该产品于2014年8月由新三板挂牌公司祥云信息开发，分为面向普通投资者的“胜算在握APP版”和面向机构的“胜算在握机构版”两类产品。胜算在握APP版通过深度学习、增强学习等人工智能的技术与金融大数据相结合，为用户提供针对A股市场的懒人炒股、解套专家、个股测评、仓位优化、自建组合、跟随组合等智能投顾服务。2015年底，胜算在握APP版累计激活用户人数达112万人，较2014年同期增长334%，公司合作机构用户达11家，较2014年同期增长450%。

（6）理财魔方。该团队成立于2014年12月，APP于2015年3月上线。在上线初期，为用户提供众多理财品类的收益排行榜，并且记录跟踪跨平台购买理财产品的收益。2015年9月上线的“智能理财配置”功能，为消费者提供资产管理服务，为用户推送合适的理财产品。理财魔方的投资组合构建以债券型基金与ETF指数基金为主，在不同时期向用户提出仓位调整建议。理财魔方覆盖了市面上2728家金融平台和562216只在售产品的多维度信息，以基金产品为例，涵盖净值、募集规模、基金托管人等 28 个维度。

（7）京东智投。该产品于 2015 年 8 月推出，是首家进军智能投顾领域的数字金融巨头。京东智投的运作模式与其他智能投顾类似，投资者只需要回答六道风险测评问题，智投就会通过特定算法为用户提供免费的个性化智能服务，并对组合收益进行实时跟踪，智投的量化投资模型基于现代投资组合理论（MPT）及资本资产定价模型（CAPM）。京东智投的主要功能是对京东金融财富管理产品进行聚合，其构建的投资组合全部由京东金融理财平台上提供的产品构成。京东金融财富管理业务共有小金库、白条、小白理财、票据管理、定期理财、基金理财、固定收益理财产品，标的产品覆盖更为全面。

本书对互联网信息科技公司的智能投顾产品、传统金融机构的智能投顾产品和互联网金融公司的资产管理产品进行了比较总结，如表 3-13 所示。

表 3-13　国内主要的智能投顾产品

	产品及上线日期	投资门槛（元）	业务模式	费率	投资范围	产品特色
互联网信息科技公司推出	理财魔方 2015 年 3 月	0	混合推荐型	0	与好买基金合作，涵盖国内上千基金产品	产品分为定期宝与活期宝，以国内基金构建投资组合，面向中产阶级
	蓝海智投 2015 年 4 月	5 万	独立建议型	需要支出费用的 0.4%	美元投资组合和人民币投资组合，人民币组合以 QDII 股票和债券基金为主	“互联网+私人银行”，面向中高净值客户，一键配置全球耶鲁模式
	弥财 2015 年 10 月	5000	独立建议型	需要支出费用的 0.5%	以海外股指 ETF、美国企业债券为主	海外资产配置，拥有自动再平衡功能
	钱景 2014 年 8 月	0	独立建议型	0	国内公募基金	私人理财，提供国内基金配置组合
	财鲸 2015 年 8 月	0	独立建议型	0	海外股指 ETF 为主	海外主体投资

续表

	产品及上线日期	投资门槛（元）	业务模式	费率	投资范围	产品特色
互联网信息科技公司推出	资配易 2014年6月	0	独立建议型	投资收益的20%	A股	A股交易策略，供用户跟投
	胜算在握APP 2014年7月	0	独立建议型	0	A股	提供A股市场懒人炒股，解套专家，个股测评，仓位优化，跟随组合服务
传统金融机构推出	平安一账通 2016年1月	0	混合推荐型	0	平安旗下各种理财产品	全面整合平安银行、保险、投资各领域服务
	嘉实基金金贝塔 2016年4月	0	混合推荐型	0	A股与嘉实基金各类产品	基于嘉实、腾讯、百度平台，针对国内投资者的社交组合投资平台服务
	天音控股股神 2015年6月	0	独立建议型	0	A股	变盘预警、智能参谋、股民在线交流及咨询
	广发证券贝塔牛 2016年6月	0	独立建议型	0	A股与国内ETF产品	提供持股票机器人和大类资产（ETF为主）配置机器人投顾服务，投资组合批量一键下单
互联网巨头公司推出	同花顺iFinD 2016年3月	0	独立建议型	0	A股	针对A股市场的智能投顾
	京东智投 2015年8月	0	混合推荐型	0	京东金融产品	整合京东旗下理财产品，实现个性化投资组合
	蚂蚁聚宝 2015年8月	0	混合推荐型	0	基金产品、蚂蚁金服产品	定位为小白群体，蚂蚁金服产品“一站式”投资管理
	雪球 2010年4月	0	独立建议型	0	A股、美股、私募基金产品	社交组合投资平台

资料来源：笔者自行整理。

3.6.3 智能投顾的展望与发展重点

近年来，我国国民收入的提高带来了私人财富规模的迅速攀升，招商银行和贝恩公司联合发布的《2015年中国私人财富报告》显示，我国个人可投资总额逐年上升，从2008年的39万亿元增加到2015年的129万亿元，复合增长率高达18.64%。理财市场将呈现多元化发展趋势，投资人配置的资产种类由过去以房地产为主逐步向基金、保险、理财产品、P2P、信托、外汇等金融资产转移。2015年，居民将资产配置到金融资产的比例达到40.67%，包括银行存款、债券、股票、基金、保险和理财产品，分别占配置到金融资产总额的49.13%、0.54%、7.66%、5.65%、10.22%和13.37%。随着“互联网+”和数字化趋势的出现，这些外部因素为智能投顾的崛起提供了恰逢其时的发展时机。我国的智能投顾刚刚起步，在财富管理市场所占的份额不高，但对比美国在智能投顾领域的发展路径，我们预测，未来智能投顾将有较大的增长空间。

目前，我国家庭资产结构较为失衡，存款或短期理财类资产占比较高，以房地产为主的固定资产占比也较高，股权类和权益类投资占比较低，权益类投资以散户为主，短期投机心理较重，且缺乏长期数据表现。国内做空机制还不健全、对冲工具的管控仍较为严格，都让智能投顾无法得到全力发挥。从美国智能投顾市场发展经验来看，资产如何实现跨区域配置、跨资产类别投资、灵活且低成本交易是重点。相比于主动管理型产品，被动指数型产品交易费用低廉，长期收益率高于绝大多数主动管理型基金，选择ETF产品作为主要投资标的，长期可以真正做到降低区域系统性风险对组合整体业绩的影响。目前，我国的投资者对被动管理型基金存在认知偏差，市场的被动投资环境欠佳，未来随着被动指数型投资增长，尤其是低成本的ETF产品增多，将助推智能投顾行业的飞速成长。

3.7 数字征信

征信是金融发展最基础的一环，其发达程度决定着金融体系的稳定运行和金融发展水平。数字征信是指信用机构通过互联网渠道对个体信用信息进行采集与加工，并依法向合规的信息查询人提供个体信用的历史记录。随着消费习惯的改变、金融用户的下沉、征信技术的不断完善，互联网企业、传统资本纷纷进军征信领域业务。发达的征信体系有助于提高社会信用意识，形成良好的约束激励机制，缓解信息不对称问题，提高融资便利性，促进信用消费。随着数字征信的不断发展，为没有信贷记录的群体逐步建立信用档案，便于其获得应有的金融服务。特别是小额信贷公司和数字 P2P 金融平台等小微金融机构可以通过接入发达的数字征信体系，为更多的人群提供金融服务。

互联网时代，线上活动及其 OTO 活动日渐频繁，产生海量数据。数字征信利用人工智能、云计算和机器学习等技术，在采集大数据的基础上，从多维度对其进行分析加工，准确识别和描绘征信对象。相对传统征信而言，数字征信具有数据来源广，欺诈行为识别能力高，信用评估准确、及时等优势。

3.7.1　数字征信的分布格局

目前，我国的数字征信体系已经形成由政府主导、政府和市场共同推动的格局。依据北京大学数字普惠金融指数，笔者描绘了 2015 年各省的数字征信指数情况，其中上海的数字征信指数最高，将近 100，数字征信指数超过 50 的依次为上海市、北京市、江苏省、浙江省、福建省、湖北省、海南省、广东省、天津市等。另外，笔者也描述了数字征信指数与互联网金融发展指数的相关性，如图 3-33 所示，在大部分地级市呈现出互联网金融发展程度高的地方，数字征信普及率也相对较高的态势。

如图 3-34 所示，截至 2015 年，央行征信系统收录自然人超过 8.9 亿，但仅有 3.8 亿人拥有信用记录，收录企业及其他组织近 2467 万户。征信系统的信息查询端口遍布全国各地的金融机构网点，已经形成了以企业和个人信用报告为核心的征信产品体系。

尽管央行征信中心已经建立了全球最大的征信系统，但有信用记录的人数只占收录自然人总数的 43%，这一比例远低于美国，未来还有很大的增长空间。此外，央行征信系统的数据来源较为单一，仅仅是个人信息、信贷信息及其公共信息。信用经济飞速发展，信用交易占比越来越高，急

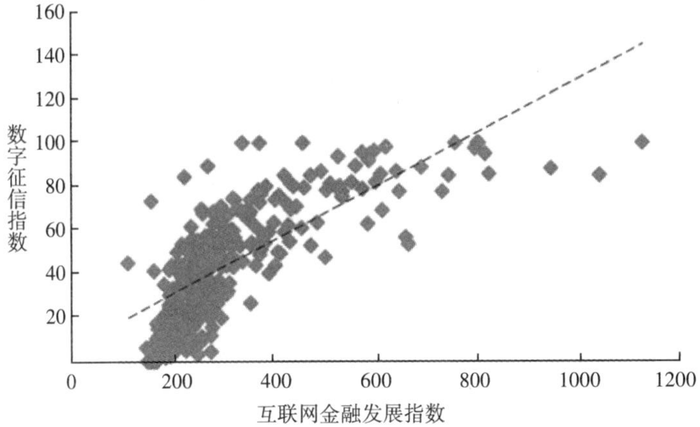

图 3-33 数字征信指数与互联网金融发展指数相关性

资料来源：北京大学数字普惠金融指数。

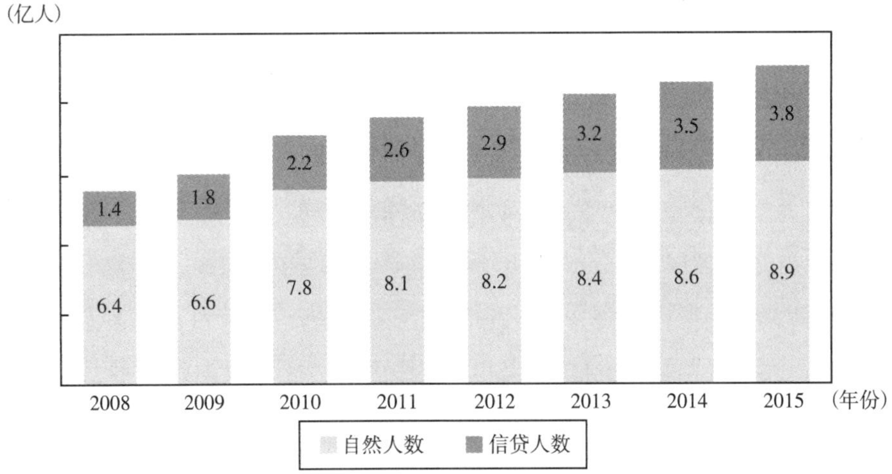

图 3-34 个人征信系统收录的自然人数及信贷人数

资料来源：BCG《中国个人行业征信报告》，《易观征信建设运行报告 2016》。

需覆盖面广、及时且准确的征信产品，仅靠央行征信体系难以满足市场需求。2015 年 1 月，中国人民银行印发《关于做好个人征信业务准备工作的通知》，这一通知开启了我国征信业市场化新的征程，使我国征信业迎来新的春天。政府的引导鼓励，加上互联网时代的到来，为数字技术在征信中的运用创造了良好条件。

我国实行企业征信备案制，个人征信审核制。截至目前总共有 136 家社会征信机构，其中仅从事个人征信业务的机构有6家，仅从事企业征信业务的机构有106家，其余24家机构混业经营，既有个人征信业务，又有企业征信业务。央行官网明确的数字征信机构有79家，从地域分布来看，数字征信机构主要聚集在北京（30家）和上海（15家），共有45家，北京市和上海市是我国的金融中心，金融发展水平高，对基础金融服务征信具有较高的需求。其他的分布于广东省（6家）、浙江省（5家）、四川省（4家），多半省份几乎还没有数字征信机构。由此可见，金融业务发展程度、地区人才资源和产业背景等决定着地区数字征信业务的发展水平。

3.7.2　数字征信的发展情况与案例分析

虽然数字征信已经初具规模，但尚未形成质的飞跃，在个人征信市场上，仅有芝麻信用和考拉征信两家机构能够出具上亿人次的个人信用报告。此外，多数机构没有形成知名品牌，只有芝麻信用推出芝麻分，广为互联网用户所知，且在信用借贷和信用消费等诸多场景中得到应用。在发达的美国数字征信市场上，Experian（益博睿）、Equifax（艾可菲）和Trans Union（环联）已经发展为十分成熟的个人信用评估机构。在企业征信市场上，国内还没有像芝麻信用这样广为人知的征信机构，而在美国企业征信市场上，已经有标准普尔（S&P）、穆迪（Moody's）、惠誉（Fitch Group）这样享誉全球的资本市场信用评级机构。

征信市场上呈现出的商业模式也不同，商业模式的竞争是数据获取能力和数据分析能力的竞争。最核心的是数据获取能力，谁能够得到覆盖人群多、广泛且多维的数据，谁就能在竞争中赢得主动。除此之外，数据处理分析能力也是重要的竞争力，在大数据背景下，数据处理分析能力也有较高的门槛。易观智库把个人征信机构分为三类：传统个人征信、互联网个人征信和第三方数据服务商，具体表现如表3-14所示。传统个人征信机构包括中智诚征信、中诚信征信和鹏元征信；互联网征信机构主要包括芝麻信用征信、腾讯征信、前海征信、考拉征信和华道征信；第三方数据服务商主要有91征信、聚信立征信和安融征信。

表 3–14　市场化征信模式的分类

	传统个人征信	互联网个人征信	第三方数据服务商
厂商代表	中智诚征信、中诚信征信、鹏元征信	芝麻信用征信、腾讯征信、前海征信、考拉征信、华道征信	91 征信、聚信立征信、安融征信
数据来源	自身没有数据，数据来源依托传统金融机构和互联网金融公司	以自身生态产生的数据为主	自身没有数据，主要依靠购买、外接、置换
模式特点	老牌征信企业、数据外接金融机构，具有成熟的评估模型和产品体系	依据大数据和算法，多场景，产品形态和盈利模式仍在探索	没有征信产品，不对信用作评价，主要为有信用验证需求的厂商提供数据查询和验证服务

2015 年 1 月，央行印发《关于做好个人征信业务准备工作的通知》，要求 8 家机构做好个人征信业务的准备工作，试点单位有芝麻信用征信、腾讯征信、前海征信等 8 家机构，如表 3–15 所示。

表 3–15　国内 8 家试点征信机构

公司名称	简介背景	提供的信用评估产品
芝麻信用	蚂蚁金服独立的信用评级或信用管理机构，也有大量的电商交易数据	信用评分——芝麻分
腾讯征信	腾讯拥有 5 亿社交用户	人脸识别、欺诈检测；信用评分；生活场景方案；风险预警
前海征信	深圳平安创新资本有限公司，拥有母公司平安集团大数据	黑名单、好信盔甲、用户画像；好信认证；催收易
鹏元征信	深圳个人征信系统背景	鹏元 800 个人信用评分、小贷风险评分、催收评分、欺诈评分
中诚信征信	前身为中国诚信信用管理公司，于 2005 年注册	个人信用评分、信息认证、信用报告
中智诚征信	民营征信公司	反欺诈业务；评分业务；身份证认证服务
考拉征信	拉卡拉控股，依托拉卡拉商户消费金融数据	考拉信用分、考拉商户分
华道征信	个人诚信相关业务	同业征信联盟、黑名单、个人租房信用报告

在企业征信市场上，个别征信机构依托自身产业背景获取数据，为中小企业建立诚信档案，给出信用评价。如阿里巴巴的企业诚信体系，主要

数据来源于自身电子商务平台的 3 亿笔交易数据，为 1000 多万家中小微企业提供服务。更多的企业征信机构采用传统征信模式，通过接入外部数据或者从合作商获取数据进行信用评价。还有一些机构只是收集整合数据，不进行信用评价，仅提供数据查询和验证服务。多数企业征信机构，在征信业务的基础上，开展风险管理、管理咨询等增值业务，提高盈利能力。

案例分析。芝麻信用征信、考拉征信、91 征信

（1）芝麻信用征信。2015 年 1 月芝麻信用正式上线，芝麻信用征信为 3000 万没有传统借贷记录的人群提供了直观的信用评价，在短短一年多时间内，依托技术体现了普惠金融的价值，成为传统征信体系的有机补充。芝麻信用的数据来源主要有五个渠道：网购数据、金融数据、公安数据、公共服务数据（包括教育部学历、工商注册、社保等）、合作伙伴数据，目前超过 90%的数据来自阿里体系之外。在用户授权情况下，芝麻信用对各维度数据进行综合处理和评估，从五个维度得出客观的个人信用状况评分——芝麻评分，分值范围为 350~950。持续的数据跟踪表明，分值越高代表信用越好，违约率相对较低，芝麻信用主要应用在生活类场景中，比如住宿、租房、出行、购物、婚恋、签证等。未来芝麻分将根据市场的需要，拓展更加丰富的场景，为高信用的人提供更为丰富的便利服务。

（2）考拉征信。考拉征信由拉卡拉联合蓝标、拓尔思、前程无忧等上市公司共同成立，是独立、开放的第三方信用评估及信用管理机构，其依托多元的海量数据、领先的大数据处理技术，推出面向政务、商务、社会、法务、个人的全方位信用服务体系，考拉征信的核心竞争力源于其多年的支付行业经历所积累的个人、商户、企业数据以及股东多维度的数据补齐。考拉征信的产品更注重信用场景多元化，包括：考拉个人信用分，主要依托大数据资源和信用评分模型，构建立体化用户画像，精准量化信用风险；小微商户信用分，这是国内首款解决小微商户的信贷征信领域难题的产品；职场征信产品，这是国内首个为企业提供人才的从招聘到离职的全程雇佣征信服务；互联网金融解决方案，旨在基于考拉的多维度数据和风控模型，保障合作伙伴交易安全，降低风险系数。

（3）91 征信（91credit）。该产品是一种分布式技术服务，为 P2P 公司、小额贷款公司、典当行等民间金融服务机构提供分布式征信技术服务。各机构通过标准化接口进行信息互通，解决多重负债问题，实现信息互通、联防联控，在贷前避免借款人同时多处借贷，贷中进行管理，贷后全网催收。2015 年 9 月，由北京小崔时代信息服务有限公司推出了解决多重负债技术解决方案的 91 征信平台，91 征信采用会员制分布式的查询方案，通过行业信息的免费、实时对接，着力解决信贷行业因借款人一人多贷、无力偿还所带来的坏账风险，同时对接人人催平台，一旦出现坏账，利用行业内征信可为联盟成员提供高效的催收服务。着重解决五个问题：①一人多贷，为会员企业提供借贷信息互查通道；②平台数据泄露，其只负责数据对接，不抓取数据，数据对接只需要 1 小时即可完成；③解决联盟成员利益问题，强调查询信息或被查询主体的信息脱敏；④向会员企业提供人人催黑名单辅助数据；⑤查询过程针对性强、成本低，具有 1 分钟极速查询功能，实现了查询高效率。

数字征信利用云计算、人工智能和机器学习等数字技术，在采集互联网情境下大数据的基础上，从多维度进行分析，准确识别和描绘征信对象。相比传统征信，数字征信能够对被征信对象“全息”画像，且覆盖更多人群，以芝麻信用征信、考拉征信等为引领的数字征信市场迅速发展，促进金融普惠，应用场景也日趋丰富，使普通人群享受到信用的价值。

3.7.3 数字征信呈现的特征和发展趋势

数字征信是从数据获取、数据处理分析、形成信用产品，最终应用到金融、消费和经营等各种场景的过程。数字征信在上述过程各环节也呈现出一些特征：

（1）数据来源广泛而多维。数字征信业务中，互联网数据成为重要的数据来源，互联网数据是海量的，覆盖人群巨大，此外，互联网数据也是多维的，涵盖电子商务、互联网金融等交易数据，搜索等浏览数据，微信、QQ 和微博等社交数据。网络外卖、旅行预定和互联网金融等都已颇具规模。腾讯 2016 年的数据显示，QQ 月活跃用户为 8.23 亿，微信日活跃用户为 5.7 亿，芝麻信用和腾讯征信的主要数据来源是互联网数据，辅以传统的结构化数据，为客户及时提供“全息”画像。

（2）信用产品日趋多元化。数字征信机构主要提供反欺诈产品和信用评价产品，也有部分机构提供征信中间产品——征信标准化数据，提供数据查验业务，如 91 征信，相当部分的企业征信机构还提供增值服务，如信用风险管理、管理咨询和商账管理等。从机构供给征信产品综合程度来讲，既有提供综合征信产品的征信机构，如鹏元征信，也有提供单一征信产品的征信机构，如部分企业仅仅出具信用报告；既有提供普适性强的征信产品的征信机构，又有提供特定行业征信产品的征信机构，如天创信用专注于农业供应链金融征信。

（3）应用场景日趋丰富。数字征信产品几乎可应用到个人金融及其生活的方方面面。个人金融主要是消费信贷、个人微贷（P2P 借贷和网络借贷）和保险，如蚂蚁借呗、蚂蚁花呗及其他许多 P2P 平台借贷。生活场景应用包括旅行、酒店、婚恋交友、就业、租房和租车等方面。企业征信产品应用到金融机构借贷、投资、供应链金融、咨询、采购与招投标、市场准入和贸易等诸多方面。

数字征信的未来发展趋势：①数字技术运用不断深化。随着互联网渗透率的提高，越来越多的消费者将更大程度参与网络活动，欺诈行为发生概率提高，利用生物识别技术、人工智能等先进技术进行反欺诈是大势所趋。因此，广泛、多维和实时的征信数据，需要采用数字技术进行采集和分析，只有这样，才能及时给客户提供高质量的信用产品。②共享机制亟待建立。数字征信机构需要具有较强的数字技术运用能力，任何一家征信机构，都需要具有共享意识和合作意识，包括在数据共享、产业链分工基础上的合作，甚至数字技术运用方面的合作，只有这样才能不被行业竞争所淘汰。征信行业监管机构，要积极引导企业建立共享机制，打通数据孤岛问题，避免机构间保守、低水平的竞争，提高征信行业整体发展水平，让征信助力经济发展。

第 4 章　数字金融产业对实体经济的传导效应

4.1　数字金融对经济增长的推动作用

4.1.1　数字金融通过两个渠道推动经济增长的机制分析

数字金融作为互联网直接投资的技术部门，必然会推动经济增长，但是数字金融对经济增长的贡献远不止于此，数字金融对经济增长的间接推动作用远超过发挥的直接作用，这种作用体现在数字金融作为一种基础设施，为金融交易者降低了巨大的搜寻成本和交易成本，形成外部性和溢出性，推动了经济总体生产效率，现代经济增长理论表明，不同经济条件环境决定了区域经济增长速度，衡量经济环境的一个重要因素就是普惠金融水平，而数字金融带来的金融普惠直接影响到区域的经济增长速度，另外，高效充分发展的金融行业对经济结构体系的形成至关重要。数字金融从普惠和共享的角度推动经济增长表现在：一是从生产角度，把数字金融看成一种资源，在对数字金融使用和占有的过程中推动生产，带来个人、企业、社会财富的增加。二是从消费角度来看，数字金融作为一种产品，在不断优化和改善中，使更多的群体能够享受到这种产品，改善了社会的福利。具体而言，数字金融又可以通过五种方式促进经济增长：

（1）增加吸纳能力，加速资本积累。基于互联网技术发展的数字金融服务大大提高了金融普惠性，如数字银行使得人们更方便地进行资金交易，数字 P2P 借贷和数字众筹加速了吸纳社会闲散资金的能力，而且数字众筹还可以把产品从小众推向消费市场，数字货币基金为人们提供了新的理财模式，尤其是余额宝带动了 1 元理财时代，加速了资金的融通。相比传统金融，数字金融服务大大吸收了社会的闲余资本，实现了资本的快速积累。

（2）提高资本的投资转化率，加快经济发展速度。数字金融通过提供 P2P、众筹、货币基金等开放式融资平台，将闲散资金配给于实体部门，并转化为生产能力，这种从资本到实际生产能力的转换无疑加速了经济增长和社会发展。

（3）提高资金利用质量，加快经济运行效率。利用数字征信体制为资金需求者建立了很好的信用评价机制，将劣质的借款人淘汰出市场，从而有利于资金往更高效率部门转移，资金使用质量的提高和产业结构的调整会使经济运行效率大大提升。

（4）风险分散，增强经济稳定性。无论是数字 P2P、众筹、货币基金、数字保险都能够最大程度地分散风险，投资人通过投资分散的方式，配置多种投资产品和投资对象，例如数字 P2P、众筹、货币基金、数字保险都具有投资门槛小、灵活度高、交易方便等特征，均能满足人们对个性化投资产品和服务的需求，并释放金融体系的风险。

（5）缩小贫富差距。解决传统贫富差距的办法就是财政支付转移，但是忽略了个体差异产生依赖和惰性行为，而数字金融从提高低收入阶层公众的参与度和积极性出发，使得收入不平等的解决阶段从机会平等开始，可以依据个体背景激发个体努力，实现经济效率优化。当然数字金融与经济增长之间也存在一种循环关系，相互促进提高了生产效率，使数字金融产生了更好的服务。

根据以上分析，我们提出以下命题：数字金融具有数字技术和金融普惠双重优势，对经济增长产生正向促进作用，并且二者之间存在循环推进关系。

4.1.2　实证研究过程

本节基于 2011~2015 年我国的面板数据，对数字金融与经济增长之间的关系进行实证研究，被解释变量为各地区的人均 GDP，解释变量为互联网技术设施，运用地区互联网服务器使用数和每百人互联网使用数指标，依据权重进行加权计算，两者数据来自《中国统计年鉴》、各省的统计年鉴。核心变量是数字金融，各地区的数字金融发展情况数据来源于北京大学数字普惠金融指数（2011~2015 年）。主要变量的描述如表 4-1 所示。

表 4-1　变量的描述性统计

	均值	标准误差	最大值	最小值	偏度	峰度
人均（GDP）	4158.000	1.901	7039.000	2031.000	13.582	25.216
数字金融指数（df）	80.320	16.218	152.640	41.250	9.433	6.319
互联网技术设施（nu）	120.387	14.219	289.065	75.280	4.267	8.215

本部分采用协整检验和面板 VAR 模型分析数字金融、互联网技术设施对经济增长之间的影响，做 VAR 模型的前提是各变量序列存在协整关系，而协整关系则要求单整阶数相同，因此需要对各变量进行面板单位根检验和面板协整检验，为了验证数据单位根检验的准确性和严谨性，笔者规定需在 5%置信水平通过 ADF、DF、PP 检验。由于原序列的单位根检验并不平稳，因此对各序列做一阶差分，并再次检验单位根，原序列和一阶差分后序列的单位根检验结果如表 4-2 所示。可以看出，原序列中总有某个变量在某种检验条件下没有通过单位根显著性检验，而一阶差分后各序列在各种单位根检验条件下基本表现平稳，符合做协整检验的同阶单整条件。接下来检验数字金融、互联网技术设施和经济增长之间是否存在协整关系。

表 4-2 原序列和一阶差分后序列的几种单位根检验

	ADF	DF	PP
gdp	-0.798（0.843）	20.134（1.000）	31.276（0.854）
df	-1.256（1.000）	10.322（0.890）	13.215（0.034）
nu	-3.225（0.794）	15.378（0.689）	22.674（1.000）
D（gdp）	-32.787（0.000）	56.270（0.000）	72.153（0.000）
D（df）	-41.760（0.000）	82.151（0.000）	93.270（0.000）
D（nu）	-78.328（0.000）	90.336（0.000）	123.878（0.000）

注：主要标示 T 统计量和 P 值。

本书用 Pedroni 方法做协整检验，对于 Pedroni 检验，前四个表示组内维度，后三个表示组间维度，当样本 t < 20 时，Panel-adf 和 Group-adf 统计量具有很好的解释性质，当检验结果不一致时，主要关注这两个统计量的检验程度，从表 4-3 可以看出，除了 Panel v-st 的 P 值较高以外，其他变量的检验皆在 1%的显著性水平下拒绝不存在协整关系的原假设，说明各变量之间存在长期均衡关系。接着做面板 VAR 模型分析。

表 4-3 Pedroni 协整检验

	Panel v-st	Panel rho-st	Panel pp-st	Panel adf-st	Group rho-st	Group pp-st	Group adf-st
统计量	-3.215	2.157	1.269	4.326	2.114	5.226	3.228
P 值	0.536	0.004	0.002	0.000	0.013	0.008	0.031
平稳性	不平稳	平稳	平稳	平稳	平稳	平稳	平稳

此外，若 VAR 模型特征根的倒数都小于 1，即没有根在同一个单位圆外，表明数据序列建立模型满足稳定性要求，为了稳健起见，本书分析了经济增长（gdp），数字金融指数（df）、互联网技术设施（nu）各自序列，以及三者共同的特征根图形和单位圆，如图 4-1 所示，结论再次验证符合平稳性条件，可以进行 VAR 分析。

这里，首先估计 VAR 模型，然后进行方差分解和脉冲响应分析，从表 4-4 的估计结果来看，经济增长具有黏性，滞后一期的 gdp 估计系数为 1.541，滞后二期的 gdp 估计系数为-0.639，滞后一期的 gdp 具有更大的贡献作用，滞后一期的数字金融估计系数为 0.395，滞后二期的数字金融估计系数为-0.351。通过比较发现，数字金融在滞后一期对经济增长具有明显的促进效果，滞后一期的互联网技术设施估计系数为 0.261，滞后二期的互联网技术设施估计系数为 0.359，互联网技术设施在滞后二期的估计系数更大。这表明互联网技术设施对经济增长的影响作用是一个长期积累的过程，互联网技术设施作为一种社会资本，方便人们获取和共享信息，发挥的间接作用更明显。

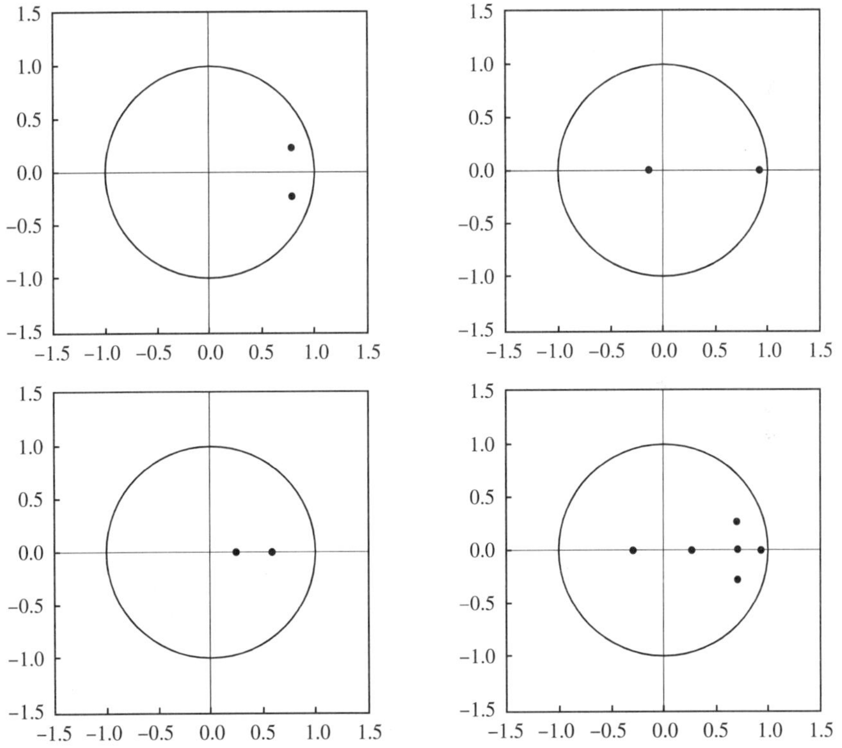

图 4–1　gdp、df、nu 以及三者共同的特征根图形和单位圆

注：左上图为经济增长的特征根图形和单位圆，右上图为数字金融的特征根图形和单位圆，左下图为互联网技术设施的特征根图形和单位圆，右下图为三者放在一起做 VAR 的特征根图形和单位圆。

表 4-4　VAR 估计结果

	gdp（-1）	gdp（-2）	df（-1）	df（-2）	nu（-1）	nu（-2）	常数项
因变量 gdp	1.541 (0.07)	-0.639 (0.07)	0.395 (0.113)	-0.351 (0.110)	0.261 (0.165)	0.359 (0.157)	19.716 (0.794)
	其中：R^2 为 0.95，F 统计量为 340.8						

注：VAR 模型给出了三变量分别作为因变量、另外两个变量为自变量的估计结果，但由于这里主要考察数字金融、互联网技术设施对经济增长的促进作用，因此只罗列了经济增长作为因变量的 VAR 估计结果。

从而得出 VAR 模型的估计结果为：

$$GDP = 19.716 + 1.541gdp(-1) - 0.639gdp(-2) + 0.395df(-1) - 0.351df(-2) + 0.261nu(-1) + 0.359nu(-2) \quad (4-1)$$

从图 4-2 中可以看出，经济增长（gdp）、数字金融（df）、互联网技术设施（nu）各自序列的拟合值都大于 0 且非常小，也就是说，残差值和实际值的拟合情况良好。

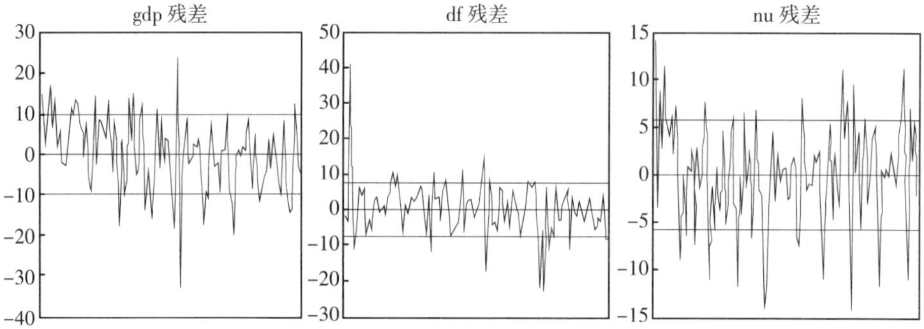

图 4-2　gdp、df、nu 的残差

为了分析各个因素对其他因素的冲击影响，这里进行脉冲响应分析。从图 4-3 可以看出，经济增长对数字金融的冲击在第 4 期达到最大，然后开始下降，并趋于平稳，尤其在第 6、第 7 期，冲击效果接近于 0，表明数字金融对经济增长的影响逐渐减小，并趋于稳定水平。经济增长对互联网技术设施的冲击影响在第 2 期达到最大，第 3 期迅速下降，第 4 期趋近于 0，也就是说，互联网技术设施对经济增长的直接影响变化较快，同时置信区间逐渐减小。数字金融对经济增长的冲击在第 1 期为负，从第 2 期开始直线上升，到第 9、第 10 期基本达到最大，从长期来看，经济增长良好可以提高数字金融的发展层次，数字金融对互联网技术设施的冲击从第 2 期以后基本为负，说明互联网技术设施并不是数字金融发展的必要条件，数字金融需要互联网技术，但是更重要的是金融环境和金融普惠性。互联网技术设施对经济增长的冲击在第 5 期之前是正向的，在第 5 期之后则是负向的，随着经济的持续增长，互联网技术设施的促进作用也会渐渐增强，经济增长缓慢，也必然会对互联网技术设施产生抑制作用，互联网技术设施对数字金融的影响在前两期急剧增加，说明数字金融初期发展离不开互联网技术设施的环境，从第 3 期开始，互联网技术设施对数字金融的冲击不断下降，之后趋于稳定，说明了数字金融发展到一定程度，受数字技术设施的影响有所减弱。

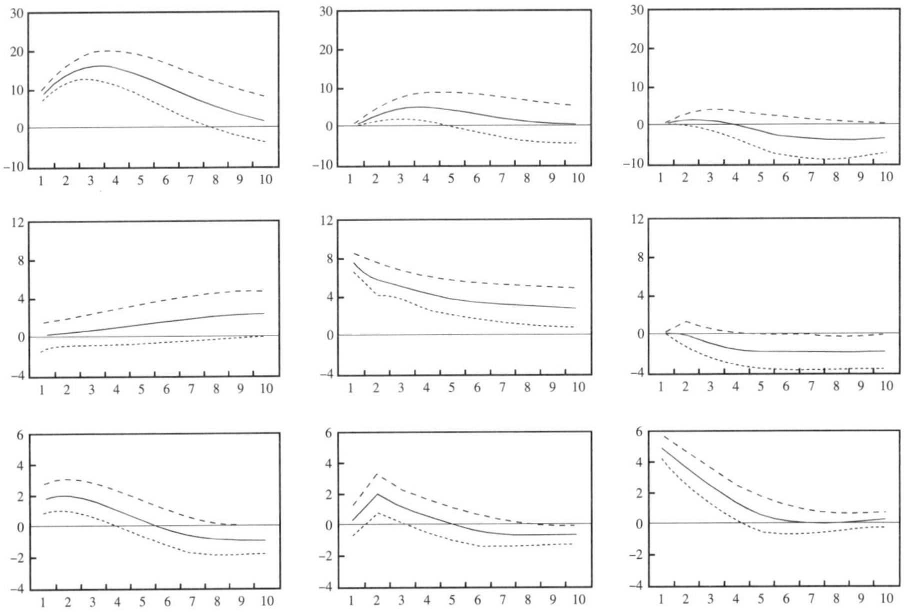

图 4-3　各因素之间影响的脉冲响应

注：设定冲击期限为 10 期。

在对经济增长误差项的方差分解中，如表 4-5 所示，经济增长具有很好的自我积累机制，其自身的贡献在逐渐降低，不过前 10 期的贡献作用还是很大的，第 10 期的贡献作用仍然达到 82.5%，经济增长受数字金融的贡献作用要强于受互联网技术设施的贡献效果，随着时间的延长，数字金融的贡献增速要远远超过互联网技术设施的贡献增速，在第 10 期，数字金融的贡献和互联网技术设施的贡献分别达到 12.7%和 4.8%，也就是说，数字金融对经济增长的影响在长时间内可以更好地转化为生产力。

表 4–5　在数字金融和互联网技术设施影响下经济增长的方差分解

	gdp	df	nu	回归标准差
第 1 期	100	0	0	8.797512
第 2 期	92.185	3.231	4.584	16.90675
第 3 期	91.898	5.596	2.506	23.81664
第 4 期	90.901	6.744	2.355	28.87204
第 5 期	89.272	7.132	3.596	32.19154
第 6 期	88.497	8.137	3.366	34.20679
第 7 期	87.483	9.000	3.517	35.37255
第 8 期	85.365	9.849	4.786	36.03863
第 9 期	84.333	10.733	4.934	36.42689
第 10 期	82.514	12.656	4.830	36.66035

注：受篇幅所限，第 3、第 4、第 7、第 8 期省略，从第 1、第 2、第 5、第 6、第 9、第 10 期观察方差分解变化趋势。

4.1.3　固定效应检验

面板 VAR 方法可能存在内生变量和误差项相关，给参数估计带来偏差，因此本书采用固定效应方法进行稳健性检验，回归中添加其他控制变量，并做稳健性分析。

核心解释变量依然是数字金融指数（df）、互联网技术设施（nu），以及交互项（df × nu）。补充的控制变量有：劳动力（l）、资本（k）、价格指数（cpi）、出口占比（ex）。其中，劳动力要素是各城市在当年的就业总人数（万人），资本要素是各城市的固定资产投资总额，价格指数为各城市的居民消费价格指数，出口占比是指货物和服务出口占 GDP 比重，这些数据均来自《中国统计年鉴》和各省的统计年鉴，样本考察选取 2011~2015 年，实证分析中为了避免各变量之间的异方差太大，对各个变量做对数处理。并设定模型（4-2）：

$$gdp_t = \alpha_0 + \alpha_1 df_t + \alpha_2 nu_t + \alpha_3 l_t + \alpha_4 k_t + \alpha_5 cpi_t + \alpha_6 ex_t + \alpha_7 df_t \times nu_t + \varepsilon_t \tag{4-2}$$

其中，因变量为 gdp_t，df_t 和 nu_t 分别为数字金融和互联网技术设施，l_t 和 k_t 分别为劳动力和固定资产投资总额，cpi_t 和 ex_t 分别为居民消费价格指数和货物服务出口占 GDP 比重，ε_t 为随机扰动项。

依据基准模型，笔者做了几次回归，结果如表 4-6 所示，在回归（一）中，只有核心解释变量，数字金融发展和互联网技术设施对经济增长的影响系数分别为 3.207 和 6.108，表明二者对经济增长均有正向促进作用，这与我们的设想一致。在回归（二）中，加入了数字金融和互联网技术设施的平方项，我们发现二者的系数并不显著，也就是说并不支持非线性关系，这也就意味着数字金融和互联网技术设施对经济增长会一直保持正向影响。

表 4-6　多变量回归估计结果

因变量 gdp	（一）	（二）	（三）	（四）
常数项	7.326*** (1.09)	9.308*** (2.11)	8.322*** (2.15)	6.214*** (1.89)
df	3.207** (0.329)	4.275*** (1.078)	3.226*** (0.807)	2.165** (0.754)
nu	6.108*** (1.220)	7.243*** (2.112)	2.684*** (1.780)	1.787** (0.631)
df^2		0.367 (2.114)		
nu^2		3.289 (1.989)		
l			11.235** (3.786)	13.210** (4.200)
k			9.334*** (2.212)	8.425** (2.696)
cpi			0.463* (0.117)	0.304* (0.062)

续表

因变量 gdp	(一)	(二)	(三)	(四)
ex			10.425** (3.884)	8.216** (3.263)
df × nu				0.648** (0.017)
调整后 R^2	0.948	0.912	0.897	0.963
F 统计量	121.67	142.36	108.55	173.21

注：回归（二）中平方项不显著，在回归（三）、回归（四）中并没有加入平方项。***、**、* 分别表示在 1%、5%、10%的置信水平上显著，括号内为标准误。

在回归（三）中，加入了劳动力、资本、价格指数和出口占比，我们发现主要变量对经济增长的影响并没有发生大的变化，与前面的结论一致，另外，劳动力和资本对经济增长的影响系数分别为 11.235 和 9.334，价格指数和出口占比对经济增长的影响系数分别为 0.463 和 10.425。在回归（四）中，加入了数字金融指数与互联网技术设施的交互项，该变量的系数为 0.648，并且显著性明显，其他变量的估计系数与回归（三）的结论差不多，表明数字金融只有与互联网技术设施相结合，才能更好地拓展交易边界，促进经济增长，同时互联网技术设施也可以很好地提高数字金融的普惠性，进而推动经济增长。

4.1.4 结论

经济增长具有一定的惯性，数字金融和互联网技术设施可以很好地促进经济增长，并且随着时间的延长，数字金融和互联网技术设施对经济增长的促进作用会越来越突出，高水平的互联网技术设施会促进数字金融普惠性的提升，为经济增长做贡献，数字金融基于互联网技术设施可以更好地拓展交易边界，从而推动经济增长。同时，经济增长又可以进一步促进数字金融的发展和互联网技术设施水平的再次提高。

4.2　数字金融对小微企业成长的促进效果

小微企业是指小型或微型企业、家庭作坊或个体户的统称，小微企业普遍具有“人员少、收入低、资产总额小”的特点，多为非劳动密集型企业，并且缺乏资本积累，固定资产比例低。小微企业的传统融资方式主要包括债务融资和股权融资。债务融资是指企业通过举债在约定的时间内，由债务人向债权人偿还本金、支付利息的融资形式。债务融资的形式包括：银行贷款、债券融资、民间借贷、贷款担保。股权融资是指企业股东出让企业的部分所有权，通过增资的方式来增加企业的股东以达到实现资金募集的方式，包括股权转让、增资扩股、风险投资、私募融资。

国家工商总局 2015 年发布的《全国小微企业发展报告》显示，95%的小微企业没有在金融机构获得借款，小微企业面临着融资难、融资贵、融资渠道少、成本高的困境，主要有以下几个方面的原因：第一，信息不对称，体现在三个方面：①风险评估不对称，小微企业的投资项目往往风险过大，而金融机构凭借充分的经验就可以识别其风险。②盈利与亏损不对称，小微企业的资金链一旦断裂，往往无法承担巨额的资金亏损。③经营能力不对称，金融机构无法信任小微企业的经营能力，银行通常会要求提供抵押品，而小微企业又没有雄厚的资产和强大的声望为自己申请融资来做抵押。第二，金融制度不完善。体现在三个方面：①多元化体系发展缓慢，市场化改革后，我国民营金融机构的发展明显滞后于国有大型银行和股份制银行，自 2011 年第一家民营银行获批，民营银行才慢慢为小微企业的发展做出了一点贡献。②信用评级和担保机制不健全，小微企业无法进行有效的信用评级，容易导致交易成本上升，担保制度还不健全，企业缺乏融资助力。③缺乏中介服务机构，目前向小微企业提供资金的供给主体主要有私募股权基金、中小企业引导资金和产业投资基金。建立资金供给方与小微企业之间关联的中介机构显得尤为重要，从现实情况来看，还是很缺乏这类机构的。第三，小微企业自身情况不好。①财务制度不健全，在信贷审核时面临巨大的困难。②诚信度有待加强。提供的虚假财务报表，导致金融机构信贷不良率提升。③没有核心竞争力。小微企业多属于生产制造和服务业，处于价值链的底层，没有自主创新能力，不具有自我品牌的拓展性。④缺乏抵押资产。小微企业的土地和房产由于手续证件不全而不能作为抵押物。

4.2.1 小微企业依托数字金融体系的融资理论

数字金融不同于传统银行的间接融资模式，也不同于股票、债券等直接融资模式，其能够发挥最优的融资中介作用。这里简要梳理一下几种数字金融模式的融资流程，包括以下四个方面：①数字支付的融资流程。买方购买商品后通过第三方平台进行支付，收到卖家发来的货品后，第三方平台将款项转移给卖家，数字支付起到了中介平台的作用。②数字 P2P 融资流程。借款人和投资人在数字平台注册以后进行竞标，借贷双方的资料审核、资金划转、签订合同都由互联网技术来实现。③数字众筹的融资流程。众筹是小微企业依托网上融资平台以股权和分红为回报向公众募集资金的形式。④大额网上借贷的融资流程。电子商务平台（如阿里小贷改名为网商银行）利用支付信息和信用评价数据对客户进行分析，为潜在客户提供服务的模式。

数字金融在我国的发展可以归纳为三个层次：一是数字第三方支付逐步代替传统支付；二是大型电子商务企业依靠大数据涉足金融领域，像蚂蚁金服冲击了传统的金融模式；三是数字 P2P 借贷平台的高速发展。数字金融具有以下特点：①低交易成本。小微企业通过网络平台降低了交易的资金成本和时间成本。②系统评价客观公正。业务流程和信息审核的标准化，有效降低了人工审核的不公允风险。③服务流程高效。互联网信息技术的应用，可满足大量客户数据的交换与处理，数字金融业务的标准化流程，提高了办理速度。④客户覆盖广。数字金融模式不受时间和地理空间的限制，提升了资源配置效率。⑤发展速度快。依托互联网技术的快速发展，不断创新的数字金融服务模式越来越满足人们的多样化需求。

与传统融资模式相比，数字金融在资金运作、信用缺失方面都有很大改进：①降低了市场融资成本。资金贷款双方可以通过互联网平台进行联系和沟通，并进行线上交易，交易成本得到了很大的抑制。②解决了信息不对称问题。交易双方实现了定价公开、市场透明、风险控制、信用评级的数据化，网络大数据改变了信息不对称问题。③解决了抵押担保问题。互联网大数据分析可以解决小微企业信用评价的问题，有助于小微企业实现无抵押担保信用贷款。同时，数字金融也有不足之处：①较高的综合融资成本。数字金融的融资成本平均高达 20%，这对于小微企业来说还是负担不小，尤其是对于一些利润率较低的行业企业来说，融资成本就明显太高了。②资金申请门槛高。例如，数字网商银行模式要求小微企业具有阿里电商的背景，这就是对小微企业进行划分，那么传统基础性行业的小微企业就可能无法利用数字金融这一贷款模式了。③资金来源渠道少，并且狭窄，由于不具备吸纳社会资金的功能，数字金融平台的资金来源渠道主要为个人和小贷公司，渠道单一使资金储备不够，面临着个人投资会很谨慎、小贷公司的注册资本和资金数量有限的现实状况。

4.2.2　小微企业依托数字金融融资的机理分析

现实生活中许多现象是随时间不断变化的过程，并且该过程还会表现出向某个方向扩散的特征，这种现象称为倾斜系统，该现象所代表的生物系统会向某个方向倾斜扩散，扩散方向一般是单向或双向的，数字金融的演进就是这样一个动态变化的符合倾斜系统现象的过程。

4.2.2.1　倾斜系统原理模型

从我国数字金融的发展历程来看，目前业界大多数机构加入这个行业，面对不错的利润前景，随着业界氛围的升华，涉足数字金融业务的机构数量不断增加。

为了具有普遍性，先考虑数字金融的参与者可以双向进行选择，假设业界机构状态集为 {0，1}，0 和 1 分别为业界机构的两个状态，随着时间的推移，各机构会以随机的概率来改变原来的状态，这里将 t 时刻业界机构选择 1 的概率记为 $p_1(t)$，由原状态 1 转变成状态 0 的速率为 $q_0(t)$，用 $p_0(t)$、$q_1(t)$ 分别表示机构处在 0 和 1 状态的概率和速率，业界机构状态改变的速率为 $q_n(t)=\lim\limits_{\Delta t\to 0}[\rho_i(\Delta t)/\Delta t]$，$\rho_i$（$\Delta t$）表示（$\Delta t+t$）时的业界机构选择 i 的概率，t 时机构在状态 j 的概率为既定，也就是 ρ_j（t），那么每家机构在任意时刻 t 的选择变化为：

$$\frac{dp_1(t)}{dt}=-q_0(t)\ p_1(t)+q_1(t)\ p_0(t) \tag{4-3}$$

式（4-3）第一项为机构选择 0 的概率，第二项为机构选择 1 的概率，若式（4-3）中的 $q_0(t)$、$q_1(t)$为常数，即 $q_1(t)=q_i$，那么公式为一阶常系数线性微分方程，其解为：

$$p(t)=p_1(0)e^{-(q_0+q_1)t}+\frac{q_1}{q_0+q_1}(1-e^{-(q_0+q_1)t}) \tag{4-4}$$

当参与业界的数字金融机构绩效产生示范效应显著时，其他业界机构也会纷纷加入数字金融业务行列，所以业界机构的选择演化是单向的，表现是从未参与数字金融的机构转变为参与数字金融的过程，假设有 $q_0=0$，则该过程变为：

$$p_1(t)=1-e^{-q_1t}[1-p_1(0)] \tag{4-5}$$

同理，方程就变为：

$$\frac{dp_1}{dt}=q_1(1-p_1) \tag{4-6}$$

则未参与数字金融的业界机构在 t 时刻参与数字金融的概率为：

$$p_1(t)=1-e^{-q_1t} \tag{4-7}$$

参与数字金融业务的单向运行很容易产生扩散效应，在扩散能量逐渐释放的过程中，扩散速度有所减弱，并迅速形成一种社会效应而扩散，但仍保持原运动方向不变。假设潜在的业界机构参与数字金融业务的数量为 n，在某时点显现出的数量为 i，参与数字金融业界机构的数量概率为 s_i，于是 s_i 是参数为$(1-e^{-q_1t})$的 n 重伯努利分布：

$$s_i(t)=C_n^i(1-e^{-q_1t})^i\ e^{-q_1t\,(n-i)} \tag{4-8}$$

那么从整个金融体系来考察该过程，假定数字金融业务参与机构的数量为 m，尚未参与数字金融业务的业界机构的转变速率为 θ，因而有：

$$\frac{dm}{dt}=\theta(n-m) \tag{4-9}$$

令 $p_1^*=\frac{m}{n}$，表示参与数字金融业务的业界机构数量占潜在参与总数的比例，于是 p_1^* 变化的动态方程为：

$$\frac{dp_1^*}{dt}=\theta(1-p_1^*) \tag{4-10}$$

方程的解为：

$$p_1^*(t)=1-e^{-\theta t} \tag{4-11}$$

那么参与数字金融业务的业界机构数量会随着时间的推移而越来越多，并且增长速度为 $\theta e^{-\theta t}$，用简单的线性函数来表示为 $q_1=\alpha+i\beta$，其中，α、β 为常数，i 为 t 时刻参与数字金融业务的机构数量，参与数字金融业务的每个企业改变的概率为：

$$\frac{dp_1}{dt}=(\alpha+i\beta)(1-p_1) \tag{4-12}$$

方程的解为：

$$p_1(t)=1-e^{-(\alpha+i\beta)t} \tag{4-13}$$

上面的方程表明，未参与数字金融的机构转变为参与数字金融机构的动态变化过程变为：

$$\frac{ds_0}{dt}=-n\alpha s_0 \tag{4-14}$$

$$\frac{ds_i}{dt}=(n-i+1)[\alpha+(i-1)\beta]s_{i-1}-(n-i)(\alpha+i\beta)s_i \tag{4-15}$$

$$\frac{ds_n}{dt}=[\alpha+(n-1)\beta]s_{n-1} \tag{4-16}$$

其中，i=1，2，…，n-1。

这时，意味着业界机构参与数字金融业务的氛围很好。当参与数字金融业务的机构之间相互影响，并且这种影响强度越大时，后续跟进的机构单向扩散速度就会越快，这就可以解释有很多传统的金融机构、电商机构也开始拓展数字金融业务的激烈竞争现象。

上述模型用来分析业界机构加入数字金融行业业务的机理，在一定条件下，所有机构都会加入数字金融的行列，无论是大机构还是小机构都有可能。这是现实中大型国有银行、商业银行以及民间借贷、电商集团开始拓展数字金融行业业务的原因。当然也存在各个金融机构的市场定位不清晰，导致所有竞争业务出现同质化、白热化现象，这就使得数字金融系统业务出现单向倾斜的系统特征。

4.2.2.2 数字金融的大数据信用评级应用

信用评级就是对经济主体的债务偿还风险进行综合评价，信用评价采用定性和定量的方法，在指标体系设计上分为基础性指标和评议指标，大数据信用评级就是通过数字技术工具最大程度地收集评级对象的所有信息，信用评估的方法通常是 Logit 模型和贝叶斯判别法。

（1）Logit 模型。假定客户信用状况的变量 y 取 0 或 1，当 y=1 时为客户违约，当 y=0 时表示客户不违约，向量 x 为客户的财务状况、基本特点、行为信息等。假设隐形变量 y^* 与 y 和 x 的关系密切，存在：

$$y^* = x'\beta + \varepsilon \tag{4-17}$$

其中，$x'\beta$ 表示线性指示函数，β 为指示系数，其累积分布函数为 $F(\cdot)$，而 y 的取值取决于 y^* 的情况，则：

$$y = \begin{cases} 1，当 y^* > 0 \\ 0，当 y^* \leqslant 0 \end{cases}$$

当 y=1 时，y 的概率分布则为：

$$\Pr(y=1|x) = \Pr(\varepsilon > -x'\beta) = 1 - F(-x'\beta) \tag{4-18}$$

随机扰动项 ε 的累积分布函数 $F(\varepsilon) = \frac{e^{\varepsilon}}{1+e^{\varepsilon}}$，那么就有：

$$\Pr(y=1|x) = \frac{e^{x'\beta}}{1+e^{x'\beta}} \tag{4-19}$$

通过大数据搜集客户信息，确定 x 包含的自变量，估计出 β 值，从而计算客户的信用违约状况。

（2）贝叶斯判别法。假定存在 k 个总体分布 G_1，G_2，…，G_k，与其对应的概率密度函数分别为 $f_1(x)$，$f_2(x)$，…，$f_k(x)$，产生的先验概率分别为 q_1，q_2，…，q_k，且 $\sum_{i=1}^{k} q_i = 1$。

假设 D 将样本空间分割成 k 个互不相交的区域，即 $\bigcup_{i=1}^{k} D_i = \Omega$，如果某样本为 $x \in D_i$，认定 x 来自总体分布 G_i，依据判别规则 D_i 将来自总体分布 G_i 的样本可能错判为 G_j 的概率为 $Pr(j|i, D) = \int_{D_j} f_i(x)dx$，以 $L(i, j)$表示 G_i 被错判为 G_j 的风险损失，判别规则 D 的总平均损失为：

$$g(D) = \sum_{i=1}^{k} \sum_{j=1}^{k} q_i Pr(j|i, D) L(i, j) \tag{4-20}$$

这里目的是使总平均成本g（D）达到最小。当 k=2 时，总体分布 G_1 和 G_2 分别代表信用好和信用差的客户，贝叶斯判别规则为：

$D_1 = \{x : q_1 f_1(x) L(1, 2) \geqslant q_2 f_2(x) L(2, 1)\}$

$D_2 = \{x : q_1 f_1(x) L(1, 2) < q_2 f_2(x) L(2, 1)\}$

假设两个总体分布为正态分布 $N(\mu_1, \Sigma)$ 和 $N(\mu_2, \Sigma)$，Σ代表两个总体分布共同的协方差矩阵，上式等价于：

$D_1 = \{x : w(x) \geqslant d\}$

$D_2 = \{x : w(x) < d\}$

其中，$w(x) = (x - \bar{\mu})' \Sigma^{-1} (\mu_1 - \mu_2)$，$\bar{\mu} = \frac{\mu_1 + \mu_2}{2}$，$d = \ln \frac{q_2 L(2, 1)}{q_1 L(1, 2)}$

由于 $w(x)$存在权值向量 A 和阈值 B，上式再等价于：

$D_1 = \{x : A'x \geqslant B\}$

$D_2 = \{x : A'x < B\}$

于是信用分值为：$s = A'x$

那么信用分值高于阈值 B 的客户，就是信用较好的客户，而信用分值低于阈值 B 的客户，则是违约风险较高的客户，这就是利用大数据分析判断客户的信用状况的方法。

4.2.3 数字金融借贷促进小微企业融资的分析

4.2.3.1 数字金融解决小微企业融资困难的特征分析

在贷款的过程中，小微企业面临着信息不对称、信贷配给政策、缺乏抵押等问题，导致小微企业想要在传统金融机构获取贷款非常困难，而数字金融的出现，则有助于小微企业解决融资困境，下面介绍其中的四种解决途径。

（1）信息不对称的解决途径。数字金融模式缓解了信息不对称问题，资金出借方通过大数据可以判断企业的资信水平，并根据系统判断控制贷款额度。不过，在庞大的信息流中进行有效信息的筛选很重要。

（2）信贷配给的解决途径。银行等传统金融机构在内控制度的管理下，要求降低风险，保证资金安全，选择规模大、信誉好、风险承受力强的优质大中型国有企业，另外，这些国有企业有政府背书，因此在获得信贷配给方面有天然的优势，处于劣势地位的就只能是小微企业，实质上，从资金配置来看，数字金融服务的资金规模非常有限，其主要目标就放在小微企业。另外，数字金融采用公开平台操作，其利润增长主要依靠传统金融所不能覆盖的区域。

（3）抵押物缺乏的解决途径。由于小微企业的属性关系，小微企业在银行机构难以获得贷款，而数字金融模式下的信用评价和联保贷款机制则有效解决了小微企业缺乏抵押物的问题。在央行推广的个人征信业务以及未来基于互联网的信用评价系统完善以后，融资抵押物的作用也将逐渐削弱。

（4）交易成本和选择渠道的解决途径。小微企业的融资成本包括两方面，即融资的资金成本和时间成本。在传统金融机构贷款中，需要大量的信息审核，延长了贷款周期，资金效益的发挥也会受到影响。数字金融交易则压缩了交易的时间成本，也带来了多元化选择渠道，资金成本会变得相对低廉。数字金融交易模式下，融资企业能够掌握更多的金融产品服务，也能够从大量的产品中快速筛选，实现交易成本的最优选择。

从业务流程来看，数字金融机构简捷的业务流程，能够实现业务办理的高效与快捷。

4.2.3.2　小微企业的数字金融融资成本比较

（1）P2P 模式（拍拍贷案例）。拍拍贷成立于 2007 年，是利用互联网技术把民间借贷中的投资方和融资方信息进行有效对接。资金需求方首先要注册个人基本信息、家庭情况、单位情况等，借款订单信息则包括借款用途、金额、期限、名称、内容等，提交平台进行审核。审核完成后，将标的置于平台进行竞标，投标时间 2 周，满标后审核 2~3 天，资金偿还采用等额本息按月还款的方式。从资金成本来看，交易费用包括：资金借入者发布信息时的承诺贷款费用和网站收取的费用，贷款费用方面，贷款利息在 12%左右，网站费用有手续费 120 元，增值服务费首次费用为 199 元，二次费率为 4%~9%。从时间成本看，需要的最长时间是 20 天，包括竞标时间 2 周，审核时间 2~3 天。

（2）大额网络借贷（网商银行案例）。阿里小贷是阿里巴巴以电子商务的行为数据为基础，为网商提供小额信用贷款的服务，阿里凭借淘宝、天猫、诚信通等产品积累有大量的商户交易数据，使得小贷风险管理井然有序。包括两种情况：一种是为淘宝、天猫 B2C 客户企业提供订单贷款和信用贷款，在该类贷款产品形式下，贷款可以用商户的订单作为抵押物或以网店经营信用为保证，淘宝卖家可用订单作为抵押，取得同订单金额一致的全额贷款。另一种是为阿里巴巴 B2B 客户提供无担保无抵押的信用贷款。在该类贷款形式下，网商小微企业申请人提交申请表，并提供优惠流水账单、支付宝账号、银行卡号、企业财务为考量，对贷款企业进行审核并发放贷款。信用额度在 5 万~100 万元，期限为 1 年，企业可以选择循环贷款，这样可以获得一定的授信额度，企业可以在授信期间内随意支配授信额度内的资金，利息按实际使用天数计算，可以提前还款，日利率为万分之六，年综合利率为 21%。从时间成本看，淘宝抵押贷款可以随时获得，信用贷款从用户申请到审核完毕要 2~3 天，获得贷款后，贷款金额的 80%打入申请者的银行卡，另外 20%打入支付宝账户。

（3）网络众筹（点名时间案例）。点名时间于2011年成立，初期主要发布以概念设计、科技产品、影视作品为主的项目，作为在线筹集资金的平台，以“团购+预购”的形式筹集资金，每个项目在预设的时间内获得超过预先筹集金额就算筹集成功。从成本角度看，小微企业在发起项目时不需要费用，在项目众筹成功以后，平台收取募集资金的10%作为手续费。企业支付保证金以后，点名时间平台会在一周内将募集到资金的70%支付给企业，用户确认收货以后，再将剩下30%及保证金打给发布项目的企业。

（4）各种融资模式的比较。抵押担保方面，数字P2P和数字众筹是无抵押无担保的，融资过程中企业相对独立，阿里小贷需要商户联保后取得贷款，产业集聚性企业采用联保形式，该模式使企业间形成无形的信用体系，这种企业互信具有较强的稳定性。目标客户方面，数字P2P相对开放，任何小微企业和个人都可以融资，阿里小贷局限于贷款企业要在电商平台产生信息流、现金流和物流，没有做电商的小微企业很难获得阿里小贷的贷款。数字众筹形式的产品和方案需要有吸引人的手段和产品，例如科技型小微企业，而传统小微型企业则由于同质性较强，难以众筹成功，不过现在股权众筹所展示的团购、预购，以及带来的股权分配和盈利对于投资者来说吸引力很大。从资金来源看，数字P2P主要源于个人投资者，在能够获得安全稳定收益的背景下，能够获得巨额的存量资金。阿里小贷模式主要受限于小贷公司的自有资金，数字众筹模式资金源于个人投资者和天使投资人，其获得的资金存量大于数字P2P的资金体量。业务流程方面，数字P2P基于标准化的操作和信息审核过程，多为线上和线下同时进行，因此时效性要弱于阿里小贷，阿里小贷依托的是通过互联网技术、大数据分析企业的信息流、物流、支付宝、资金流信息，可以以最快的时间放贷，缩短了企业的融资周期。数字众筹需要一定的期限展示和宣传众筹产品，时间成本要比数字P2P和阿里小贷更高一些。从融资成本看，众筹以接近银行利率的水平使得资金融资成本最低，数字P2P没有自有资金，需要吸引投资者参与，因此利率水平要超过市场情况，但由于有时效性，一些小微企业也会通过该模式进行借贷。阿里小贷主要针对电商企业，这些企业为了追求流动性和快速的现金流周转，也会承担较高的利率成本。

4.2.4 数字金融借贷促进小微企业发展的效率验证

这里的促进主导方是非正规数字金融机构，接受方是小微企业的经营效益。同时还会带来一定的社会效益，主要是指小额贷款供给量的增加，得到金融服务好处的小微企业数量变多。

4.2.4.1　理论依据

从规模效应角度来讲，在企业发展的初期，企业效益会出现边际递增效应，小微企业从数字金融机构获得融资贷款后，其资产负债表首先是欠款增加，但之后该负债就转变为资产，故小额贷款壮大了其资产规模。通常，小微企业难以申请到贷款，所以小额贷款会带来资产规模递增效应。

依据资产流动性理论，企业通常要保持财务的持续性，核心就是保证财务的资产流动性，小微企业从金融机构获得贷款就是获得现金流，那么确保现金流通畅的路径之一就是从金融机构获得源源不断的贷款，从而获得持续的效益。

从信用管理理论角度来看，小微企业的信用是依据自身的硬信息和软信息度量的。比如企业的资产规模、资产流动性、经营收入、利润等财务信息都属于硬信息，而经营经历、专业背景、道德品质、敬业精神属于软信息，根据两者设计的基本指标和评议指标，就可以评价出小微企业的信用情况，数字金融机构以信用等级为基础，对小微企业进行授信，小微企业获得持续的流动资金，就会很好地改善其经营绩效。

根据以上几个理论，小微企业在获得数字金融机构的贷款后，其经营绩效直接决定了发展成长的效率。

另外，按照国家统计局 2011 年 7 月颁布的《企业类型划分标准》，我国中小企业可以划分为四种，根据统计的实际工作，国家统计局制定了《大中小微型企业划分办法》，如表 4-7 所示。

表 4–7　企业类型划分标准

行业	指标	单位	大型	中型	小型	微型
农林牧渔业	经营收入	万元	≥20000	500≤x<20000	50≤x<500	<50
工业	从业人员	人	≥1000	300≤x<1000	20≤x<300	<20
	经营收入	万元	≥40000	2000≤x<40000	300≤x<2000	<300
建筑业	经营收入	万元	≥80000	6000≤x<80000	300≤x<6000	<300
	资产总额	万元	≥80000	500≤x<80000	300≤x<5000	<300
批发业	从业人员	人	≥200	20≤x<200	5≤x<20	<5
	经营收入	万元	≥40000	5000≤x<80000	1000≤x<5000	<1000
零售业	从业人员	人	≥300	50≤x<300	10≤x<50	<10
	经营收入	万元	≥20000	500≤x<20000	100≤x<500	<100
交通运输业	从业人员	人	≥1000	300≤x<1000	20≤x<300	<20
	经营收入	万元	≥30000	3000≤x<30000	200≤x<3000	<200
仓储业	从业人员	人	≥200	100≤x<200	20≤x<100	<20
	经营收入	万元	≥30000	1000≤x<30000	100≤x<1000	<100
邮政业	从业人员	人	≥1000	300≤x<1000	20≤x<300	<20
	经营收入	万元	≥30000	2000≤x<30000	100≤x<2000	<100
住宿业	从业人员	人	≥300	100≤x<300	10≤x<100	<10
	经营收入	万元	≥10000	2000≤x<10000	100≤x<2000	<100
餐饮业	从业人员	人	≥300	100≤x<300	10≤x<100	<10
	经营收入	万元	≥10000	2000≤x<10000	100≤x<2000	<100
信息传输业	从业人员	人	≥2000	100≤x<2000	10≤x<100	<10
	经营收入	万元	≥100000	1000≤x<100000	100≤x<1000	<100
软件和信息技术业	从业人员	人	≥300	100≤x<300	10≤x<100	<10
	经营收入	万元	≥10000	1000≤x<10000	50≤x<1000	<100
房地产开发业	经营收入	万元	≥200000	1000≤x<200000	100≤x<1000	<100
	资产总额	万元	≥10000	5000≤x<10000	2000≤x<5000	<2000
物业管理	从业人员	人	≥1000	300≤x<1000	100≤x<300	<100
	经营收入	万元	≥5000	1000≤x<5000	500≤x<1000	<500
租赁和商务服务业	从业人员	人	≥300	100≤x<300	10≤x<100	<10
	资产总额	万元	≥120000	8000≤x<120000	100≤x<8000	<100
其他行业	从业人员	人	≥300	100≤x<300	10≤x<100	<10

资料来源：国家统计局。

4.2.4.2 模型设定与实证结果

本节主要分析数字金融贷款对小微企业成长发展的影响，这里选用企业利润率水平作为代理变量进行分析。数字金融小额贷款为企业发展提供了资金，企业总资产规模的扩大也会对企业的利润率产生影响，为了提高数字金融贷款对小微企业发展的作用，需要剔除规模化资产产生的差异性，小微企业所处的行业也会影响到企业的利润率水平。另外，企业所处生命周期的不同，也会带来利润上的差异，尤其是对于那些高新技术企业来说，在不同阶段所收获的利润也有很大的不同，而对于一些传统行业的企业来说，利润的波动不大。实际上，当宏观经济形势较好时，数字金融机构的贷款供给就会增加，企业获得贷款成功的机会也会随之扩大。相反，当宏观经济形势变差时，小微企业从数字金融机构获得贷款也会减少，也就不利于企业利润的增加。鉴于以上分析，在分析小微企业从数字金融机构获得贷款的同时，也需要考虑企业规模、行业属性、宏观经济等因素，采用的模型如下：

$$E_{it}=\beta_0+\beta_1 D_{it}+\beta_2 F_{it}+\beta_3 I_{it}+\beta_4 Y_{it}+\varepsilon_{it} \tag{4-21}$$

其中，E_{it} 为小微企业的发展水平，分别采用利润率、净资产收益率指标变量，D_{it} 为小微企业从数字金融机构获得贷款的情况，F_{it} 为总资产状况，I_{it} 为小微企业所处行业的虚拟变量，Y_{it} 指小微企业的经营年数，ε_{it} 为随即扰动项。

本部分样本数据选取的是阿里小贷、PPmoney、拍拍贷、红岭创投、天使汇、点名时间 6 家融资平台贷款的 30 家小微企业，对它们的小额贷款、资产规模、行业类型、注册年份等数据进行实证分析，因变量为小微企业的利润率和净资产收益率，反映的是小微企业的成长发展状况，时间跨度为 2013~2015 年。

从表 4-8 中可以看出，在不加入其他控制变量的回归模型（1）和 模型（4）中，小微企业从数字金融机构获得贷款的系数估计值分别为 0.139 和 0.185，这就意味着随着小微企业从数字金融机构获得贷款数量的增加，会促进小微企业利润率和净资产收益率的提升，小微企业每年从数字金融机构获得贷款每增长 1%，企业利润率和净资产收益率将分别提高 0.139

个和 0.185 个单位，即从数字金融机构获得贷款的小微企业，基本都可以实现信贷资金支持下的利润稳定性。从回归模型（2）和模型（5）的结果中可以发现，在加入资产规模变量后，资产规模对企业的利润率和净资产收益率并没有显著影响。这表明在经济下行的大背景下，小微企业资产规模的扩张，对提高企业的效益作用并不明显。在模型中加入其他控制变量，从回归模型（3）和模型（6）中可以看出，小微企业所处行业变量会显著影响到企业的利润率和净资产收益率，也就是说，这类企业获得了数字金融机构的融资贷款，也可能是因为这类小微企业所处行业属于获利高的行业，因而企业的利润率和净资产收益率与其具有正相关性。企业注册年份变量系数估值不显著，表明小微企业所处生命周期对企业的利润率和净资产收益率影响不大，但表现出与企业的利润率和净资产收益率具有正向影响关系，这可能是由于能够维持较长期限的小微企业总有一定的盈利能力，虽然其盈利能力不太明显，但是仍能够维持继续经营。由表 4–8 整体

表 4–8 从数字金融平台融资的小微企业成长发展的分析

	利润率（1）	利润率（2）	利润率（3）	净资产收益率（4）	净资产收益率（5）	净资产收益率（6）
常数项	3.214 (10.673)	–0.453 (–0.274)	–1.329 (–0.446)	3.175 (8.703)	0.520 (2.351)	–1.228 (0.242)
D_{it}	0.139*** (4.225)	0.206*** (3.980)	0.217** (3.021)	0.185*** (2.211)	0.147*** (2.784)	0.192** (3.205)
F_{it}		0.464 (0.995)	0.318 (0.782)		0.439 (0.871)	0.285 (0.649)
I_{it}			1.322** (2.338)			2.471** (3.285)
Y_{it}			0.044 (0.013)			0.075 (0.036)
R^2	0.137	0.089	0.125	0.094	0.116	0.152
F	37.216	40.228	22.073	51.219	72.125	47.190
P（hausman）	0.117	0.053	0.027	0.074	0.144	0.049

注：括号内为估计系数的 t 值，***、** 分别表示在 1%、5%置信水平上显著。

来看，从模型（1）到模型（6），小微企业从数字金融机构获得贷款的系数无论如何变化都为正，且大小相近，也就是说，从数字金融渠道获得融资是有利于小微企业的成长和发展的。

4.2.5　结论

本部分主要考察小微企业通过数字金融机构获得贷款实现成长的理论机制和实证分析。首先分析了小微企业依托数字金融的融资理论以及融资机理如倾斜系统和竞争的博弈模型，还研究了数字金融的大数据信用评级中的 Logit 方法、贝叶斯判别法。其次分析了小微企业的融资困难特征以及小微企业通过数字金融（P2P、大额网络借贷、众筹）获得融资的成本比较。最后是选取在阿里小贷、PPmoney、拍拍贷、红岭创投、天使汇、点名时间 6 家网络平台融资的 30 家小微企业的相关数据实证分析了数字金融融资对小微企业成长发展的影响。研究发现从规模效应、资产流动性、信用管理理论角度来讲，通过数字金融获得融资确实促进了小微企业的利润水平和净资产收益率的增长，正面影响了企业的未来成长与发展。

第5章 数字金融与传统金融体系之间的传导效应

5.1 数字金融对银行机构影响的传导分析

5.1.1 数字金融对银行机构传导的理论机制分析

数字金融产业必定会对银行机构产生影响，但如何作用于商业银行还值得去深入分析，技术先进的金融企业会非自愿和无意识地把先进技术扩散传导到同行其他企业，这里我们借鉴技术溢出理论，探讨数字金融如何通过以下途径推动银行机构的发展。

（1）示范途径。也就是说数字金融领域的先进技术可以对商业银行产生示范扩散效应，商业银行通过学习数字金融的技术思维，吸纳产品服务理念，从而实现技术改良上的提升。

（2）竞争途径。数字金融有助于消除行业垄断，推动行业生产率的提升，数字金融行业已经渗透到银行的各个领域，尤其是支付借贷理财，已经严重冲击了银行业的核心业务，所以数字金融带来的竞争必然迫使银行业改变投入产出组合，进行技术升级。

（3）人才流动途径。数字金融行业的员工作为高新技术的代表，在行业流动中提高了银行业员工的整体素质，也就是说，银行业的优秀人才流动到数字金融行业，势必会导致银行业效率的降低。

（4）关联途径。数字金融与银行机构在业务关联中相互合作，银行机构可以吸收数字金融企业的先进技术，也可以为数字金融企业提供资金划拨与清算支持，数字金融企业可以为银行机构提供海量的数据支持与资源共享，改善银行机构的运行效率。

数字金融对银行机构的传导溢出效应取决于银行的接入吸收能力，而接入吸收能力又与银行机构的规模、结构有关，因此，不同规模的银行在资源约束和产权结构方面的差异使得它们对数字金融的传导接入吸收效果也不同。大型国有银行具有规模大、资金雄厚、政府支持等优势，但也存在委托代理链条长、激励机制不好、产权不清晰等劣势，大型国有银行的垄断地位和预算约束使得从示范途径和竞争途径获得的数字金融传导效果大大降低，也就是说，当竞争压缩了国有银行的市场份额和地位时，往往依赖国家补贴又会正常运转，规模大的国有银行在体制上僵化，使得应对危机和把握机遇方面判断不佳，人才无法充分自由流动，官僚体制与技术创新活动往往相悖，所以数字金融对大型国有银行传导作用所带来的效率提升效果可能较差。股份制银行得到的优惠政策少，市场地位低，但是产权清晰，因此通过明确的绩效和灵活的体制可以很好地接入吸收数字金融创新技术带来的福利，在数字金融技术的带动下，股份制银行可以在业务创新和经营多元化上不断革新，同时在人员流动途径和业务关联途径方面也会得到正向外部性。股份制银行正是在这种非官僚、有弹性的组织管理办法上更容易获得合理的回报，很好地支持和接入吸收数字金融产业先进技术带来的好处，因而股份制银行受数字金融的传导作用所带来的益处非常明显。城市商业银行虽然成立时间较短、网点少、规模小，但其具有本地优势、客户资源集中、信息传递快，可以很好地响应数字金融的科技发明，另外，城市商业银行的客户主要是民营小微企业，这与数字金融的服务对象很接近，数字金融的商业模式很容易对城市商业银行产生模仿耦合效应，所以基于城市商业银行在小微金融领域的先验知识和软信息优势，其可以积极地获得数字金融技术带来的正面传导效应。

在银行机构的网上业务延伸阶段，数字金融的发展有利于银行提升技术水平，便捷服务模式，降低管理成本，银行的网上业务可以使其突破时空限制，延伸客户链条，升级业务流程，降低服务成本，高效地实现信息化、流程化、集约化管理。在第三方支付蓬勃发展的阶段，数字金融行业凭借灵活的平台优势和多样化的支付需求，不仅替代了银行机构的支付业务，很有可能也抽取了银行机构的存款，间接提高了银行机构的筹资成本，而在数字金融的投资和财富管理业务出现以后，数字金融推动了利率市场化，对传统的资金定价和供求产生了革命式的冲击，打击了银行机构的高利差收益模式，加剧了与银行机构之间的市场份额争夺，推进了金融要素的价格市场化，抬高了银行机构的资金成本。所以数字金融产业一方面通过提高技术效率、减少管理和佣金费用渠道降低了银行机构的成本，另一方面又通过分流存款、多元财富管理、金融要素价格竞争渠道抬高了银行机构的成本。根据委托代理理论，当管理成本降低，盈利水平提升，银行的风险转嫁减弱，也就是说银行的风险承担减小时，根据竞争脆弱性理论，市场竞争加剧，要素价格上升又会导致银行采取激励措施承担风险，因此在数字金融发展的不同阶段，银行机构由此所需要承担的风险成本有所差异。此外，风险承担与市场竞争同样受到银行机构的规模、经营策略等因素制约，而大型国有银行与中小银行的盈利水平、政策约束和激励机制差异很大，因此各种类型的银行机构对数字金融产业传导的风险承担响应审慎程度表现不同。基于以上分析，提出以下命题：

命题 1：数字金融通过多种途径对银行机构的运行效率产生积极影响，不同规模的银行主体从数字金融产业所获得的正面传导效果具有异质性。

命题 2：在数字金融发展的各个阶段，受传导效应影响的银行机构所需要承担的风险成本有所差异，不同规模的银行主体对数字金融产业传导的风险承担响应审慎程度表现也不尽相同。

5.1.2　研究过程设计

根据原银监会对银行机构的划分，本书选取 4 家大型国有银行，12 家股份制银行，15 家城市商业银行作为银行机构的研究样本，时间区间选取 2006~2015 年。

有关命题 1 的被解释变量为：银行机构的全要素生产率（TFP），本书采用 DEA 数据包络分析法，用 Malmquist DEA 模型对银行机构的数据进行面板分析，构建 Malmquist 的全要素生产率指数为：

$$m_0(y_{t+1},\ x_{t+1},\ y_t,\ x_t)=\left[\frac{d_0^t(y_{t+1},\ x_{t+1})}{d_0^t(y_t,\ x_t)}\times\frac{d_0^{t+1}(y_{t+1},\ x_{t+1})}{d_0^{t+1}(y_t,\ x_t)}\right]^{\frac{1}{2}} \tag{5-1}$$

式（5-1）中，与（x_t，y_t）相比，生产点（x_{t+1}，y_{t+1}）生产力的变化值大于 1，则表示从 t 到 t+1 时期 TFP 正增长。

选择资产份额和营业费用为投入变量，存款总额为中间变量，税前利润和贷款总额为产出变量，运用 DEAP2.1 软件测算 2006~2015 年银行机构的全要素生产率，如表 5-1 所示。

表 5-1 银行机构全要素生产率的评价指标选择

变量	名称	含义	均值（百万元）
投入因素	资产份额	年末资产总规模	1537783
	营业费用	年度营业费用	14529
产出因素	税前利润	年度税前利润	23657
	贷款总额	年度贷款总规模	784630
中间因素	存款总额	年度存款总规模	1425387

从表 5-2 中效率的测算结果可以看出，2006~2015 年银行机构的全要素生产率均值为 1.008，表明这段时期全国的银行机构技术水平有所提升，全部样本区间中只有几年的全要素生产率小于 1。从技术效率、规模效率指数分解值来看，规模效率的均值超过 1，可能全要素生产率的增长主要是依靠规模效率贡献的。从不同结构机制的用户来看，股份制银行的效率贡献最大，全要素生产率均值最高，这是与股份制银行完善的制度和产权以及激励机制有关，大型银行的效率均值最低，这与国有银行的官僚体制和僵化管理分不开，从变动趋势来看，城市商业银行的追赶效应较为明显，与股份制银行效率的差距在不断缩小。

表 5-2 效率指数分解与变化

年份	综合技术效率指数(TEC)	规模效率指数(SEC)	技术进步指数(TCP)	纯技术效率指数(PTEC)	银行机构总体效率(TFPC)	大型银行(TFP)	股份制银行(TFP)	城市商业银行(TFP)
2015	1.005	1.019	1.020	1.009	1.016	1.005	1.010	1.002
2014	1.010	0.997	1.003	1.011	1.025	1.020	1.002	1.003
2013	1.032	1.003	0.990	0.996	0.999	1.013	1.015	0.981
2012	0.995	1.021	0.976	0.978	1.027	0.986	1.003	0.994
2011	0.971	1.004	1.002	1.001	1.104	1.002	1.011	1.005
2010	1.000	0.974	0.987	1.014	1.006	0.997	0.994	1.012
2009	0.964	0.986	0.994	0.992	0.985	1.017	0.979	0.983
2008	0.980	1.012	1.005	1.003	1.003	1.002	1.013	0.989
2007	0.972	1.005	1.010	0.985	0.978	0.936	1.000	1.004
2006	0.981	0.974	0.983	0.995	0.934	0.958	0.988	1.021
均值	0.991	1.000	0.997	0.998	1.008	0.994	1.002	0.999

注：表中效率值为各家银行的效率测算值以相对市场份额为权重的加权值。

核心解释变量为数字金融（df）。构建数字金融指数目前主要有北京大学互联网金融指数（2014~2016 年）和数字普惠金融指数（2011~2016 年），由于时间较短，本节借鉴沈悦和郭品（2015）衡量互联网金融支付结算、资源配置、风险管理和网络渠道指数的办法，采用百度指数数据库，搜索第三方支付、互联网保险、互联网投资、P2P、货币基金、征信等关键词，统计这些词频的搜索指数，由于百度指数给出的是每天的指数，我们这里进行加权平均，合成各年份的数字金融指数，据此，我们统计出的指数走势情况如图 5-1 所示。可以看出，第三方支付发展最为突出，货币基金在 2013 年以后增长迅猛，这与余额宝等各种“宝宝类”理财产品密不可分，其他几项指数的增长趋势大体类似。

命题 1 选取的控制变量：很多宏观经济政策变化、市场竞争、银行负债程度都会影响到银行机构的效率，我们选取的控制变量主要有：股市总市值与 GDP 比值记为 gs，反映资本市场与经济总量的发展情况。信贷规模政策记为 xd，其为虚拟变量，由于 2007 年启动信贷规模管理工具，

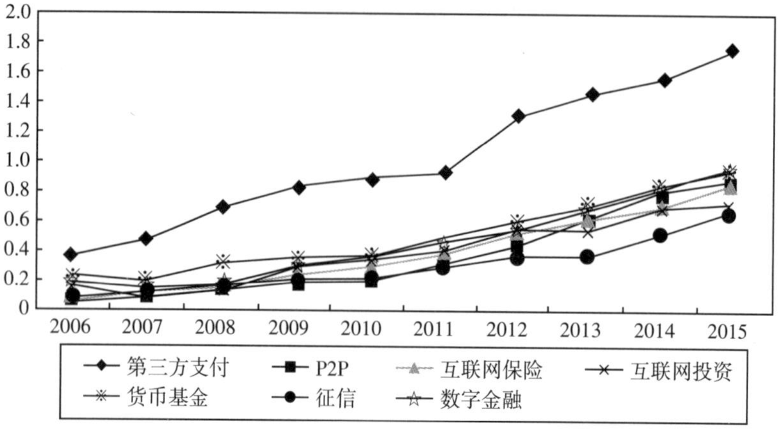

图 5–1 2006~2015 年依据百度指数统计的数字金融指数趋势

2008 年和 2010 年央行两次对其分别定义额度为 3.5 万亿元和 7.5 万亿元，因此这两年记为 1，其他年份记为 0。用银行机构集中度和银行机构开放度考察金融市场结构情况，这两个变量分别记为 cr 和 op，银行集中度是指四大银行的资产占比增速，银行开放度是指在华外资银行数目增速占比。银行流动资产与资产总值占比为流动性变量，记为 fu。银行上市情况为虚拟变量，记为 am，上市之前的年份记为 0，上市之后的年份记为 1。银行数据来源为各大银行年度公报、利润表、资产负债表、Bankscope 数据库，其他数据来自《中国金融年鉴》和国研网等数据库。

为了构建数字金融产业对银行机构效率的传导效应，命题 1 采用如下计量模型：

$$tfp_{i,t}=\alpha_0+\alpha_1 tfp_{i,t-1}+\alpha_2 df_t+\alpha_3 gs_t+\alpha_4 xd_t+\alpha_5 cr_t+\alpha_6 op_t+\alpha_7 fu_t+\alpha_8 am_t+\varepsilon_{i,t} \tag{5-2}$$

其中，i 和 t 分别为银行和时间，被解释变量为银行的全要素生产率（tfp），解释变量有数字金融（df）、股市比重（gs）、信贷规模比重（xd），银行集中度和开放度分别为 cr 和 op，流动性和上市情况分别为 fu 和 am，$\varepsilon_{i,t}$ 为随机误差项，α_2 为数字金融对银行机构的传导效果，由于银行效率具有黏性特征，因此在回归中加入了银行机构的全要素生产率的前一期值 $tfp_{i,t-1}$。

命题 2 补充的被解释变量和控制变量：衡量银行机构的风险承担水平

通常有以下变量：预期违约概率、资本资产比率、贷款损失准备金率、风险资产率等变量，本书结合数据可得性，采取风险资产比率（RA）来衡量银行机构的风险承担水平。补充的解释变量有货币供给增速（m_2），用于衡量货币政策松紧程度，核心解释变量数字金融指数和其他解释变量的选择，与命题 1 该变量的选取和计算相同。数据来自中经网统计数据库、各大银行年报、Bankscope 数据库、国研网、《中国金融年鉴》。

命题 2 采用的两个计量模型如下：

$$RA_{it}=\alpha_0+\alpha_1 RA_{it-1}+\alpha_2 df_t+\alpha_3 df_t^2+\alpha_4 gs_{it}+\alpha_5 m_{2it}+\alpha_6 cr_{it}+\alpha_7 op_{it}+\alpha_8 fu_{it}+\varepsilon_{it} \tag{5-3}$$

$$RA_{it}=\alpha_0+\alpha_1 RA_{it-1}+\alpha_2 df_t+\alpha_3 df_t\times h_1+\alpha_4 df_t^2+\alpha_5 df_t^2\times h_1+\alpha_6 gs_{it}+\alpha_7 m_{2it}+\alpha_8 cr_{it}+\alpha_9 op_{it}+\alpha_{10} fu_{it}+\varepsilon_{it} \tag{5-4}$$

其中，RA_{it} 为银行机构的风险承担水平，RA_{it-1} 为其一阶滞后项，df_t 和 df_t^2 分别是数字金融指数和数字金融指数的平方，gs_{it} 和 m_{2it} 则为股市市值比例和货币供给增速情况，cr_{it} 和 op_{it} 分别为银行机构的集中度和开放度水平，fu_{it} 为银行的流动性，$df_t\times h_1$ 和 $df_t^2\times h_1$ 分别为数字金融指数与银行类型的虚拟变量，h_1 表示银行类型为大型国有银行。

5.1.3　实证分析过程

选择估计方法时，由于本书样本具有“大 N 小 T”特点，采用混合估计可能有偏差，因此采用控制个体特征的固定效应和随机效应回归有助于解决异质性问题。同时，为了避免自变量和因变量可能出现的内生性问题，我们采用动态面板 GMM 方法估计。另外，需要对变量做相关性检验，防止多重共线性，结果表明，方差膨胀因子较低，解释变量之间不存在严重的多重共线性，回归结果如表 5-3 所示。

从表 5-3 的回归结果（一）的 Sargan 检验可以看出，实证分析采用动态 GMM 面板分析合理有效，数字金融系数为 0.182，说明数字金融产业有力地推动了银行机构的效率提升，也就是说，数字金融产业通过示范竞争、人员流动和关联途径对银行机构发挥了传导性作用，银行机构也对这

表 5-3　命题 1 的验证结果

	全样本（一）	剔除大型国有银行（二）	剔除股份制银行（三）	剔除城市商业银行（四）
常数项	12.354*** (2.341)	10.213** (1.155)	8.362*** (1.183)	7.577*** (1.062)
$tfp_{i,t-1}$	0.197*** (0.034)	0.315*** (0.006)	0.324** (0.118)	0.316*** (0.110)
df	0.182*** (0.015)	0.331*** (0.020)	0.095*** (0.106)	0.140*** (0.031)
gs	0.079*** (0.138)	0.056** (0.011)	0.045** (0.021)	0.092** (0.124)
xd	0.117*** (0.029)	0.043** (0.018)	0.062** (0.022)	0.203** (0.105)
cr	0.093** (0.026)	0.134*** (0.028)	0.215** (0.112)	0.022** (0.101)
op	−0.131*** (0.002)	−0.033** (0.005)	−0.078*** (0.010)	−0.009*** (0.024)
am	0.231** (0.002)	0.206*** (0.014)	0.168** (0.021)	0.190** (0.035)
fu	0.011*** (0.006)	0.021*** (0.018)	0.043*** (0.012)	0.006*** (0.007)
控制个体与时间的固定效应	是	是	是	是
AR（2）	1.674 (0.423)	1.328 (0.528)	1.483 (0.372)	−2.674 (0.198)
Sargan	15.438 (1.002)	21.653 (1.013)	22.159 (2.541)	18.302 (1.805)

注：***、** 分别表示在 1%、5%置信水平显著，括号内为系数的标准误差。

种传导性表现出了很好的接入吸收效果，因此数字金融产业为银行机构提供了升级的动力，为银行体系变革提供了改造机遇。

在回归（一）结果中，股市发展情况系数为 0.079，对银行机构的效率具有正向影响，这主要是由于资本市场不断壮大，对银行业产生挤压效应，在客户资源和利润空间的竞争日益加剧的情况下，银行机构通过转型和积极应对促进了效率水平的提高。信贷规模的系数为 0.117，表明央行有效的信贷管理规划有助于银行机构提升自身效率。银行机构的集中度系数为 0.093，市场集中度有助于提高企业相对自主定价权，对企业的全要素生产率具有正向效应。银行机构开放度的回归系数为-0.131，意味着外资银行的进入不利于银行机构效率的提升，与外资银行相比，国内银行的劣势更为明显。银行上市情况系数为 0.231，这是因为上市有利于银行充实资本，增加信贷资金来源，有助于提升效率。流动性指标的系数为 0.011，流动性高意味着银行具有很好的盈利能力，流动性低意味着银行难以维持自身运转，因此流动性高的银行，全要素生产率增速也快。

本书进一步考察了剔除国有银行的样本、剔除股份制银行的样本、剔除城市商业银行的样本分析，主要基于如下考虑：剔除国有银行的样本中，如果核心解释变量的估计系数值与回归（一）相比明显提高，且增加很大，说明被剔除的国有银行对数字金融传导的接入支持能力较弱，并且会低于银行机构的平均水平，据此思路，回归结果如表 5-3 中的回归（二）、回归（三）、回归（四）所示。从数字金融的系数来看，分别为 0.331、0.095、0.140，与全样本的回归系数相比，剔除国有银行的样本增幅最大，而剔除股份制银行样本和剔除城市商业银行样本均为降幅，前者更突出，由此可见，国有银行对数字金融传导的接入支持能力最弱，股份制银行对数字金融传导的接入支持能力最强，城市商业银行对数字金融传导的接入支持能力也强于国有银行。

另外，从其他估计系数看，剔除股份制银行的股市发展系数和上市情况系数分别为 0.045、0.168，与回归（一）全样本相比跌幅较大，股市发展情况对股份制银行的效率影响突出；剔除国有银行的信贷变量估值为 0.043，与回归（一）全样本相比跌幅明显，说明信贷管控政策有助于改善国有银行的效率；剔除城市商业银行的集中度、开放度和流动性系数估值分别为 0.022、-0.009、0.006，与回归（一）全样本相比降幅显著，意味着城市商业银行更容易受外部因素影响。

对于命题 2 我们依然采用动态面板 GMM 方法估计，估计结果如表 5-4 所示，回归（五）、回归（六）为运用模型（5-3）进行回归的结果，其中回归（五）只报告了数字金融发展与银行风险承担变量之间的关系，可以发现数字金融发展的一次项和二次项系数分别为-0.463 和 0.142，表明数字金融发展对银行机构风险承担的传导效应为“U”形关系，也即该风险承担为先下降后上升，数字金融在发展初期降低了银行机构的风险成本承担，随着数字金融的高速发展又增加了银行机构的风险成本承担。在回归（六）中又增加了其他控制变量，发现数字金融发展的一次项和二次项系数分别为-2.141 和 1.457，说明数字金融发展对银行机构风险承担的传导效应呈现为“U”形关系依然成立，结合数字金融发展的历程来看，第三方支付指数远远高于其他，可以这样理解，第三方支付业务的发展通过提高技术水平和工作效率，极大地降低了银行机构的管理成本和风险承担意愿，不过 P2P 和互联网理财业务的壮大分散了银行机构的存款，矫正了银行理财产品的利率和高收益，因此抬高了银行机构的成本预算，提高了它们的风险承担预期。

表 5-4　命题 2 的验证结果

	全样本 （五）	全样本 （六）	大型国有银行 （七）	剔除大型国有银行 （八）
常数项	6.783^{***} (2.156)	8.432^{***} (1.987)	7.490^{***} (2.324)	9.312^{***} (3.260)
RA_{it-1}	0.857^{***} (1.231)	0.903^{***} (1.336)	1.245^{***} (1.783)	0.895^{**} (1.430)
df	-0.463^{***} (0.153)	-2.141^{***} (0.894)	-0.034^{***} (0.213)	-3.677^{***} (0.651)
df^2	0.142^{***} (0.234)	1.457^{***} (0.108)	3.327^{***} (2.168)	4.318^{**} (1.099)
$df \times h_1$			0.123^{**} (0.007)	
$df^2 \times h_1$			-0.784^{*} (0.261)	
gs		6.327^{***} (2.316)	4.378^{***} (2.108)	5.326^{**} (1.784)
m_2		8.215^{***} (3.210)	6.903^{*} (1.083)	7.323^{**} (2.081)

续表

	全样本 (五)	全样本 (六)	大型国有银行 (七)	剔除大型国有银行 (八)
cr		-1.320^{***} (0.673)	-0.283^{**} (0.005)	-3.215^{***} (1.034)
op		-3.268^{***} (1.342)	-7.320^{**} (2.156)	-5.328^{**} (1.785)
fu		-0.352^{***} (0.018)	-1.176^{**} (0.029)	-2.342^{**} (0.067)
控制个体与时间的固定效应	是	是	是	是
AR(2)	1.243 (0.102)	-1.038 (0.073)	-0.987 (0.216)	-2.145 (0.274)
Sargan	18.362 (0.325)	15.218 (0.783)	21.783 (0.221)	24.011 (0.403)

注：***、**、* 分别表示在 1%、5%、10%置信水平上显著，括号内为系数的标准误差。

从控制变量的估计系数来看，股市状况和货币供给的估计系数分别为 6.327 和 8.215，这也就是说，发展良好的股市和积极的货币政策都会助推银行机构的乐观情绪，增加银行机构的风险成本容忍度。行业集中度和开放度对银行风险承担的影响系数分别为-1.320 和-3.268，行业集中度使行业竞争程度更加激烈，银行的风险承担就会降低，外资银行的进入会加强银行内部风控的实施，稳健性的经营则会降低银行的风险承担。流动性系数为-0.352，也就是说，流动性越充足，银行的风险承担会越低。

回归（七）为运用模型（5-4）得出的回归结果，h_1 表示大型国有银行，$df \times h_1$ 和 $df^2 \times h_1$ 的系数分别为 0.123 和-0.784，表明应对数字金融发展，各类银行对传导的风险承担的感受程度不同，大型银行对数字金融传导的风险承担反应感知较慢。同时，数字金融的一次项和二次项系数分别为-0.034 和 3.327，与前面回归（六）分析一致，其他控制变量的回归系数与回归（六）也基本一致。回归（八）是运用模型（5-3）并剔除大型国有银行之后样本（主要包括股份制银行和城市商业银行样本）得出的回归结果，可以发现，数字金融的一次项和二次项系数分别为-3.677 和 4.318，与回归（六）差不多，只是系数绝对值变大，这说明股份制银行和城市商业银行样本对数字金融传导的风险承担反应感知比总体样本更为敏感。另外，其他控制变量的回归系数与回归（六）也基本类似。

5.1.4 结论

作为信息革命式的数字金融技术，给银行机构的效率和风险承担带来了巨大的冲击，为银行业转型与深化改革提供了绝佳的机遇。研究发现，数字金融发展强有力地推动了银行机构的全要素生产率提升，大型国有银行受数字金融传导影响的接入吸收效果较弱，股份制银行受数字金融传导影响的接入吸收效果相对更强，城市商业银行受数字金融传导影响的接入吸收效果稍微差一点。数字金融对银行机构传导影响的风险承担功能呈现“U”形特征，在数字金融发展初期，银行机构受其影响传导的风险承担降低，随着数字金融的快速发展，银行机构受其影响传导的风险承担大幅提升，另外，大型国有银行对数字金融传导的风险承担反应感知较慢，股份制银行和城市商业银行对数字金融传导的风险承担反应感知更为敏感。

5.2 数字金融对货币市场传导的机制分析

5.2.1 理论作用分析

数字普惠金融的发展改变了货币的流通速度和流通方式，从而影响到了货币的供给和需求，进而对货币市场产生影响，数字金融极大地促进了第三方支付的交易量，并且随着交易量规模的增大，在数字金融机构中产生了大量的货币滞留资金。2015 年 6 月，以支付宝的交易数据为例，该平台注册用户突破 4 亿人，每天的交易超过 5000 万笔，交易额 30 多亿元，如果一个结算周期为 7 天，那么支付宝的沉淀资金高达 210 亿元。2015 年底，我国拥有数字支付功能的机构有 300 家左右，因此滞留沉淀资金总体规模非常庞大。数字金融支付可以分为第三方互联网支付、第三方移动支付和线下收单交易，2015 年，数字支付经历了一个快速发展的过程。

数字金融交易对货币供需影响的理论依据体现在替代效应和乘数效应方面：①替代效应。数字支付在交易过程中替代了传统货币的存取功能，加快了货币的流通速度。数字支付对现金的替代性越来越明显，降低了对货币的需求，自从 2006 年以后，数字支付程度越来越高，流通货币占比却逐年下降。②乘数效应。商业银行通过数字第三方支付进行融资，可以减少超额准备金的提取，增加货币供给，还有 M0、M1 的流通速度，使 M2 比重相对上升，进而货币乘数效应增大。以上即为数字金融支付对货币供应量的影响作用。Mishkin（1995）认为，货币市场传导机制理论主要分为利率传导、资产价格传导、信贷传导、汇率传导等，从资产和负债的角度来看，大致可以分为资产观（利率、资产价格、汇率）和信用观（借贷）。接下来分别分析数字金融交易引起的货币市场利率传导、资产价格传导、借贷传导、汇率传导的理论机制。

数字金融交易对利率的传导机制表现在数字金融交易增强了货币需求的利率弹性，即数字金融交易产生的货币供给变动引起利率发生变动，而存贷款利率对企业融资和经济发展又具有重要影响，但是我国在 2005 年以前，利率的上下浮动区间是具有严格规定的，在这之后利率政策发生了很大的变化。数字金融改变了我国金融市场严重依赖商业银行的融资途径这一情况，数字金融交易对货币市场利率的影响更为直接，而且通过利率渠道改变整个社会的投融资机制表现尤为明显，尤其是利率降低，会对企业投资产生显著影响，使得企业投资增加。所以数字金融的发展，使企业融资渠道更加多元化，更加放大了融资和利率之间的相关关系。

货币市场资产价格传导理论对于资产的定义较为广泛，其中股票和房地产与其他行业的关联度很高，对金融体系和宏观经济也会产生重大影响。在资本市场中，越来越多的企业和越来越多的个体在股票市场上进行投融资行为，因此股票是与企业和个人息息相关的资本市场，随着股票市场的规范化、法制化发展，在发挥优化资源配置、促进战略结构调整方面的作用将会越来越凸显，因此下面主要分析货币市场股票的资产价格传导机制。数字金融交易对货币供给大小产生显著影响，从而引起资产价格变动和实体经济的投资与消费效应，具体表现为：首先，资产价格传导机制有助于托宾 Q 值效应发挥，由于我国企业的融资成本一直以来就很高，数字金融交易促使小微企业获得资金更便利，使得小微企业股票价格高涨，从而托宾 Q 值大于 1，那么就会吸引更多的投资人进行投资。其次，与银行存款相比，股票证券类资产价值对数字金融交易引起的货币供需变化反应更为敏感，也更容易受货币供需变动的影响，数字金融交易增加了居民资产组合的流动性，尤其是交易成本的降低，引起股票证券类资产价值和居民财富的增加。最后，数字金融交易促使货币供需变动从而引起资产价格发生变化时，持有多元化金融资产的企业和居民的资产负债表也会产生变动，企业的资产和外部融资能力都会受到显著的影响，也就是说，数字金融交易增强了货币市场资产价格传导的资产负债表效应。

在数字金融交易出现以后，货币市场借贷传导作用会发生一定的变化，也就是说数字金融交易会影响到货币市场借贷传导的有效性。在我国的资本市场上，商业银行一直扮演着重要的角色，很长一段时间内，企业的融资主要依靠银行借贷渠道，货币市场通过借贷机制发挥政策作用，但是近年来，数字金融市场的发展，从某种程度上改变了企业以往从银行借贷融资的通道，而数字金融交易越来越便利，使得小微企业摆脱了依靠银行借贷的主体融资方式，对货币市场借贷传导效果产生了不可估量的影响。因此，数字金融交易引起的货币供需和利率变动会对银行的可贷资金和企业财务产生重要影响，实质上，银行的可借贷资金具有周期性，是由银行借贷的意愿和能力、企业借款需求的意愿和能力、风险资本金比例等许多因素共同决定的，贷款需求对企业有好处，外币借款又可以满足银行的需求，所以银行的资金可借贷传导受货币供需和利率的影响就很大，况且在当今数字金融交易的广泛背景下，资金的筹借会变得更加容易，尤其是利率的逐步放开，利率弹性的提升导致增加了信贷供给量，表现为银行借贷机制在货币市场发挥更为突出的传导作用。从企业层面来看，当企业单纯依靠银行而没有其他渠道获得贷款，直接带来的效果就是投资减少，所以数字金融交易的发展，尤其是 P2P、互联网理财的迅速崛起，使得企业的融资结构发生很大的变化，这都会对银行信贷渠道产生一定的传导作用。

货币市场的利率、资产价格、借贷机制都在封闭的国内市场经济条件下运行，但在开放的经济条件制度下，汇率作为一个重要的宏观经济变量和一国市场内外均衡的主要指标，数字金融交易引起的一国货币供给增加通过货币市场汇率传导机制发挥的作用也不可忽视。首先，基于购买力平价（PPP）的汇率传导理论，金融市场扩张性的货币供给导致通胀率上升，继而本国物价抬升，使得本币贬值，汇率下调，出口增加，进而影响实体经济国民收入的上升。其次，基于利率平价的汇率传导理论表明，金融市场扩张性的货币供给，导致利率下降，在他国利率不变的情况下，本国资金外流，货币贬值，本国的现汇汇率就会下降，本国物品在国外市场会变得相对便宜，从而净出口增加，国民收入提升。总之，从表面上来看，数字金融交易引起的货币供给流动性提升导致货币市场汇率机制发挥传导的作用非常清晰，但是汇率传导往往与一国货币是否可以自由兑换有关，虽然我国的汇率制度自 1994 年以来实行了大幅的体制改革，但是，目前依然是有管理的浮动汇率制度，人民币资本项目并不能够对外自由兑换，因此货币市场的汇率传导机制在我国并不畅通，故本书并不详细研究数字金融交易引起的货币供给流动性提升对货币市场汇率机制发挥传导作用效果的实证分析。当然，数字金融交易引起的货币供需变动在货币市场无论是通过利率传导、资产价格传导、信贷传导还是汇率传导，都离不开资本市场、货币市场、汇率市场、金融当局、银行以及企业个体等金融市场载体，各个传导渠道能否发挥促进实体经济发展正常运转的作用，取决于每个传导环节的实际运行载体是否运行通畅。

由于我国的汇率政策是有管理的浮动汇率体系，因此数字金融交易在货币市场引起的汇率传导作用，下文不做详细分析，接下来重点分析数字金融交易引起的货币流动性变化通过货币市场利率传导、资产价格传导、信贷传导发挥作用的实证过程。为了进一步验证数字金融交易对利率、资产价格、借贷传导的影响作用，接下来通过格兰杰因果检验、脉冲响应、方差分解等有关时间序列计量方法和非线性时间序列 LSTVAR 模型计量方法进行验证。

5.2.2 数字金融引起货币市场（利率、资产价格、信贷）的传导实证分析

借鉴李明选（2016）的研究，本书选取第三方数字支付总额与货币供给量 M2 的比值作为我国数字金融交易指标的发展情况，数字金融交易指标用 dfp 表示。详细介绍我国的货币供给量 M0、M1、M2 三种情况的概念，M0 是指社会上流通的货币，M1 为企业与个人的活期存款加 M0，而 M2 则指 M1 加准货币。实证研究选取的时间段为 2006 年 6 月至 2015 年 12 月，数据来源为中国支付清算协会和万得资讯。其中，我国的第三方支付额与货币供应量 M2 原始数据如表 5-5 所示。为了去除价格因素的影响作用，用 cpi 指数对 M2 进行平整，得到的是实际货币供给量 M2，为了避免数字金融交易的季节性波动，我们对该数据先进行一次差分处理，以便保证数据的平稳性。

表 5-5 第三方支付额与 M2

时间	第三方数字支付额（亿元）	M2（亿元）	时间	第三方数字支付额（亿元）	M2（亿元）
2006 年 6 月	90.8	322754.2	2009 年 6 月	1309.2	568917.8
2006 年 12 月	120.5	345679.0	2009 年 12 月	1849.6	610225.3
2007 年 6 月	171.4	377833.1	2010 年 6 月	2360.5	696472.4
2007 年 12 月	230.0	403502.4	2010 年 12 月	3602.6	725859.6
2008 年 6 月	540.1	443245.1	2011 年 6 月	4609.2	780802.4
2008 年 12 月	852.3	476228.3	2011 年 12 月	7285.4	858163.1

续表

时间	第三方数字支付额（亿元）	M2（亿元）	时间	第三方数字支付额（亿元）	M2（亿元）
2014 年 6 月	25672.5	1738906.2	2013 年 6 月	13419.2	1056443.6
2014 年 12 月	31837.2	2578931.4	2013 年 12 月	18641.7	1106537.9
2012 年 6 月	8522.9	924994.5	2015 年 6 月	38097.6	3016734.3
2012 年 12 月	12159.3	974453.3	2015 年 12 月	49131.5	3627816.8

资料来源：中国支付清算协会和万得资讯。

5.2.2.1 数字金融交易对货币市场的利率传导情况

同业拆借利率是利率市场中对货币资金的供给和需求最为敏感的利率，本书的利率指标（ir）变量选取 7 日的同业拆借利率来考察，有关同业拆借利率数据来自中国经济网，选取并整理数据的时间段为 2006 年 6 月至 2015 年 12 月。同时需要对同业拆借利率进行通货膨胀率（采用 cpi 增长率）平减，从而得到实际利率的变化情况，并对实际利率进行对数化处理。

首先对利率和数字金融交易指标进行 ADF、DF、PP 平稳性检验，验证结果如表 5-6 所示，从表中可以看出，利率和数字金融交易的调整序列均为平稳的。

表 5-6 平稳性检验

	ADF	DF	PP
数字金融交易（dfp）	-3.486（0.000）	-2.584（-0.023）	-2.578（0.003）
利率（ir）	-3.481（0.000）	-1.943（-0.047）	-2.883（0.000）

接着估计两变量的 VAR 模型，然后进行方差分解和脉冲响应分析。从表 5-7 的估计结果来看，利率的滞后 1 期估计系数为 0.135，利率滞后 2 期估计系数为 0.177，也就是说，利率的滞后 2 期具有更大的贡献作用。数字金融交易的滞后 1 期对利率传导的估计系数为 0.005，滞后 2 期对利率传导的估计系数为-0.021，通过比较发现，数字金融交易在滞后 1 期对利率具有明显的促进效果。

表 5-7 VAR 估计结果

	ir（-1）	ir（-2）	dfp（-1）	dfp（-2）	常数项
因变量（ir）	0.135 (0.09)	0.177 (0.08)	0.005 (0.01)	-0.021 (0.01)	1.326 (0.135)
	其中：R^2 为 0.62，F 统计量为 22.72				

注：VAR 模型给出了两个变量分别作为因变量，另外一个变量作为自变量的估计结果，但由于这里主要考察数字金融交易对利率的传导作用，因此只罗列了利率作为因变量的 VAR 估计结果。

从而得出 VAR 模型的估计结果为：

$$ir=1.326+0.135ir(-1)+0.177ir(-2)+0.005dfp(-1)-0.021dfp(-2) \quad (5-5)$$

要证明两个变量之间的因果关系，需要通过格兰杰因果检验，在做因变量与自变量之间的回归时，如果将自变量的滞后值包括进来，能够改进对因变量的预测，那么自变量就是因变量的格兰杰原因；反之亦然，如果将因变量的滞后值包括进来，能够改进对自变量的预测，那么因变量就是自变量的格兰杰原因。最优滞后期确定为 2 期，利率和数字金融交易之间的格兰杰因果检验结果如表 5-8 所示。

表 5-8 利率和数字金融交易之间的格兰杰检验结果

因变量	自变量	Chi-sq	DF	P 值	格兰杰原因
dfp	ir	0.386	2	0.031	是
ir	dfp	2.601	2	0.017	是

由表 5-8 可以看出，利率是数字金融交易变动的格兰杰原因，数字金融交易也是利率变动的格兰杰原因，由此可见，数字金融交易和利率在货币市场对彼此双方变动都存在一定的传导效应，这是因为数字金融改变了金融的交易方式，推动了利率的市场化进程，对利率发挥的传导作用不可忽视，反过来，利率的波动又与社会的投融资机制息息相关，最终也会间接影响在线的数字金融产品交易，所以二者在货币市场表现为彼此关联、相互影响的关系。

做脉冲响应之前需要选择滞后阶数，并且滞后阶数的 P 值要够大，才能够反映脉冲各期的动态过程，但是滞后阶数太大，脉冲响应的自由度就会降低，因此需要设置较为理想的滞后阶数，这里采用 AIC 准则，根据最小 AIC 信息值准则，建立脉冲响应分析，对于数字金融交易指标和利率变量的平稳序列建立脉冲响应，如图 5-2 所示。

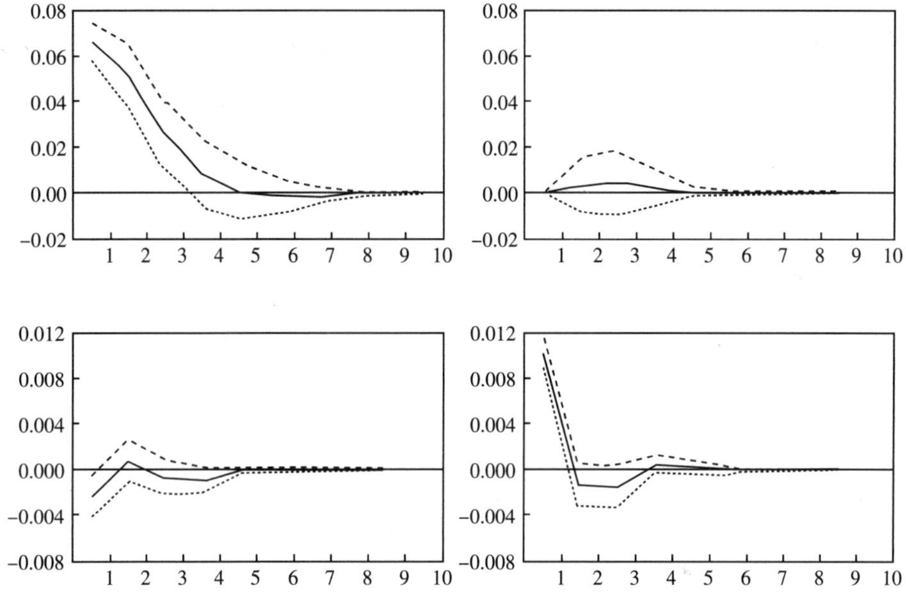

图 5-2　数字金融交易对利率的单位冲击影响

从图 5-2 左下图中可以看出，利率对数字金融交易冲击的响应变化在第 1 期为负，第 2 期增长较快，第 3 期、第 4 期又为负，从第 5 期以后逐渐收敛且趋于平稳。由图 5-2 右上图可以发现，数字金融交易对利率冲击的响应在前 4 期均为正，从第 5 期以后也逐渐收敛并趋于平稳。

脉冲响应反映的是一个内生变量的冲击对另一个内生变量所带来的影响，而方差分解则是反映每一个结构冲击对内生变量变化的贡献度，以便进一步评价不同结构冲击的重要性，表 5-9 为数字金融交易对利率波动的冲击传导贡献结果。

表 5-9 利率（ir）的方差分解

	标准误	dfp	ir
第 1 期	0.013	0.000	100.000
第 2 期	0.011	5.733	94.267
第 3 期	0.014	7.700	92.300
第 4 期	0.018	9.846	90.154
第 5 期	0.013	11.784	88.216
第 6 期	0.016	13.670	86.330
第 7 期	0.012	15.781	84.219
第 8 期	0.011	18.794	81.206
第 9 期	0.014	21.666	78.334
第 10 期	0.013	24.938	75.062

由表 5-9 可以看出，数字金融交易 1 单位的冲击会引起利率较大的下降，数字金融交易对利率变动的贡献率从第 2 期开始以后有较大的提高，贡献率最大值达到 20%以上。数字金融交易有助于推动我国利率的市场化，利率市场化也是数字金融交易在货币市场发生传导作用的重要通道，数字金融交易加速了我国央行对利率的改革，未来利率市场化的进程也将越来越快。实际上，随着余额宝等数字金融模式的出现，数字金融产业快速发展，迎来的是更多的货币交易流向弹性大的资本市场，原本的市场平衡被打破后，数字金融交易在货币市场通过利率的传导作用就会变得更加顺利。

5.2.2.2 数字金融交易引起的货币市场资产价格传导情况

有关资产价格变量的选取主要考虑股票市场价格指数，而我国的股票市场主要包括上海证券交易所（以下简称上交所）和深圳证券交易所（以下简称深交所），上证综指和深证成指具有很大相关性，这里采用上证综指作为资产价格（ap）的代理变量，数据来自中国经济网，为了保证数据有较小的异方差，进行对数化处理。数字金融交易（dfp）的选择仍然用第三方数字支付总额与货币供给量 M2 的比值来表示，数据选取的时间段为 2006 年 6 月至 2015 年 12 月的半年度数据，数字金融交易数据仍然是先进行一次差分化。

首先对资产价格指标进行 ADF、DF、PP 平稳性检验，验证结果如表 5-10 所示。处理后的资产价格指标变量基本表现平稳。

表 5-10　平稳性检验

	ADF	DF	PP
资产价格（ap）	-3.481（0.000）	-1.615（0.019）	-2.887（0.000）

然后估计 VAR 模型，从表 5-11 的估计结果来看，资产价格的滞后 1 期估计系数为 0.261，滞后 2 期估计系数为 0.159，即滞后 1 期的资产价格发挥的作用更大。数字金融交易对资产价格影响的滞后 1 期估计系数为 4.489，滞后 2 期的估计系数为-2.534，通过比较发现，数字金融在滞后 1 期对资产价格具有明显的冲击影响效果。

表 5-11　VAR 估计结果

	ap（-1）	ap（-2）	dfp（-1）	dfp（-2）	常数项
因变量（ap）	0.261 （0.08）	0.159 （0.08）	4.489 （0.21）	-2.534 （-0.64）	22.652 （1.317）
	其中：R^2 为 0.53，F 统计量为 23.84				

注：由于这里主要考察数字金融交易对资产价格的传导作用，因此只罗列了资产价格作为因变量的 VAR 估计结果。

从而得出 VAR 模型的估计方程为：

$$ap = 22.652 + 0.261ap(-1) + 0.159ap(-2) + 4.489dfp(-1) - 2.534dfp(-2) \tag{5-6}$$

根据最小 AIC 信息值准则，确定数字金融交易与资产价格建立的 VAR 模型的最优滞后期为 2 期，对数字金融交易与资产价格做格兰杰因果检验如表 5-12 所示，从 P 值显著性可以看出，资产价格并不是数字金融交易变动的格兰杰原因，数字金融交易是资产价格变动的格兰杰原因，即数字金融交易对资产价格变动还是产生了一定的作用。

表 5-12　资产价格和数字金融交易之间的格兰杰检验结果

因变量	自变量	Chi-sq	DF	P 值	格兰杰原因
dfp	ap	3.183	2	0.212	不是
ap	dfp	5.524	2	0.063	是

对于数字金融交易与资产价格之间的脉冲响应情况分析如图 5-3 所示，图 5-3 左下图反映，资产价格对数字金融交易冲击的响应变化，资产价格对数字金融交易的响应在前 7 期都表现为正向积极的，可以说，数字金融交易对资产价格的冲击具有长期的影响，从第 8 期以后，资产价格对数字金融交易一个标准差新息的响应逐步趋于稳定和收敛。从图 5-3 右上图可以看出，数字金融交易对资产价格冲击的响应在前 6 期均为负向的，从第 7 期以后，数字金融交易对资产价格一个标准差新息的响应逐步趋于稳定和收敛。

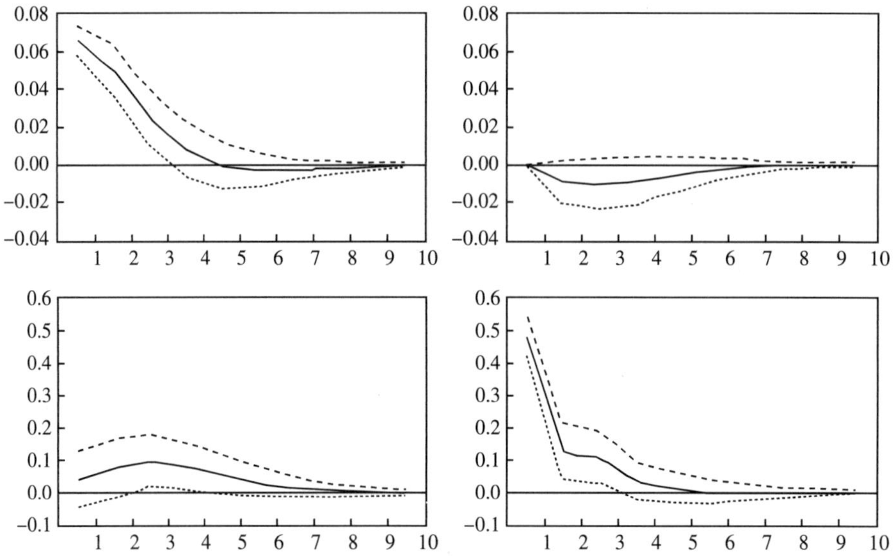

图 5-3　数字金融交易对资产价格的单位冲击影响

表 5-13 为数字金融交易对资产价格波动的冲击传导方差分解贡献情况，可以看出，资产价格的方差分解变化中，数字金融交易对资产价格波动的贡献从第 2 期以后不断上升，在第 10 期贡献率达到 16%左右，当然

资产价格受自身的影响更大，到第 10 期以后，贡献率基本保持在 83%以上。

表 5-13　资产价格（ap）的方差分解

	标准误	dfp	ap
第 1 期	0.483	0.000	100.000
第 2 期	0.504	2.579	97.421
第 3 期	0.512	4.710	95.290
第 4 期	0.532	6.836	93.164
第 5 期	0.543	9.935	90.065
第 6 期	0.489	10.784	89.216
第 7 期	0.520	11.696	88.304
第 8 期	0.517	14.887	85.113
第 9 期	0.538	15.794	84.206
第 10 期	0.541	16.005	83.995

资产价格的变化受到包含货币政策因素在内的多种因素共同影响，宏观经济的运行、投资者的心理预期、微观企业的运作都会对资产价格产生作用。当前我国的股票市场还处于初级阶段，数字金融交易在货币市场通过股票资产价格传导的效果可能有所偏差，这与资产价格存在行政干预、结构失衡有关联，当然，数字金融交易引起的货币供需扩张实质上促进了股票资产价格上涨，体现了与股票资产价格波动的联动性，进而使变动的资产价格更加顺利地传导到实体经济。

5.2.2.3　数字金融交易引起的货币市场信贷传导情况

有关信贷指标（dc）的选取，采用金融机构人民币贷款变量，通过 cpi 指数对人民币贷款变量进行平减，为了减小异方差的影响，对该变量取对数后做一次差分处理，有效保证序列平稳性，数据来自中国经济网。数字金融交易（dfp）的选择同前面一样，依然用第三方数字支付总额与货币供给量 M2 的比值来表示，数字金融交易数据也是先进行一次差分化。数据选取的时间段仍然为 2006 年 6 月至 2015 年 12 月。

先对信贷指标进行 ADF、DF、PP 平稳性检验，验证结果如表 5-14 所示，从平稳性检验可以看出，除了 DF 没有通过显著性检验以外，其他检验均通过显著置信水平检验，这里我们结合已有文献研究情况，以 ADF 检验为主，认为信贷指标符合平稳性检验。

表 5-14　平稳性检验

	ADF	DF	PP
信贷（dc）	-3.584（0.000）	-1.943（0.215）	-2.578（0.000）

接着做 VAR 模型估计，从表 5-15 的估计结果来看，信贷的滞后 1 期估计系数为 0.556，滞后 2 期的估计系数为 0.343，表明信贷的滞后变量对其自身的解释作用较大。数字金融交易的滞后 1 期估计系数为 0.021，滞后 2 期的估计系数为-0.016，通过比较发现，数字金融交易的滞后 1 期和滞后 2 期的估计系数较小，对信贷指标发挥的传导作用并不明显。接下来通过脉冲响应和方差分解再次验证数字金融交易通过信贷传导的影响。

表 5-15　VAR 估计结果

	dc（-1）	dc（-2）	dfp（-1）	dfp（-2）	常数项
因变量（dc）	0.556 (0.08)	0.343 (0.05)	0.021 (0.12)	-0.016 (0.16)	-0.961 (0.029)
	其中：R^2 为 0.58，F 统计量为 23.98				

注：这里主要考察数字金融交易通过信贷发挥的传导作用，因此只罗列了信贷指标作为因变量的 VAR 估计结果。

从而得出 VAR 模型的估计结果为：

$$dc = -0.961 + 0.556dc(-1) + 0.343dc(-2) + 0.021dfp(-1) - 0.016dfp(-2) \tag{5-7}$$

依据最小 AIC 信息值准则，确定数字金融交易与信贷建立的 VAR 模型最优滞后期为 2 期，对数字金融交易与信贷做格兰杰因果检验如表 5-16 所示，从 P 值显著性可以看出，信贷并不是数字金融交易变动的格兰杰原因，而数字金融交易是信贷变动的格兰杰原因，也即数字金融交易对信贷变动产生了传导影响。

表 5-16　信贷和数字金融交易之间的格兰杰检验结果

因变量	自变量	Chi-sq	DF	P 值	格兰杰原因
dfp	dc	3.138	2	0.217	不是
dc	dfp	5.524	2	0.072	是

关于数字金融交易与信贷之间的脉冲响应情况如图 5-4 所示，从图 5-4 左下图可以看出，信贷对数字金融交易单位标准差冲击新息的响应在前 7 期均有正向的显著效果，在第 3 期达到最大，随后开始下降，到第 7 期后趋向为 0。从图 5-4 右上图看出，数字金融交易对信贷标准差新息的响应在前 6 期基本为负向，并且变化不大。把两者之间相互的冲击响应放在一起比较会发现，数字金融交易对信贷的冲击传导要比信贷对数字金融交易的冲击传导明显。

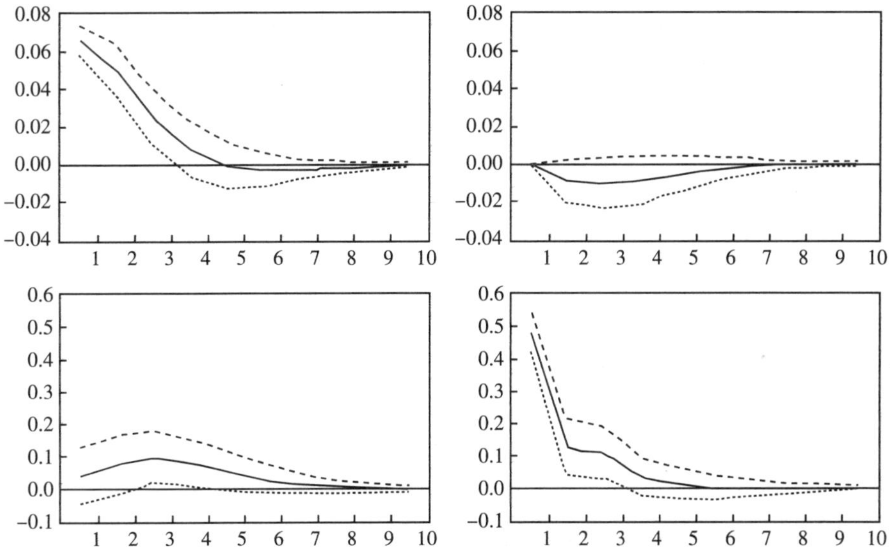

图 5-4　数字金融交易对信贷的单位冲击影响

表 5-17 为数字金融交易对信贷冲击传导的方差分解贡献情况，可以看出，信贷的方差分解变化中，数字金融交易对信贷波动的贡献从第 2 期开始缓慢上升，在第 9 期贡献率将近 10%，当然信贷受自身的前期影响更大，从第 1 期到第 10 期，贡献率基本保持在 90%以上。

表 5-17 信贷（dc）的方差分解

	标准误	dfp	dc
第 1 期	0.452	0	100
第 2 期	0.455	1.787	98.213
第 3 期	0.467	3.793	96.207
第 4 期	0.461	4.586	95.414
第 5 期	0.483	5.154	94.846
第 6 期	0.458	6.621	93.379
第 7 期	0.473	7.835	92.165
第 8 期	0.482	8.494	91.506
第 9 期	0.451	9.666	90.334
第 10 期	0.460	23.145	73.216

通过前面的分析可知，数字金融交易虽然有利于提升其他融资模式与银行信贷的替代性，从而对信贷产生影响，不过数字金融交易也有利于利率放开和弹性增加，导致货币供应量和信贷供给量提升，因此，在我国特殊的信贷条件环境下，数字金融交易通过信贷渠道传导的作用效果会得到正常的发挥。

5.2.3 基于 LSTVAR 模型的数字金融引起货币市场传导效应的再检验

LSTVAR（Logical Smooth Transition Vector Autoregression）即逻辑型平滑转换向量自回归模型，在该模型中涉及转换函数，其中，转换函数 G (γ, c, s_{t-d})采用的逻辑函数形式是：

$$G(\gamma, c, s_{t-d}) = [1+\exp(-\gamma(s_{t-d}-c)/\delta_{t-d})]^{-1}, \ \gamma>0 \tag{5-8}$$

有关 LSTVAR 模型的核心思想和广义脉冲响应函数的定义，由于篇幅所限不再赘述。接下来做实证检验，这里采用 GDP 作为货币市场传导机制的最终政策目标变量，数字金融交易是引起货币市场传导的动机意图，利率、资产价格和信贷作为货币市场中介目标的主要传导渠道。GDP 数据为每半年的国内生产总值，其他变量的数据选取与前面分析一致，数字金融交易为第三方数字支付总额与货币供给量 M2 的比值，利率指标（ir）变量选取 7 日的同业拆借利率来考察，资产价格（ap）为上证综指指数，信贷指标（dc）采用金融机构人民币贷款变量，数据选取时间段为 2006 年 6 月至 2015 年 12 月。数据来源于中国支付清算协会、万得资讯、中国经济网。

首先，对数据做简单处理，用消费者价格指数（cpi）对 GDP、资产价格、信贷指标进行平减，从而得到实际的 GDP、资产价格、信贷指标量化值，用利率（ir）减去通货膨胀率（即 cpi 增长率）得到实际利率量化值，为了避免短期数据波动和保证数据平稳性，对 GDP、资产价格、信贷指标取对数后再差分，从而得到 GDP 增长率、资产价格增长率、信贷增长率指标，同样为了减少异方差因素，需要对数字金融交易（dfp）取对数。其次，通过各项数据处理后，对各个变量指标进行单位根检验，发现这些处理后的变量均为平稳变量，可以进行基础性的 VAR 回归，检验结果如表 5-18 所示。

表 5-18 单位根检验

	ADF	DF	PP
数字金融交易（dfp）	-3.664（0.000）	-1.262（0.023）	-2.848（0.000）
国内生产总值（gdp）	-3.160（0.000）	-1.603（0.011）	-2.153（0.005）
利率（ir）	-2.896（0.002）	-1.227（0.025）	-2.635（0.011）
资产价格（ap）	-1.997（0.000）	-1.796（0.007）	-1.215（0.000）
信贷（dc）	-2.435（0.000）	-2.100（0.019）	-1.422（0.003）

根据最小 AIC 信息值准则，确定模型中的变量滞后期为 1 阶，由于这里要研究的是数字金融交易通过货币市场中介目标传导渠道对国内生产总值最终目标的影响，因此选取数字金融交易为转换变量，对转换变量的滞后期各期数据进行 LR 检验发现转换变量数字金融交易（dfp）在滞后 1~6 期中，第 4 期的 P 值最小，因此选择 dfp_{t-4} 作为过渡变量较为合适。在确定转换变量和转换函数之后，用优化的方法对转换函数中的速度参数 γ 和

位置参数 c 进行估计，这里采用网格搜索法，把 c 值取值范围定义为 (3.627, 4.738)，γ 取值范围定义为（0，26），构建 3000 个组合，将每个组合代入回归方程，得到参数，并求残差平方和，把残差平方和最小的一组当作模型参数的初始值，然后把这些参数初始值作为 OLS（Ordinary Least Squares）回归的迭代值，从而回归出最优的速度参数 γ 和位置参数 c。该计算过程通过 MATLAB 的 jplv 工具包中的 STVAR 程序进行测算，进而得到速度参数 γ 和位置参数 c 分别为 20 和 2，网格搜索结果如图 5-5 所示，由此可以得出，当数字金融交易（dfp）小于 2 时，数字金融交易对货币市场中介目标具有更好的传导作用。

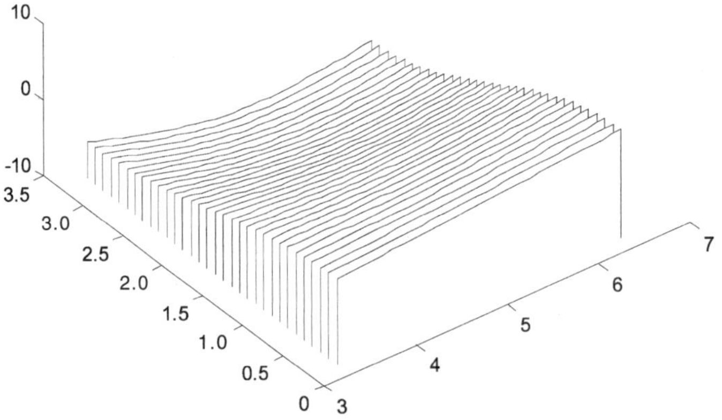

图 5-5　网格搜索结果

依据最优速度参数 γ 和位置参数 c 分别为 20 和 2，画出对货币市场发生传导作用的数字金融交易的转换函数 G（γ，c，S_{t-d}）。接着通过 MATLAB 的 jplv 工具包中的广义脉冲响应程序（Generalized Impulse Response Function）进行 50 次重复试验，然后对结果进行优选平均化处理，从而得到合适的脉冲响应函数，分析在数字金融交易对货币市场传导作用下，利率、资产价格、信贷的单位正向冲击对国内生产总值产出的影响，国内生产总值产出对利率、资产价格、信贷冲击的响应情况优选均值结果如图 5-6、图 5-7 和图 5-8 所示。

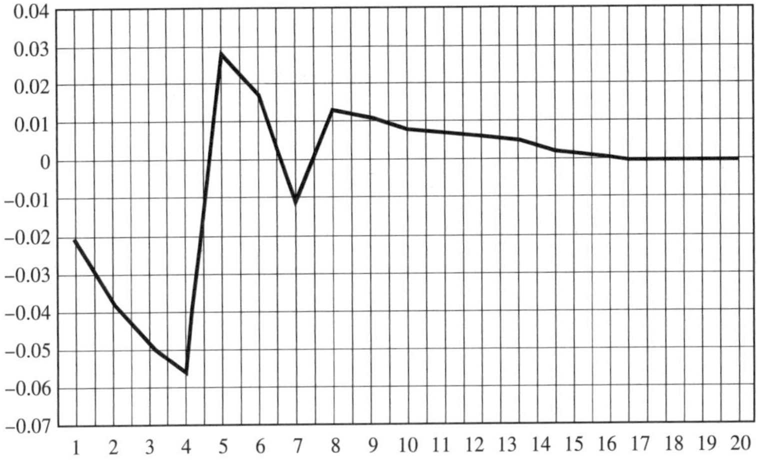

图 5-6　利率单位正向冲击结果

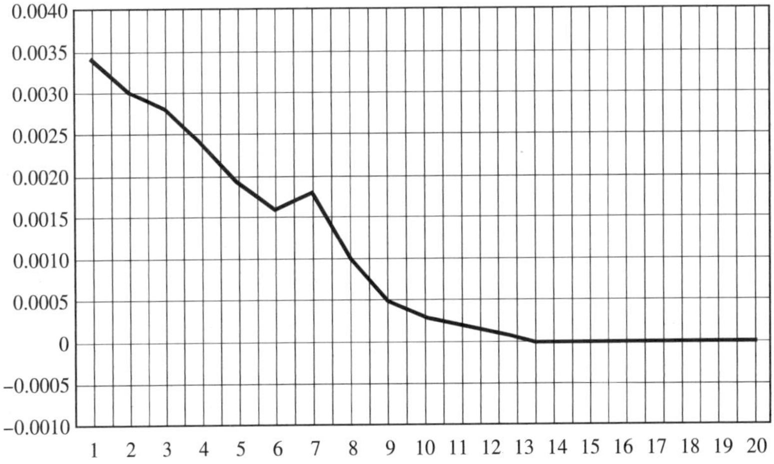

图 5-7　资产价格单位正向冲击结果

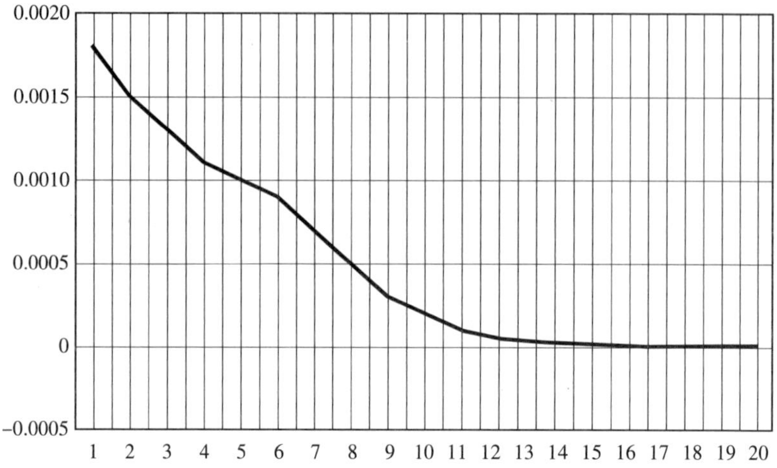

图 5-8 信贷单位正向冲击结果

在图 5-6 中，单位正向冲击即货币市场利率的上涨，带来国内生产总值产出的下降，在第 4 期这种反向作用达到最大值-0.056，从第 5 期以后，这种反向作用开始收敛并于第 8 期以后趋于稳定，从第 16 期开始接近于 0，可见在数字金融交易条件下，利率的上涨加速了对产出抑制的传导作用。在图 5-7 中，单位正向冲击即货币市场资产价格的上涨，导致国内产出的上涨，在第 1 期达到最大值 0.0034，从第 2 期后开始急速下降并于第 13 期以后收敛，接近于 0，可见在数字金融交易条件下，资产价格的上涨加速了对产出推动的传导作用。在图 5-8 中，单位正向冲击即货币市场信贷供应量的上涨，使国内生产产出也迅速增加，从第 1 期开始即达到最大值 0.0018，之后逐渐降低，并于第 13 期开始稳步收敛，回归于 0，可见在数字金融交易条件下，信贷供应量的上涨加速了对产出提升的传导作用。

5.2.4 结论

通过以上分析发现，随着数字金融交易的发展，货币市场利率传导机制越来越顺畅，数字金融交易极大地推动了货币市场利率的市场化进程，改善了企业融资从而增加投资支出的利率弹性和对投资的利率敏感性，可以说，数字金融交易促进了与利率体系的联动性，使得货币市场利率对数字金融交易引起的货币供应变动反应更为灵敏。通过增强资产价格的托宾Q值和流动性效应，使得数字金融交易引起的货币供给通过资产价格传导发挥更为显著的作用。另外，虽然我国具有特殊的信贷环境，但是在数字金融交易条件下，利率弹性的提升增加了银行等金融机构的信贷供应量，改善了企业的融资结构，使得企业通过信贷传导机制提升了融资效率。根据 LSTVAR 回归模型和网格搜索法分析，发现数字金融交易（dfp）小于 2 时，数字金融交易对货币市场中介目标具有更好的传导作用。广义脉冲响应分析表明，在数字金融交易对货币市场传导作用下，利率的上涨加速了对产出抑制的传导作用，资产价格的上涨加速了对产出推动的传导效率，信贷供应量的上涨增加了对产出提升的传导性。

5.3　数字金融与银行间（拆借、回购、债券）市场的传染关联性分析

5.3.1　数字金融与银行间市场关联机制的理论分析

2013 年，随着余额宝的问世，天弘基金已然成为国内规模最大的基金，那么数字金融基金产品的高收益从何而来，收益趋势又会如何变化，在当前的数字金融产品不断创新和监管滞后的环境下，数字金融产品的收益波动以及流动性与银行间拆借市场、回购市场和债券市场具有怎样的关联性，这些都需要做进一步的分析。本节以数字金融货币基金产品（余额宝合作的天弘基金）为例进行探讨。

从 2015 年天弘基金的资产组合来看，其筹集的货币资金有 85%投向银行的同业存款，剩下资金中有 7.83%参与到银行间债券市场进行债券类交易。实际上，投资人个体只是用少量的资金就享受到了同业存款的高收

益。杨晓晨和张明（2014）指出，数字金融基金产品的高收益来自三个方面：一是投资于银行同业存款得到的收益；二是货币基金参与银行间债券市场交易获得的收益；三是货币基金买入返售式金融资产等其他收益。周文渊（2014）认为数字金融基金产品的来源非常分散，主要是小额投资人，多存放于商业银行、政策性银行、货币基金等具有金融牌照的机构，其存款主要作为同业存款，一般规模起点在200万~1000万元，定价参考Shibor，以双方协定的利率进行利息支付。数字金融货币基金还可以被看成是打通了各种融资路径的信用链条，这种信用链条的拉伸依赖于数字金融体系的内部创新，数字金融基金产品打通了货币市场、数字金融体系、债券市场的联系，不过这其中若有一个信用链条断裂，就会引起风险的跨市场传染，故数字金融基金产品的流动性管理和监督非常重要。

数字金融基金产品主要投放于同业存款，同时还参与债券交易，因此其收益与货币市场和债券市场的整体状况密不可分。姜再勇（2014）认为，2013年和2014年，商业银行的资产负债期限错配比较严重，具有刚性兑付压力，商业银行借助货币市场进行高成本融资，导致数字金融基金产品的利率飙升，为数字金融基金产品提供注入流动性的机会，这也是数字金融基金产品快速呈现出规模效应的主要因素。在债券交易市场中，2013年该市场也存在资金面交易紧张、债券交易价格普遍下跌、债券市场需求疲软等情况，但在2014年，债券市场的稳步上行[①]，为数字金融基金产品的规模化发展提供了基础，债券市场资金面趋于平缓，这也是数字金融基金产品在2014年获得进一步壮大的重要原因。综合来看，货币供求的周期性波动不断反复，使得货币市场的资金需求量较大，推动了数字金融基金产品的进一步发展，随着数字金融基金产品的规模扩张，其收益与银行间拆借市场、回购市场、债券市场资金面之间的关系将表现得越来越密切。

数字金融基金产品作为商业银行的交易对手进行债券交易，存在的流动性风险期限错配问题，会使商业银行体系显得非常脆弱，一旦投资人大

① 参照中国债券市场信息网中的金融债指数、企业债指数、国债指数的走势变化得出。

量赎回基金，就会造成银行间货币市场和银行间债券市场陷入绝境。2014年随着数字金融的快速发展，尤其是各种互联网金融公司推出了越来越多的数字理财工具，导致投资人不断从余额宝抽离资金，随即与天弘基金合作的余额宝的赎回份额不断上升，尤其是在 2014 年第三季度，余额宝的赎回量远远超出了申购量[①]，数字金融基金产品的风险传导到银行间货币市场和银行间债券市场。如果货币市场过度依赖数字金融基金产品市场，那么货币市场的流动性资产供求机制就会发生扭曲，商业银行又对流动性资产的需求具有一定刚性，如果短期内出现投资人大规模地赎回请求，货币市场流动性资产就会大幅度地萎缩，当市场进入刚性流动性需求区域内，同业存款利率就会快速上升，反映为货币市场利率在短时间内很容易急速飙升，即出现“钱荒”现象，并且这种大规模的异常交易赎回过程，会使数字金融基金产品的流动性问题传染到货币市场，再引起连锁性的恶性循环。

数字金融货币基金产品主要投放于银行间同业存款（通常为 1 年以内的银行定期存款）和债券市场，因此数字金融基金产品的收益会受到银行间同业市场和债券市场的利率波动影响，其中银行间同业市场包括拆借市场、质押式回购市场和买断式回购市场。数字金融基金产品的投资策略一般是组合投资，例如：①根据各类资产的收益率和流动性，采取资产配置策略；②根据短期利率，调整投资组合久期，如果利率下降，则增持收益较高的长期债券，此为久期策略；③当回购利率降低时，采用正回购操作，融入资金，此为依据银行回购利率而进行的回购策略；④依据利率波动和基金产品的申购赎回需求而采用的现金管理策略。通过以上数字金融基金产品的投资策略可以发现，数字金融基金产品的收益与短期银行间利率市场变化有很大的关系，而它们之间的这种传染关联性很值得我们去深入研究。

① 依据天弘基金在 2013 年、2014 年的申购量和赎回量情况比较发现。

5.3.2 数字金融与银行间市场的传染关联存在性分析

数字金融基金产品高收益的背景是利率的不完全市场化，而如果利率完全市场化，那么数字金融基金产品的高收益将不复存在，基金产品也将会被大量赎回，因此探究利率市场与数字金融基金产品之间的互动关系至关重要。银行间利率市场的变化代表着整体的资金面变化，短期利率的抬升，意味着货币流动性短缺，市场利率的波动就会与数字金融基金产品之间产生传染关联性。本节在分析这种关联性时，也加入了存贷款利差因素，同时考察存贷款利差与数字金融基金产品之间是否有关联性。

5.3.2.1 数据描述

关于数字金融基金产品变量，本节选取余额宝的 7 日年化收益率，数据来自天弘基金网。银行间市场利率变量，笔者主要采纳隔夜 Shibor，买断式回购利率和质押式回购利率。数据主要来自 Wind 数据库、中国货币网。存贷款利差，这里指金融机构人民币 6 个月到 1 年期的贷款利率与 1 年期的存款利率之差，存贷款利差越小则表明利率市场化程度越高。数据来自 Wind 数据库。样本选择时间为 2013 年 1 月至 2016 年 12 月。图 5-9 为数字金融基金产品收益率、隔夜 Shibor、买断式和质押式回购利率的变化趋势。从图 5-9 中可以看出，在整个样本区间内，数字金融基金产品的收益率随着隔夜 Shibor、买断式和质押式回购利率的上升而抬高，数字金融基金产品利用货币市场流动性的信号，在与商业银行资金交易的议价过程中居于上位，这正是数字金融基金产品在货币市场套利的表现，数字金融基金产品在跨市场交易利差中获得了巨大的利益。

表 5-19 为我们选取变量数据的描述特征。从均值水平来看，数字金融基金产品的收益率最高，存贷款利差的均值最低，银行间 3 个子市场的利率居中，说明监管套利造成数字金融基金产品确实优于货币市场的常规利率，从标准差来看，买断式回购利率波动最为明显，其次是质押式回购利率，而存贷款利差的波动趋势最弱。

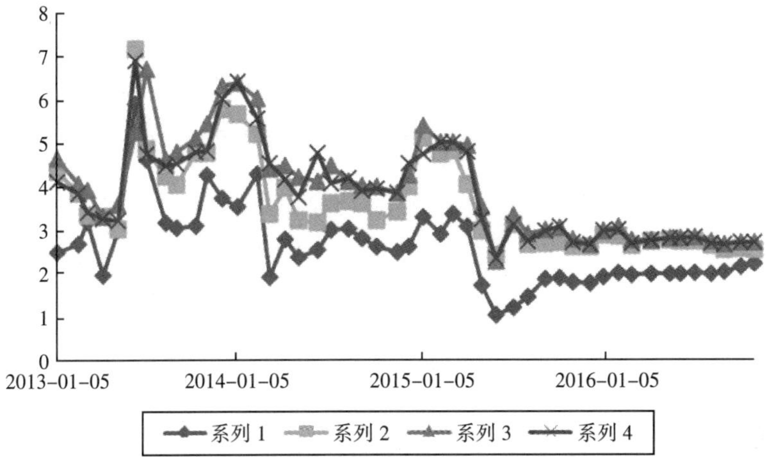

图 5-9 数字金融基金产品收益率、隔夜 Shibor、买断式和质押式回购利率变化

注：系列 1 为隔夜 Shibor，系列 2 为买断式回购利率，系列 3 为质押式回购利率，系列 4 为数字金融基金产品收益率。

表 5-19 变量描述性分析

	最大值	最小值	均值	标准差	JB 值
收益率（rr）	9.232	2.160	5.337	0.621	42.173
利差（lc）	4.876	1.119	2.310	0.122	0.684
Shibor（sh）	5.208	2.173	3.472	1.183	132.14
买断式（md）	6.002	1.987	3.945	1.452	287.09
质押式（zy）	4.671	1.665	3.103	1.216	326.51

接着笔者对几个变量进行格兰杰（Granger）因果关系检验，如表 5-20 所示。从表 5-20 中可以看出，存贷款利差与数字金融基金产品收益率之间均不构成相互格兰杰因果关系，说明存贷款利差不会引起数字金融基金产品收益率的变化，数字金融基金产品也不会引起存贷款利差的变化。而银行间 3 个子市场利率与数字金融基金产品收益率均存在格兰杰因果关系，反之也存在，这表明银行间拆借市场、质押式回购市场、买断式回购市场均会对数字金融基金产品收益产生影响，数字金融基金产品收益率对这 3 个银行间子市场也会产生传导作用，即银行间子市场利率信息与数字

金融基金产品收益之间存在传染关联性。

表 5-20 格兰杰因果关系检验结果

	原假设	Chi-sq	P 值	结论
收益率与存贷款利差	rr 不是 lc 的 Granger 原因	2.367	0.184	同意原假设
	lc 不是 rr 的 Granger 原因	0.315	0.631	同意原假设
收益率、存贷款利差分别与质押式利率	rr 不是 zy 的 Granger 原因	1.894	0.015	拒绝原假设
	zy 不是 rr 的 Granger 原因	3.276	0.021	拒绝原假设
	lc 不是 zy 的 Granger 原因	10.894	0.000	同意原假设
	zy 不是 lc 的 Granger 原因	0.007	0.963	同意原假设
收益率、存贷款利差分别与买断式利率	rr 不是 md 的 Granger 原因	0.482	0.038	拒绝原假设
	md 不是 rr 的 Granger 原因	0.856	0.029	拒绝原假设
	lc 不是 md 的 Granger 原因	0.003	0.485	同意原假设
	md 不是 lc 的 Granger 原因	0.241	0.628	同意原假设
收益率、存贷款利差分别与同业拆借利率	rr 不是 sh 的 Granger 原因	2.154	0.008	拒绝原假设
	sh 不是 rr 的 Granger 原因	1.062	0.016	拒绝原假设
	lc 不是 sh 的 Granger 原因	1.763	0.464	同意原假设
	sh 不是 lc 的 Granger 原因	5.218	2.112	同意原假设

5.3.2.2 实证过程分析

在研究一个市场对另一市场的影响时，借鉴周晖（2010）采用 MGARCH-BEKK 模型做法，分析数字金融基金产品收益与银行间子市场之间的传染关系。设定 j=1，2，3，当 j=1 时，y_{1t} 为数字金融基金产品的收益；当 j=2 时，y_{2t} 为银行间子市场利率；当 j=3 时，y_{3t} 为存贷款利差，对原始数据取自然对数，并做一阶差分处理，消除异方差。然后通过对各个变量进行 ADF 检验我们发现，在 10%的置信水平下，各个变量均平稳，接着确定 GARCH 条件均值模型如式（5-9）所示。

$$\begin{cases} y_{1t} = \alpha + \sum_{1}^{i} \delta_i y_{1t-i} + \sum_{1}^{i} \beta_i \eta_{1t-i} + \gamma_1 y_{2t} + \lambda_1 y_{3t} + \varepsilon_{1t} \\ y_{2t} = \alpha + \sum_{1}^{i} \delta_i y_{2t-i} + \sum_{1}^{i} \beta_i \eta_{2t-i} + \gamma_2 y_{1t} + \lambda_2 y_{3t} + \varepsilon_{2t} \\ y_{3t} = \alpha + \sum_{1}^{i} \delta_i y_{3t-i} + \sum_{1}^{i} \beta_i \eta_{3t-i} + \gamma_3 y_{1t} + \lambda_3 y_{2t} + \varepsilon_{3t} \end{cases} \tag{5-9}$$

其中，i 为滞后期，由于 MGARCH-BEKK 模型数据为该条件均值模型的残差项，这里采用 Winrats7 软件估计 BEKK 模型的相关参数，在上述模型中，如果 γ 和 λ 显著，则表明自变量对因变量产生一定的效果，基于 AIC 和 HQC 准则检验表明，最优滞后阶数为 1，同时滞后一阶的 GARCH 模型对时间序列具有更好的解释效果，故这里我们选择三变量对角 BEKK（1，1，1）模型，将上式简化为：

$$\begin{cases} y_{1t} = \alpha + \delta y_{1t-1} + \beta \eta_{1t-1} + \gamma y_{2t} + \lambda y_{3t} + \varepsilon_{1t} \\ y_{2t} = \alpha + \delta y_{2t-1} + \beta \eta_{2t-1} + \gamma y_{1t} + \lambda y_{3t} + \varepsilon_{2t} \\ y_{3t} = \alpha + \delta y_{3t-1} + \beta \eta_{3t-1} + \gamma y_{1t} + \lambda y_{2t} + \varepsilon_{3t} \end{cases} \tag{5-10}$$

方程 1，$y_{1t} = \alpha + \delta y_{1t-1} + \beta \eta_{1t-1} + \gamma y_{2t} + \lambda y_{3t} + \varepsilon_{1t}$；

方程 2，$y_{2t} = \alpha + \delta y_{2t-1} + \beta \eta_{2t-1} + \gamma y_{1t} + \lambda y_{3t} + \varepsilon_{2t}$；

方程 3，$y_{3t} = \alpha + \delta y_{3t-1} + \beta \eta_{3t-1} + \gamma y_{1t} + \lambda y_{2t} + \varepsilon_{3t}$。

那么三元 MGARCH-BEKK 模型的具体形式可以表示为：

$$\begin{bmatrix} \sigma_{11t} & \sigma_{12t} & \sigma_{13t} \\ \sigma_{21t} & \sigma_{22t} & \sigma_{23t} \\ \sigma_{31t} & \sigma_{32t} & \sigma_{33t} \end{bmatrix} = \begin{bmatrix} \omega_{11} & 0 & 0 \\ \omega_{21} & \omega_{22} & 0 \\ \omega_{31} & \omega_{32} & \omega_{33} \end{bmatrix}^T \begin{bmatrix} \omega_{11} & 0 & 0 \\ \omega_{21} & \omega_{22} & 0 \\ \omega_{31} & \omega_{32} & \omega_{33} \end{bmatrix} + \begin{bmatrix} a_{11} & a_{12} & a_{13} \\ a_{21} & a_{22} & a_{23} \\ a_{31} & a_{32} & a_{33} \end{bmatrix}^T$$

$$\begin{bmatrix} \mu_{1t-1}^2 & \mu_{1t-1}\mu_{2t-1} & \mu_{1t-1}\mu_{3t-1} \\ \mu_{2t-1}\mu_{2t-1} & \mu_{2t-1}^2 & \mu_{1t-1}\mu_{2t-1} \\ \mu_{3t-1}\mu_{2t-1} & \mu_{1t-1}\mu_{2t-1} & \mu_{3t-1}^2 \end{bmatrix} \begin{bmatrix} a_{11} & a_{12} & a_{13} \\ a_{21} & a_{22} & a_{23} \\ a_{31} & a_{32} & a_{33} \end{bmatrix} + \begin{bmatrix} b_{11} & b_{12} & b_{13} \\ b_{21} & b_{22} & b_{23} \\ b_{31} & b_{32} & b_{33} \end{bmatrix}^T$$

$$\begin{bmatrix} \sigma_{11t-1} & \sigma_{12t-1} & \sigma_{13t-1} \\ \sigma_{21t-1} & \sigma_{22t-1} & \sigma_{23t-1} \\ \sigma_{31t-1} & \sigma_{32t-1} & \sigma_{33t-1} \end{bmatrix} \begin{bmatrix} b_{11} & b_{12} & b_{13} \\ b_{21} & b_{22} & b_{23} \\ b_{31} & b_{32} & b_{33} \end{bmatrix} \tag{5-11}$$

其中，σ_{ii} 为变量序列的条件方差，σ_{ij} 表示序列 i 和序列 j 的条件协方差，a_{ij} 和 b_{ij} 分别为矩阵 A 和矩阵 B 中的第（i，j）个元素，元素 a_{ij} 表示序列 i 对序列 j 影响的冲击程度，反映冲击的 ARCH 效应，元素 b_{ij} 表示序列 i 对序列 j 传导的持久性，反映冲击的 GARCH 效应，检验 a_{ij} 和 b_{ij} 的系数是否显著就可以考察两个变量序列传染关联性质，当然如果 $a_{ij}=b_{ij}=0$，则序列 i 与序列 j 之间不存在传导关联性。

依据式（5-10）估计数字金融基金产品收益、银行间子市场利率和存贷款利差之间的条件均值模型，结果如表 5-21 所示。从表 5-21 来看，在方程 1 的结果中，银行间子市场利率系数 γ 在 90%的置信水平上显著，银行间子市场利率对数字金融基金产品收益产生影响，而存贷款利差系数 λ 在估计中不显著，也就是说，存贷款利差并没有对数字金融基金产品收益产生影响。在方程 2 的结果中，数字金融基金产品收益的系数 γ 通过置信水平检验表现显著，数字金融基金产品收益对银行间子市场利率产生影响，而存贷款利差系数 λ 在估计中不显著，即存贷款利差并没有对银行间子市场利率产生影响。在方程 3 的结果中，银行间子市场利率系数 r 没有通过显著置信检验，数字金融基金产品收益的系数 γ 也没有通过显著置信检验，也就是说，银行间子市场利率和数字金融基金产品收益都对存贷款利差没有产生影响。

表 5-21　GARCH 均值方程估计结果

方程	因变量	自变量			
方程 1	因变量为 rr	zy	0.155（0.012）	lc	0.009（0.286）
		md	0.267（0.000）	lc	0.227（0.210）
		sh	0.049（0.001）	lc	0.189（0.125）
方程 2	因变量为 zy	rr	0.351（0.001）	lc	0.136（0.904）
	因变量为 md	rr	0.182（0.031）	lc	0.095（0.442）
	因变量为 sh	rr	0.201（0.032）	lc	0.017（0.409）
方程 3	因变量为 lc	zy	0.148（0.610）	rr	0.249（0.372）
		md	0.275（0.998）	rr	0.083（0.225）
		sh	0.037（0.245）	rr	0.005（0.891）

注：括号内为估计系数的 P 值。

在进行 GARCH 均值模型回归后，我们依据方程 1、方程 2、方程 3 进行 MGARCH-BEKK 模型系数矩阵的参数估计，结果如表 5-22 所示。从表 5-22 可以看出，在方程 1 的估计中，A21 均较为显著，表明银行间质押式回购市场、买断式回购市场、同业拆借市场利率与数字金融基金产品收益均具有明显的 ARCH 效应，即它们之间存在传染关联性；B21 也均为显著，意味着银行间子市场利率与数字金融基金产品收益之间具有明显的 GARCH 效应，即银行间子市场利率与数字金融基金产品收益之间的传染关联性是可持续的；而 A31 和 B31 均不显著，也就是说，存贷利差与数字金融基金产品收益之间不具有 ARCH 效应和 GARCH 效应，反映了存贷利差与数字金融基金产品收益之间没有传染关联性，更谈不上二者关系的持续性。在方程 2 的估计中，A21 和 B21 均较为显著，同样印证了数字金融基金产品收益与银行间子市场利率之间具有 ARCH 效应和 GARCH 效应，再次说明数字金融基金产品收益与银行间子市场利率之间存在传染关联性且是可持续的；而 A31 和 B31 的非显著性也表明了存贷利差与银行间子市场利率之间不存在传染关联性。在方程 3 的估计中，A21 和 B21、A31 和 B31 均不显著，表明存贷款利差与银行间子市场利率、数字金融基金产品收益之间都不具有 ARCH 效应和 GARCH 效应，也就意味着它们之间没有传染关联性。

表 5-22　基于 MGARCH-BEKK 模型的系数矩阵参数估计

	自变量 zy 和 lc			
方程 1 因变量为 rr	A21	A31	B21	B31
	0.495（0.000）	0.217（0.116）	0.173（0.001）	-0.229（0.184）
	自变量 md 和 lc			
方程 1 因变量为 rr	A21	A31	B21	B31
	0.852（0.018）	0.012（0.382）	0.067（0.002）	-0.108（0.283）
	自变量 sh 和 lc			
方程 1 因变量为 rr	A21	A31	B21	B31
	0.194（0.005）	0.193（0.371）	0.181（0.009）	-0.217（0.332）

续表

方程 2 因变量为 zy	自变量 rr 和 lc			
	A21	A31	B21	B31
	0.396（0.000）	0.142（0.263）	0.808（0.003）	0.155（0.320）
方程 2 因变量为 md	自变量 rr 和 lc			
	A21	A31	B21	B31
	0.226（0.013）	0.304（0.331）	0.745（0.000）	0.163（0.119）
方程 2 因变量为 sh	自变量 rr 和 lc			
	A21	A31	B21	B31
	0.411（0.004）	0.179（0.122）	-0.048（0.000）	-0.166（0.143）
方程 3 因变量为 lc	自变量 zy 和 rr			
	A21	A31	B21	B31
	0.411（0.201）	0.194（0.265）	0.713（0.182）	0.121（0.241）
方程 3 因变量为 lc	自变量 md 和 rr			
	A21	A31	B21	B31
	0.367（0.116）	0.182（0.213）	0.701（0.143）	0.014（0.253）
方程 3 因变量为 lc	自变量 sh 和 rr			
	A21	A31	B21	B31
	0.138（0.122）	0.215（0.207）	0.664（0.270）	0.003（0.112）

注：括号内为 P 值。

由表 5-22 可知，银行间质押式回购市场、买断式回购市场、同业拆借市场与数字金融基金产品收益之间具有传染关联性，并且是可持续的，而存贷款利差与这二者之间不具有可持续的传染关联性。结合前面 GARCH 均值、MGARCH-BEKK 模型可以认为，银行间质押式回购市场、买断式回购市场、同业拆借市场与数字金融基金产品收益之间存在传染关联性，并且数字金融基金产品收益受银行间质押式回购市场、买断式回购市场、同业拆借市场的传染影响更为突出。而存贷利差对银行间子市场、数字金融基金产品收益都不具有传染关联性。

5.3.3　数字金融与银行间市场的传染关联特征分析

数字金融基金产品与银行间子市场之间存在传染关联性，那么这种关联性能够持续多久，未来走势如何，也是需要我们进一步深入探讨的，本节主要通过构建数字金融基金产品的 Logit 模型，并绘制数字金融基金产品的收益波动预期曲线，进而反映其与银行间子市场之间传染关联性变化的强弱走势情况。

5.3.3.1　有关变量设定

已有多位学者对 Logit 模型中因变量如何构建提出过自己的观点，参考前人研究，这里借鉴经典货币危机压力指数的做法，构建数字金融基金产品的收益波动指数（ev），则：

$$ev=\rho_1\left[\frac{rr_{1t}-rr_{1t-1}}{rr_{1t-1}}\right]+\cdots+\rho_n\left[\frac{rr_{nt}-rr_{nt-1}}{rr_{nt-1}}\right]+\rho_{n+1}\left[\frac{X_t-X_{t-1}}{X_{t-1}}\right] \tag{5-12}$$

其中，ρ_i 为收益波动标准差的倒数，$\rho_i=\dfrac{1/\sigma_i}{\sum 1/\sigma_i}$，$\sigma_i$ 为收益波动的标准差，$\dfrac{rr_{nt}-rr_{nt-1}}{rr_{nt-1}}$为收益波动指数（ev）的核心组成部分，即数字金融基金产品的收益波动的变化率。然后根据公式计算收益波动指数（ev），从图 5-10 中可以看出，数字金融基金产品的收益波动指数绝对值越大，收益

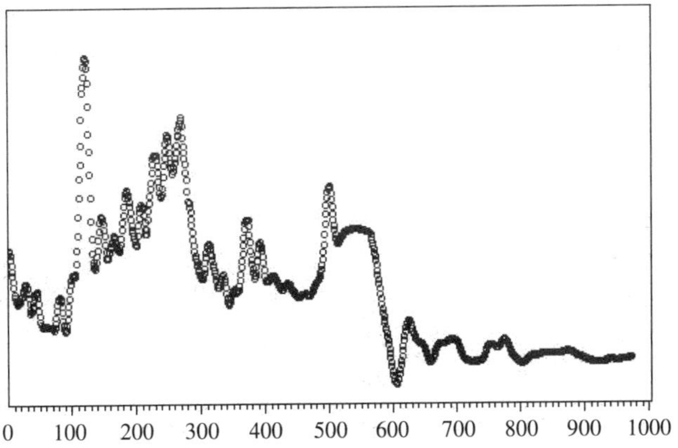

图 5-10　收益波动指数（ev）变化

波动的幅度也就越显著。从其历史值来看，数字金融基金产品在 2013 年、2014 年波动指数的绝对值和波动幅度较为突出，这也体现了当时数字金融发展正处于快速膨胀期，数字金融基金产品的投资策略和风险偏好差异较大，而到了 2015 年、2016 年数字金融基金产品收益的波动指数和波动幅度就明显有所缓和。

运用 Logit 模型分析时，因变量为数字金融基金产品收益波动，需要用虚拟变量 0 和 1 来表示，因此应该做虚拟变量处理。首先是确认收益波动事件，本书的定义是：

$$M_{1,t}=\begin{cases}1, & ev\geqslant \bar{e}v+\sigma\\0, & ev<\bar{e}v+\sigma\end{cases}\tag{5-13}$$

其中，$M_{1,t}$ 为虚拟变量，反映收益波动事件在第 t 期是否发生，$\bar{e}v$ 为均值，σ 为收益波动事件的标准差。也就是说，若收益波动事件在第 t 期发生，那么第 t+1、第 t、第 t−1 期为事件的爆发期，这时候 $G_{1,t}=1$，而在第 t 期的 1 个工作日之前和第 t 期的 1 个工作日之后的时间段里，$G_{1,t}=0$。则有：

$$G_{1,t}=\begin{cases}1, & M_{1,t+k}=1,\ k=-1,\ 0,\ 1\\0\end{cases}\tag{5-14}$$

根据设定的收益波动事件，可以看出样本期内收益波动指数突破临界值的状况，如图 5-11 所示。

图 5-11　收益波动预期信号

实质上，银行间货币市场的资金面短缺会对数字金融基金产品收益波动产生一定影响，这在上一小节中也有所证实，两者之间的这种关联性也在图 5-11 中有所体现。关于银行间子市场的指标选取，笔者做了如下选择，主要包括银行间回购市场的 4 个指标：隔夜质押式回购利率（zy1）、7 天质押式回购利率（zy7）、隔夜买断式回购利率（md1）、7 天买断式回购利率（md7）。银行间同业拆借市场的 3 个指标：隔夜拆借利率（sh1）、7 天拆借利率（sh7）、1 个月拆借利率（sh30）。银行间债券市场指数的 3 个指标：国债指数（gz）、金融债指数（jz）、企业债指数（qz）。通过选取以上这些指标，银行间同业拆借市场利率、银行间质押式回购利率、买断式回购市场利率、银行间债券市场指数可基于这些指标在短时期内的波动，反映市场波动的剧烈状况和资金面供给情况。这些数据主要来自 Wind 数据库、中国货币网、债券信息网、天弘基金公司官网，样本选取范围为 2013 年 1 月至 2016 年 12 月。

接下来对这些变量与数字金融基金产品收益之间进行格兰杰因果关系检验，根据检验的显著性，再选择变量，由于债券指数的原始值太大，因此需要做自然对数处理，这样可以减少异方差，同时提前对这些数据进行差分处理再做单位根检验，发现处理后的数据均为一阶单整序列，格兰杰因果关系检验结果如表 5-23 所示。结果发现，在 10%的置信水平上，银行间质押式回购利率、买断式回购利率、拆借市场利率和债券指数对数字金融基金产品收益均产生了单向的因果关系。接下来，采用这 10 个指标作为 Logit 模型的自变量进行实证分析。

表 5-23　格兰杰因果关系检验

	原假设	Chi-sq	P 值	结论
质押式与收益波动	zy1 不是 ev 的 Granger 原因	2.367	0.005	拒绝原假设
	ev 不是 zy1 的 Granger 原因	3.480	0.184	同意原假设
	zy7 不是 ev 的 Granger 原因	4.115	0.011	拒绝原假设
	ev 不是 zy7 的 Granger 原因	3.219	0.210	同意原假设

续表

	原假设	Chi-sq	P 值	结论
买断式与收益波动	md1 不是 ev 的 Granger 原因	4.023	0.002	拒绝原假设
	ev 不是 md1 的 Granger 原因	3.124	0.172	同意原假设
	md7 不是 ev 的 Granger 原因	5.225	0.003	拒绝原假设
	ev 不是 md7 的 Granger 原因	6.207	0.212	同意原假设
同业拆借与收益波动	sh1 不是 ev 的 Granger 原因	4.544	0.001	拒绝原假设
	ev 不是 sh1 的 Granger 原因	4.390	0.164	同意原假设
	sh7 不是 ev 的 Granger 原因	5.312	0.002	拒绝原假设
	ev 不是 sh7 的 Granger 原因	6.803	0.192	同意原假设
	sh30 不是 ev 的 Granger 原因	3.677	0.001	拒绝原假设
	ev 不是 sh30 的 Granger 原因	4.215	0.215	同意原假设
债券指数与收益波动	gz 不是 ev 的 Granger 原因	3.334	0.004	拒绝原假设
	ev 不是 gz 的 Granger 原因	5.010	0.163	同意原假设
	jz 不是 ev 的 Granger 原因	5.278	0.000	拒绝原假设
	ev 不是 jz 的 Granger 原因	4.949	0.211	同意原假设
	qz 不是 ev 的 Granger 原因	4.261	0.007	拒绝原假设
	ev 不是 qz 的 Granger 原因	3.809	0.199	同意原假设

5.3.3.2 二元 Logit 模型分析

下面是实证研究，采用的 Logit 模型如下：

$$G=\alpha_0+\alpha_1 x_1+\alpha_2 x_2+\alpha_3 x_3+\varepsilon \quad (5\text{-}15)$$

其中，G 为因变量，代表数字金融基金产品收益，x_1、x_2、x_3 分别为自变量，依据 AIC 准则确定滞后期。由于银行间各个子市场与数字金融基金产品收益波动之间的传染关联性具有很大差异，因此本书对各个子市场分别进行回归估计。

首先，银行间回购市场包括质押式回购市场和买断式回购市场，笔者将隔夜质押式回购利率、7 天质押式回购利率、隔夜买断式回购利率、7 天买断式回购利率 4 个利率放在一起进行回归，估计结果如表 5-24 所示。

表 5-24　银行间回购市场利率与数字金融基金产品收益波动关系估计

变量	系数	标准误差	Z 统计量	P 值
常数	-13.226	4.378	-2.364	0.006
zy1	3.167	1.269	2.117	0.021
zy7	0.235	0.761	0.698	0.529
md1	2.074	1.221	2.784	0.019
md7	1.533	1.021	2.063	0.418
LR stat［P（LR）］	21.325（0.0013）		McFadden R^2	0.370
因变量个数	0 变量有 736 个，1 变量有 233 个		变量合计	969

从表 5-24 可以看出，在统计意义上 7 天质押式回购利率和 7 天买断式回购利率并不显著，说明这两个变量的相关性较低，对模型的解释能力下降；而隔夜质押式回购利率和隔夜买断式回购利率的 Z 统计量值较大且 P 值较小，说明隔夜质押式回购利率和隔夜买断式回购利率对数字金融基金产品的传染作用明显。LR 值为 21.325，相应的 P 值为 0.0013，说明模型整体上是显著的，McFadden R^2 值为 0.370，表明拟合程度良好。根据输出结果本书写出方程的估计情况如下：

$$G = -13.226 + 3.167zy1 + 0.235zy7 + 2.074md1 + 1.533md7 \quad (5-16)$$

Z 统计量=（-2.364）（2.117）　（0.698）　（2.784）　（2.063）

另外，我们在模型回归的基础上进行预测，如图 5-12 所示，可以发

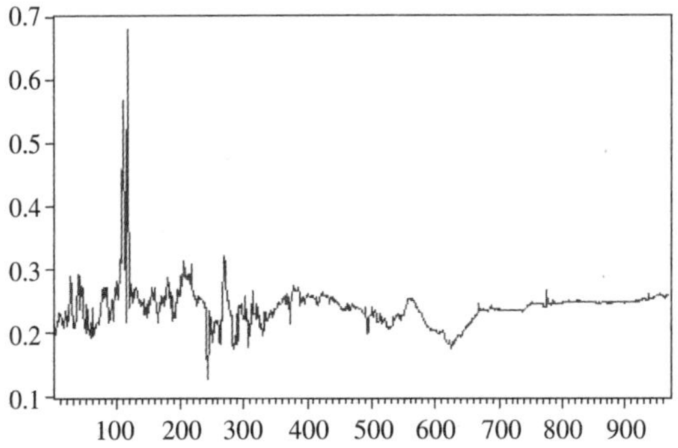

图 5-12　银行间回购市场引起数字金融基金产品收益波动的预期曲线

现，随着银行间回购市场利率流动性的缓和，数字金融基金产品的收益波动预期也逐渐平稳，说明银行间回购市场对数字金融基金产品收益波动的传染关联作用逐步削弱。

其次，银行间同业拆借市场利率主要包括隔夜 Shibor 利率、7 天 Shibor 利率、30 天 Shibor 利率，作为一个重要的银行间货币子市场，同业拆借利率与数字金融基金产品收益波动之间的传染关联性具有突出作用，把这 3 个利率放在一起采用式（5-16）得到的 Logit 模型估计结果如表 5-25 所示。

表 5-25　银行间同业拆借市场与数字金融基金产品收益波动之间的关系估计

变量	系数	标准误差	Z 统计量	P 值
常数	-10.783	3.229	-1.890	0.009
sh1	-5.301	2.101	-3.228	0.005
sh7	3.648	1.220	2.443	0.011
sh30	4.262	2.119	1.895	0.427
LR stat［P（LR）］	14.310（0.0006）		McFadden R^2	0.296
因变量个数	0 变量有 737 个，1 变量有 233 个		变量合计	970

从表 5-25 可以看出，在统计意义上，30 天 Shibor 利率并没有通过显著性检验，其对模型的解释力不够，隔夜 Shibor 利率和 7 天 Shibor 利率的 Z 统计量值较大且 P 值较小，意味着隔夜 Shibor 利率和 7 天 Shibor 利率对数字金融基金产品的传染关联作用明显。LR 值为 14.310，相应 P 值为 0.0006，说明模型整体上是显著的，McFadden R^2 值为 0.296，表明模型拟合度不错。根据输出结果本书写出如下方程：

$$G = -10.783 - 5.301sh1 + 3.648sh7 + 4.262sh30 \tag{5-17}$$

Z 统计量=（-1.890）（-3.228）（2.443）　（1.895）

此外，本书在模型回归的基础上对数字金融基金产品收益波动进行预测，如图 5-13 所示，预测信号略有波动，但都在较短的时间内恢复平衡，也就是说，银行间同业拆借市场与数字金融基金产品收益之间的传染关联性呈现减弱的趋势。

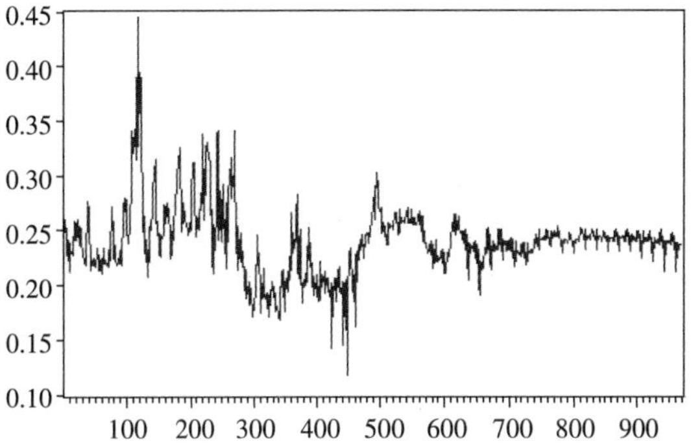

图 5-13　银行间同业拆借市场引起数字金融基金产品收益波动的预期曲线

最后，银行间债券市场指标包括国债指数（gz）、金融债指数（jz）、企业债指数（qz）变量，把这 3 个指数放在一起采用式（5-15）得到与数字金融基金产品收益波动的 Logit 模型估计结果，如表 5-26 所示。

表 5-26　银行间同业拆借市场与数字金融基金产品收益波动关系的估计

变量	系数	标准误差	Z 统计量	P 值
常数	-4.215	0.933	-5.118	0.000
gz	2.773	0.763	3.894	0.022
jz	2.146	0.538	1.437	0.018
qz	-1.331	0.362	-1.279	0.013
LR stat［P（LR）］	17.326（0.0013）		McFadden R^2	0.274
因变量个数	0 变量有 737 个，1 变量有 233 个		变量合计	970

从表 5-26 可以看出，在统计意义上，国债指数（gz）、金融债指数（jz）、企业债指数 qz 变量均通过显著性检验，对模型的解释力也不错，表明国债指数、金融债指数、企业债指数变量对数字金融基金产品收益波动都具有明显的传染关联效果。LR 值为 17.326，相应 P 值为 0.0013，意味着模型整体上是显著的，McFadden R^2 值为 0.274，反映模型拟合度不错。根据输出结果本书写出方程如下：

$$G = -4.215 + 2.773gz + 2.146jz - 1.331qz \tag{5-18}$$

Z 统计量=（-5.118）（3. 894）（1.437）（-1.279）

同样本书在模型回归的基础上对数字金融基金产品收益波动进行预测，如图 5-14 所示，由数字金融基金产品收益波动预测曲线可知，在样本区间内，银行间债券指数与数字金融基金产品收益之间具有一定的传染关联性，只是这种影响关系基本保持稳定。实际上，数字金融基金产品利用监管套利空间，作为银行间债券市场的交易成员，其通过债券交易行为来维持基金产品的高收益，从而保证在收益方面具有吸引力。

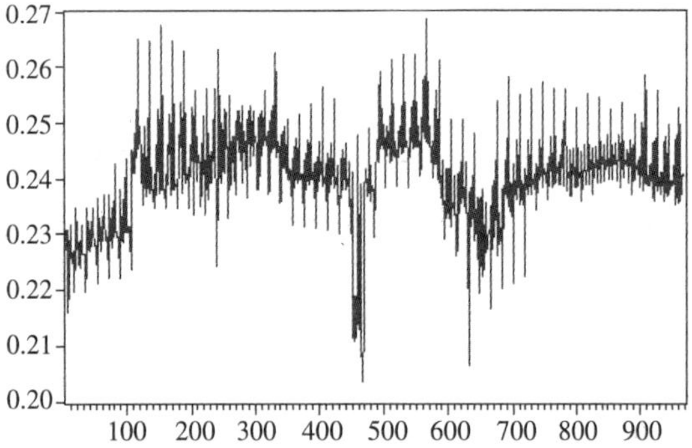

图 5-14　银行间债券市场引起数字金融基金产品收益波动的预期曲线

5.3.4　结论

MGARCH-BEKK 模型分析表明，银行间质押式回购市场、买断式回购市场、同业拆借市场与数字金融基金产品收益之间存在双向传导因果关系，也就是说它们之间具备传染关联性，并且这种传染关联性具有持续性。此外，数字金融基金产品收益受银行间 3 个子市场的传染关联影响更为突出一些。存贷利差对银行间质押式回购市场、买断式回购市场、同业拆借市场以及数字金融基金产品收益都不具有传染关联性。结合二元 Logit 模型分析发现，银行间质押式回购市场、买断式回购市场、同业拆借市场、债券市场与数字金融基金产品收益波动预期之间具有单向的格兰杰因果关系，通过数字金融基金产品收益波动预期曲线发现，银行间质押式回购市场、买断式回购市场、同业拆借市场、债券市场对数字金融基金产品收益波动产生的传染关联性在逐渐减弱。这种传染关联性的不断减弱也是有原因的，首先，银行间子市场利率反映的是流动性紧缺问题，融资链条会先在商业银行体系内部传导，随后才考虑借用影子银行的货币，当然随着商业银行的市场化进程加速，市场交易也会进一步完善。其次，数字金融正在以迅猛之势对传统银行市场构成威胁，数字金融基金产品规模剧增，拉高了商业银行与数字金融基金的协议存款利率，高成本的融资使得银行业市场向数字金融基金领域的融资意愿降低。最后，随着互联网金融的大举创新，商业银行和货币基金合作模式下自身的货币基金产品规模和种类也会大幅提升，无形中也减少了融资过程中选择数字金融基金产品的途径。

第6章　数字金融行业的风险及异化分析

6.1　数字金融行业面临的风险

6.1.1　数字金融的风险成因

数字金融结合了互联网和金融的各种特性，不仅面临着传统金融体系的风险，还要面对互联网特有的信息技术安全风险等，另外，数字金融领域的法律法规不够健全，所以数字金融还面临法律风险。

风险成因主要有：①数字金融缺乏规范的技术标准。虽然数字金融得以快速发展，但目前还没有相匹配的规范技术标准，使用户的操作安全系数降低，衍生出了数字金融的风险漏洞。②数字金融无法适应传统金融监管制度。数字金融模式创新能力强，传统金融的分业监管无法适应，数字金融需要混业监管。统一平台上提供不同的金融服务，如果分业监管，可能会导致监管缺失，所以行业内风险加剧。③数字金融行业法规不健全。数字金融发展时间较短，传统金融的法律还不能完全照搬过来施加于数字金融行业，许多数字金融企业为了一己私利频繁采取跨越红线的过激行为，这就增加了行业的风险性。

6.1.2 数字金融的风险类型

通过归类，数字金融的风险有：操作风险、信息安全风险、技术风险、信用风险、业务运营风险、法律信誉风险、其他风险等。

（1）操作风险。巴塞尔银行监管委员会将操作风险定义为：由于内部系统软件不完备、外部操作所造成的损失风险。①创新支付方式风险。动态密码是目前常用的身份认证方式，手机移动支付缺少 U 盾接口，消费者往往风险防范意识薄弱，缺乏对密码认证的安全防范环节。②业务关联性风险。数字金融的风险来源是多方面的，可能是自身操作，也可能是业务相关的金融机构，主要在于关联业务越来越多，交叉感染的风险就会增大。③交易主体操作风险。有些消费者并不了解数字金融的某些业务操作方式，在进行支付结算时，很容易重复操作，或者是在公共 Wi-Fi 场合下进行资金转移，不法分子就可能会对消费者的账户进行拦截或篡改。

数字金融网络化水平较高，技术人员一旦操作不当，都会引起黑客进行攻击，造成系统瘫痪，影响用户资金安全，尤其是在第三方支付方面。例如第三方支付业务，用户的账号和密码验证都是在线完成的，必须通过开放式的网络实现，加密不够牢固的话，指令传输很可能会被违法人员截取，从而入侵用户账号。

（2）信息安全风险。①黑客攻击风险。黑客的成长与发展目前已经成为一定规模的产业链，运用专业的工具发掘漏洞，同时，越来越多的非法分子也开始通过邮件、微信方式来套取客户的银行卡信息，窃取用户银行卡账号中的资金，尤其是手机用户，诈骗者植入手机用户的病毒拦截支付宝信息，获取用户的支付密码，从而盗取资金。②木马病毒。一旦网络遭遇木马病毒，用户录入信息都会被监控，随着支付方式的多样化，支付宝和微信的二维码支付也会变种病毒，代表性的有病毒二维码，如盗信僵尸和伪淘宝，并将相关的二维码图片放到各大论坛或购物网站以打折的方式诱骗用户下载。③网络钓鱼诈骗。通常是设计一个与目标网站相似的虚假网站，连网址都很相似，一般的客户很难发现二者之间的细微差别，消费者将自己的个人信息登记在这个虚假网站后，不法分子就会记录如银行卡号、身份证号、密码等信息，从而盗取用户资金。

（3）技术风险。①技术选择风险。一是技术陈旧落后。数字金融企业如果选择的技术方案落后，那么将会导致业务流程不畅，影响用户体验，降低用户参与的概率。二是系统信息传输效率低下。如果技术系统和客户终端兼容性较差，就会影响传输效率。数字金融企业选择技术失误，不仅会流失自己的客户，还会失去市场拓展能力。②系统安全风险。电脑程序和软件安全与否将对数字金融的交易起到决定性作用，数字金融的系统性风险表现在：一是 TCP/IP 协议的安全性，互联网协议忽略了传输的安全性，信息加密程度不够，会导致信息被窥探或被截取，威胁用户资金。二是计算机病毒感染或主机服务器宕机，病毒会通过计算机传染整个网络，严重造成系统性风险、交易平台不稳定等问题。三是加密技术和密钥技术不完善，黑客就会对系统进行攻击，有的会攻击客户端。

（4）信用风险。①违约风险。目前传统金融体系有一套征信系统，而数字金融的公民征信系统还并不完善，数字金融体系内部的征信信息也不能互相共享，贷款者和平台的违约都会给投资者带来巨大的资金损失，违约风险在数字金融交易中最为明显，并且还没有对借款者违约的有效管理机制。②信息滥用风险。数字金融企业通过数据挖掘对用户进行金融业务的信用评估，那么对用户的信息使用是否得当就会造成信用风险，要想降低信息被滥用的风险，就要健全用户审核机制和完善风险评估指标体系。③欺诈风险。一方面来自企业内部，内部员工故意盗取用户资金，用未经授权的项目投资进行欺诈，严重影响企业的声誉。另一方面是数字金融平台自身承诺高收益而实际为非法集资骗取用户资金的欺诈行为。

另外，数字金融交易是在虚拟的互联网进行的，这增加了双方的身份、交易真实性确认的难度系数，交易双方存在信息不对称问题。①数字金融企业的信用风险。数字金融从业者利用信息不对称，瞒报信用评级和诱骗消费者投资，然后对资金用途进行作假，也不按照合同使用资金，最后形成“庞氏骗局”，像众筹平台筹集到的资金都由平台自己单独管理，没有任何第三方机构托管，所以一旦平台信用出了问题，就会给投资者造成不可挽回的损失。②来自资金需求方的信用风险。网络贷款往往是小额贷款，借款者经常无法提供抵押品，这就是资金需求方信用风险的主要原因，网络平台具有虚拟性，数字金融平台很难真正了解资金需求者的还款能力和还款意愿，借款人可以伪造自己的身份，提供虚假财产和收入证明，从而伪造自己的信用等级。另外，我国的信用评价机制并不完善，没有信用共享，在一家平台的违约记录，并不能够被其他平台发现，使得这些有违约记录的借款人可以轻而易举地在其他平台得到借款，极易造成巨大的信用风险。

（5）业务运营风险。①市场选择风险。数字金融平台的资产价格受市场价格波动而发生变化的风险就是市场风险，主要包括商品价格、利率、股票价格、汇率等。一方面数字金融的用户会对自己的信息进行一定的隐藏，平台又无法使用技术手段进行鉴别，另一方面用户如何选择平台也会导致用户的选择风险。②期限错配风险。数字金融的许多理财产品都用来投资创业，这些投资一般期限长、回报速度慢，数字金融平台往往会采取拆标处理，这会面临期限错配风险，影响到企业资金的流动性。③资金安全风险。数字金融投资人的资金总会沉淀一段时间，但持续累积的资金，缺少资金担保企业和资金流动管理机制，因此，平台就会吸收存款，这就会产生支付和资金安全的风险。④流动性风险。数字金融企业缺乏存款准备金、存款保险制度和风险资产拨备制度等，容易产生流动性风险。⑤关联性风险。数字金融企业一般会与担保企业、第三方支付企业、商业银行进行机构合作，不管是链条上的哪家企业出现问题，都会对数字金融企业造成关联性风险，而目前的数字金融企业又都缺乏专业的管理团队对合作机构进行跟踪管理。⑥利率风险。银行不同存款利率的变化必然会影响数字金融的发展，尤其对数字理财产品的影响较大，因为货币基金盈利主要依靠商业银行的利率差，市场利率的波动极有可能会给数字金融产品带来极大的风险。

（6）法律信誉风险。数字金融是全新的金融模式，过去的传统金融法规不适用，数字金融的模式更是复杂多变。①法律滞后风险。数字金融发展起步晚，扩散速度快，对应的法律更新慢，发展不健全。对于一些违法平台来讲，为了应对越来越激烈的市场竞争，吸引更多的客户，抢占市场份额，有些平台就开始向客户承诺资金保证措施，这就可能存在故意欺诈，引发网络交易纠纷，需要解决电子证据等一系列法律责任问题。数字金融需要良好的宏观环境和高度适应的法律规定。②监管缺位风险。目前的数字金融业务与传统金融业务有很多相同之处，但目前的监管可能还是“一行三会”在进行，简单出台的一些政策性文件，并没有相关细则，导致监管还不太明确。③经营主体资格风险。现在还没有专门针对数字金融的法律，一些数字金融服务商正游走于法律的边缘，例如有些数字金融经营者并没有业务经营许可证，不受证监会监管部门认可，不具有从事数字金融服务的资格和条件，也没有承担风险的能力，因此很多经营主体的合法性在法律层面上具有很大的争议。④洗钱套现风险。数字金融企业的金融服务都是在虚拟环境下进行的，具有一定的虚拟性，违法人员可以扮演交易双方的任何一方，购买或销售理财产品。平台如果没有建立客户身份识别和交易记录监控机制，就会引发网上的违法行为，例如洗钱、挪用公款套现等。⑤虚拟货币风险。虚拟货币打破了原来稳定的金融秩序，对我国的货币政策造成一定的冲击，一般认为虚拟货币和传统货币只能够单向兑付，即用法定货币购买虚拟货币，但是非法二级市场却突破了这种限制，构成了双向流通的实质。实际上，虚拟货币的发行机构不是金融机构，也不受金融监管机构的约束，实行不记名制，具有互联网的非真实性，其安全性备受质疑，不法分子会利用虚拟货币进行网络洗钱、反恐融资和网络赌博。⑥非法集资的风险。分为三大类：一是理财资金池模式。网络借贷平台根据资金需求者的要求设计出不同的理财产品，投资者对借款人和借款项目无须太多了解，只要认购自己的理财产品即可。还有的资金池模式是把投资者的资金放在一个平台账户内部，当资金池中的资金足够多时，再去寻找借款对象或合适的投资项目，这两种资金池模式都存在非法吸收公众存款的风险。二是不合格的借款人利用借款平台进行非法集资，一个人编造多个虚假借款人身份，发布多条虚假借款信息，骗取多个投资者的资金，然后借款人将借到的资金进行挪用，投到股票市场或房地产市场，有的甚至再高利贷借出，赚取利率差，这都构成了非法吸收公众存款罪。三是“庞氏骗局”。一些平台利用以高利率吸引投资人、拆东墙补西墙、借新钱还旧债的方式形成庞大的“庞氏骗局”。网贷平台把筹集到的资金用于生产经营或携款潜逃。

（7）其他风险。①外溢风险。数字金融对传统金融产生了不小冲击，大量理财产品分流了传统金融机构的客户，使得传统银行不断提高存款利率，数字金融对货币市场的风险外溢产生了负面影响。②认知风险。许多投资人对数字金融理财产品盲目投资，特别是只看到高收益的产品而忽略了其风险，因此数字金融用户要提高自己的认知度。③道德风险。数字金融的投资人只关注自身的收益，但是贷款者隐瞒自己的真实信息拿到贷款后跑路或违约，平台在获得大量融资后跑路，这些道德风险均在频繁地爆发。④信誉风险。数字金融平台的信誉风险主要是机构自身经营不善，疏于对平台的监管，安全防范措施不到位，造成向客户传递虚假信息导致客户经济损失的可能性。平台的负面评价有可能让平台失去信誉，系统故障或客户信息泄露会造成机构信誉受损，一旦平台提供的服务不能够满足客户的预期需求，客户对平台的不满就会在网络上传播，数字金融的信誉风险一旦形成，对平台的消极影响将是长久的。

6.1.3 数字金融的风险特征

数字金融本质是金融，不过是对金融的一种创新，数字金融不仅面临金融的风险，还面临互联网技术的风险，风险特征主要表现在以下方面：

（1）风险多样性。数字金融同时具有金融风险和互联网风险，而数字金融又包括多种模式，各个模式又有自己特有的风险。

（2）风险脆弱性。数字金融以网络技术为基础，网络黑客会对数字金融企业的平台进行攻击，风险是非常脆弱的。

（3）风险不可控性。数字金融企业的网络技术系统一旦受到网络攻击，风险很快就会扩散，不但会让整个系统瘫痪，而且借贷用户的资料也会被泄露。

（4）风险相关性。数字金融企业在发生风险，尤其是资金风险时，势必会对向它借款的担保企业和金融机构造成影响。

（5）风险监管复杂性。数字金融交易不受时间和地点限制，交易的不确定性和交易对象的模糊性使得风险监管变得异常困难和复杂。

此外，数字金融依托的互联网又具有技术性、虚拟性、开放性、共享性、创新性等特点，所以，数字金融风险还具有如下特点：

（1）扩散速度更快捷。数字金融具有强大的信息技术支持，信息传递没有时间和地区限制，但是高效的数据传输也意味着加快了金融风险扩散，即使是很小的风险也能够在金融市场快速传播。

（2）交叉传染更严重。数字金融是由多个网络节点交互联动和渗透的，不能像传统金融那样分业经营、特许经营，因此风险也从不同源头传开。数字金融本身与传统金融的结合以及自身的跨界经营，使得数字金融机构的业务风险相关性更加趋近，由于缺乏传统金融最后贷款人的风险保障机制，数字金融任意网络节点出现问题，都可能影响整个金融体系的稳定。

（3）危害影响更广泛。数字金融的消费者大多为小微企业和普通民众，长尾人群的风险意识普遍较低，不具有良好的风险识别能力，属于兼容发展中的弱势群体，资金借贷方本身又是传统金融机构无法覆盖的个体户、小微企业，用户本身极易出现不良借贷率，所以一旦数字金融发生系统性风险，容易引发群体事件。

（4）风险监管更困难。数字金融具有虚拟性和开放性，各种混业经营模式不受时间和空间的限制，交易时间短、速度快、频率高。各种信息不对称，让地方金融办难以掌握其实际状况，数字金融混业监管模式可能使原来的分业监管、机构监管方式难以采取实质性的监管措施。

6.1.4　数字金融风险的传导机制

6.1.4.1　数字金融风险的传导条件

（1）达到传导临界值。数字金融活动产生的风险并不一定会立刻传导，其首先会在内部积累和消化，只有超过了一定临界值时才会传导，临界值由数字金融机构本身的风险消化能力所决定，数字金融的风险向关系密切的经济主体传导。

（2）存在传导载体。联络数字金融各个交易主体的介质是资金链，交易主体也是传导载体，也与传统金融有业务往来，数字金融的风险也会通过这些交易主体传导到传统金融。

（3）具有传导对象。传导对象是参与活动并通过各个业务密切联系在一起的各个主体，数字金融风险首先会传导给这些有密切关联的参与主体，导致这些主体也感染这些风险。

6.1.4.2 数字金融风险的传导方式

（1）接触性传导。数字金融与传统金融和实体经济都存在业务往来，彼此之间还高度依赖，数字金融的风险必定会通过实体经济和传统金融的接触发生传导。

（2）非接触传导。数字金融的风险会导致社会心理预期变化，类似于社会恐慌心理，这种恐慌心理会迅速扩散，并迅速蔓延，影响到没有数字金融业务的社会主体的心理预期，进而加剧数字金融风险的蔓延。

6.1.4.3 数字金融风险的传导范围

（1）传统金融体系。数字金融的有些业务直接与传统金融对接，数字P2P 借贷中就有客户的资金是从银行借来的低成本资金，然后在数字 P2P平台上赚取利差，数字金融风险就很容易传导到传统金融体系。

（2）实体经济领域。数字金融与实体经济领域关联密切，例如数字P2P 借贷和数字众筹服务于小微企业的融资需求，数字支付为实体企业提供了结算服务。所以数字金融风险一定会影响到实体经济，并对其生产经营产生不利影响。

6.2 数字金融问题平台不断爆发的事实

2013 年 8 月，数字金融借贷平台“网赢天下”的投资人被告知无法提取现金，同年 9 月，该消息迅速传播，引起了投资者纷纷要求撤回投资，但均未成功，同年 10 月，“网赢天下”在仅仅运行了 4 个月后宣布倒闭，该公司吸收了 7.8 亿元资金。投资者之后纷纷向深圳公安局报案，涉案金额高达 1.68 亿元，被骗人数超过几千人。同期，现金贷、天力贷、互帮贷等平台都发生了逾期提现问题，各个平台的资金链陆续出现断裂。自数字金融模式传入我国以来，弥补了传统金融中的不足，得到了快速发展，但是行业内不断爆发的问题平台使得该行业陷入了巨大的信任危机。

6.2.1　数字金融问题平台的不规范行为分析

数字金融平台存在监管宽松、没有设置门槛、没有征信体系支撑等问题，这使得行业内的大量公司采取了不规范的手段和方式，造成了问题平台不断爆发。不规范行为表现有：

（1）提供虚假信息，赚取资金流入。一些平台为了在快速发展中占据优势，以较快的业绩吸引风投机构的注资，就将短期内扩大资产规模和提高自身平台的声誉作为经营战略，这样广泛散布虚假信息，投资人就会产生错误判断。

（2）建立自融平台，构建“庞氏骗局”。建立自融平台，就是指为了解决自身公司的资金短缺问题，自己成立一家数字金融借贷平台。一般有两种做法：一是通过高利率来吸引投资者，主要就是采用加息来提高收益率，这种超出常规的利率本身就有极大风险，但是部分短视的投资者会被高收益率所蒙蔽；二是将大额、长期借款标的拆分成期限短、金额小的标的。

（3）诈骗资金为主，回购套利为辅。目前倒闭的平台大多刚上线不久，运营时间普遍是在半年之内，由于目前行业没有门槛，诈骗的惩罚力度不强，部分平台就是以诈骗资金为目的而上线的。目前诈骗套路分为两个层次：①先利用类似秒标手段吸引投资者关注，平台吸引了足够的交易金额，就会以各种借口逾期提现或倒闭跑路。②一些平台在倒闭以后，利用“马甲”大量地五折以下收购被骗投资者的债权，而投资人为了使得自己的损失最小化，选择割肉出场，平台就可以低价收回自己卖出的高价债权。

（4）缺乏专业团队，风控力度较弱。数字金融行业普遍缺乏专业的风险管理技能，而平台的风险控制是金融机构的核心，数字金融以其多变性对该行业的人员风险控制能力提出了更高的要求，而大多平台为了追求效益，风控往往不是首要考虑的，为平台不断积累了本应回避的风险。

（5）中间账户自管，存在道德风险。大多数平台都没有把资金进行第三方托管，平台承担了大笔资金的风险集中状况，为资金挪用或携款潜逃提供了便利。

6.2.2 数字金融问题平台的三个维度分析

6.2.2.1 监管主体分析

首先，运作模式有隐患。数字金融在国外本来是信用中介模式，受中国社会环境的影响，发展成为小贷担保模式或债权转让模式，在这两种模式情况下，平台自身脱离了信用中介的定位，虽然短期内投资者快速增长，但是平台本身却有很大的隐患。和纯中介平台不一样，这两种模式涉及资金关系，容易形成非法集资，比如"资金池"或"庞氏骗局"，以及没有进入门槛，没有行业监管。数字金融模式目前并没有进入门槛，很多平台的创始人被高利润所吸引，盲目进入并进行高速扩张。另外，行业的发展没有监管，对投资者、借款者、平台各自的权利和义务没有明确法律规定，行业很容易走上不法之路。

6.2.2.2 借贷主体参与者分析

（1）投机心理和组团投资。平台的借款者大多是小微企业或个体，而近乎20%的高昂利息是这些企业所无法承受的，所以平台为了牟利可能会发布虚假标的。投机者其实也能看清楚这一事实，却还是被高收益率所蒙蔽，存有不接最后一棒的投机心理，这种投机心理就催生了不法平台的生长。个人投资者向平台投标获取收益，而组团投资是积少成多，类似于团购。但是部分平台就是由于资金大量撤离，平台承受不了挤兑的资金压力而倒闭，散户一般就是不断地跟随，组团投资一旦撤离，这些会员也会流失。

（2）借款人缺乏约束。目前借款人受到的制约较少，借款人在借款审核上很容易，没有完善的个人征信系统，各个平台为了盲目地扩大交易额，很多不具备借款资格和还款能力的人都能够借到资金，造成许多坏账，缺乏追偿机制，借款者的违约成本又很小，目前缺乏行业监管和相应的法律法规，就有天然的违约牟利动机，而投资者还没有有效手段去追偿。

6.2.2.3　平台交易方分析

（1）平台系统安全性差，部分平台只想谋取短期利益，平台的安全性和软件技术不过关，一旦受到黑客攻击很容易爆发风险。

（2）"庞氏骗局"，集资诈骗。有些平台通过发布短期的高利息标的，甚至是秒标，然后再用平台新投资者的资金对老投资者的债权进行还本付息，进行不停的资金轮转和积累，创始人再携款跑路。

（3）分拆真实标的后，资金链断裂。这类平台是将期限长、大额借款的真实标的拆分为金额较小、期限短的标的，但是由于借款金额和期限都有错配现象，当平台自有资金不足以支撑还款的现金流出时，就容易出现挤兑和资金链断裂。

（4）平台风控弱。高利率借贷本来就有很高的风险，但是大部分平台并没有很好的风控机制，对借款人和借款项目审核不严，导致平台积累了大量的次级贷款，大批借款人违约。

（5）自融平台实体公司经营效益不善。该类平台是为了解决幕后老板的实体公司的资金困境，即变相融资。这类公司所筹集资金的融资成本很高，背后老板又通常会把钱投在房地产等高风险行业，一旦实体经济的回报率出现问题，平台就会倒闭。

（6）单笔资金占平台交易额比例过大。平台发布较多大额超过自身风控水平的标的，一旦大标逾期或无法兑付，就会导致平台的资金链断裂。另外，平台的资金大多来自组团资金或个体大户，一旦他们撤资或提现，平台就会被立即掏空。

（7）关联平台。这些平台是一个老板管控多个平台，每个平台筹集的资金都层层上交至上级平台，平台创始人通过这种方式，用多个平台来吸收公众存款，搞集资诈骗。

6.2.3 数字金融问题平台的行业发展问题分析

（1）行业监管缺少法律依据。数字金融交易平台的职能包括信息发布、信用认定、法律手续和投资咨询等，平台从中收取服务费，不参与到借贷资金的实际经济效益当中。而实际上，数字金融平台的借款利率超过银行同类贷款利率的 4 倍情形，也就是俗称的高利贷，属于法律的灰色地带，目前还没有明确的法律法规对其进行约束。

（2）投资者维权存在困境。由于数字金融平台对投资者不需要进行审核，平台资金链断裂就会波及很多人，投资者在平台出现问题后，现在普遍是通过网络借贷大本营之类的各个组织合伙成立投资者维权集团进行商讨。通过报案和公安介入的方式，又会使平台的资金转移，投资者仍然不能获得追偿。

（3）行业发展脱离中介内涵。由于数字金融平台为了满足投资者提出的安全性要求都设定变相担保的条件，也就是想表明平台自身在承担风险，还有平台对投资者做出承诺，以平台先行垫付或购买坏账办法为投资者提供本息保障，这种小额担保其实已经超过了数字金融平台的合法经营范围。数字金融平台的此类业务并不符合金融脱媒的中介机构内涵。

（4）平台缺乏风险准备金。数字金融平台是具有金融服务性质的机构，目前除了拍拍贷以外，其他平台都脱离了真正的中介平台，即便某些风控较好的数字金融平台通过收取交易服务费作为风险准备金，还有不少平台存在资金池，没有接受第三方托管机构监督，所以需要规范风险准备金，防止引起社会局部动荡。

（5）缺乏个人信用征信体系。由于缺乏完善的征信机制，数字金融平台难以判断个人的信用情况，也无法给投资者信心从而进行资金注入。对此，我国的大多数字金融平台自己对借贷人进行信用评价，由于没有统一的指标体系，结果也有很大的差异性，各个平台的评级都没有第三方专业评估机构介入，其可靠性存疑。

（6）平台技术存在隐患。现在有大量的平台并没有进入门槛，只需要

5000 元就可以买个系统软件，再注册域名，这就造成大量的粗制滥造平台，这种低成本做法以前适用于网页游戏，而现在数字金融平台流通的是真实资金，这就面临着较为严重的平台技术安全问题，对于没有成熟技术系统支撑的低成本平台来说，很可能会成为黑客提款的犯罪工具。

6.3 数字金融平台的风险异化分析

数字金融是现代科技和金融领域相结合的产物，具有方便、快捷、开放的特点，数字金融的健康发展有利于推动利率市场化进程，缓解小微企业融资难的困境，也有助于民间金融的阳光规范化，实现金融普惠。但是，与此同时，我国数字金融刚刚起步，发展不成熟，缺乏监管和法律规范，数字金融平台出现了不少的异化，大量平台脱离了标准化的中介模式，演变成了影子银行、担保公司，甚至是非法集资或“庞氏骗局”。虽然数字金融平台的演化是适应社会需求的一种创新，但从整体来看，这种异化发展有可能会导致系统性风险，因此必须要加强数字金融交易的监管。

6.3.1 目前我国数字金融模式异化主要表现

（1）扩大服务对象范围。例如，数字网络借贷不再是个人对个人之间的借贷，而是个人对企业之间的借贷，也就是说由数字 P2P 演变为 P2B，在这种模式下，平台吸引了大量的个人投资者，将他们分散的资金归集起来，平台负责企业的资信审核和控制信用风险，虽然为企业解决了融资困境，但是违背了 P2P 点对点的初衷，随着中小企业的大量涉足，个人投资者相对于中小企业来说属于弱势群体，不利于该模式的健康发展。

（2）引入线下模式。目前我国的社会信用系统不成熟，无法获取可靠真实的个人信息，线上审核会有难度，所以数字金融就引入了线下模式，即在线下对借款人的资信进行实地考察，通过线下设立的网点与客户面对面签约以及进行贷中管理和贷后追踪。该线下模式提高了平台的风控能力，但是增加了平台的运营成本，线下签约也会阻碍交易双方的信息互换。

（3）向投资者提供担保。目前的数字金融平台都向投资者提供本金和收益承诺，即主动承担风险：一种是平台用自有资金进行担保，目前大部分承诺本金的平台并没有约定保障金的来源是自有资金还是风险准备金账户，这样平台就成为参与交易并会承担风险的担保中介了，增加了其运营风险。另一种是与小贷公司或担保公司合作，由小贷公司推荐借款项目，通过平台将借款项目进行出售，小贷公司承担连带担保责任，实质上是小贷公司打着数字金融平台的幌子，突破其放贷杠杆的限制，存在极大的经营风险。

（4）利用债权转让模式形成资金池。我国的数字借贷存在着与平台相关的第三方参与借贷，也就是居间交易。较为典型的是宜信公司，宜信平台已经不是中介平台，而是把自有资金贷出去，获得债权，以理财产品的形式将债权出售给投资者，即通过出售理财产品形成了“资金池”。宜信平台根据客户资信分别向借款人和出借人设定利率，以借贷双方的利息差来获取收益。

（5）随意拆标引起金额和期限错配。借款人的借款需求经过数字金融平台审核并发布，最重要的就是利率、借款金额、借款期限。事实上，借款人多是在做生意，因此借款期限较长，平台就将这些借款标的进行拆分，并出售给不同的投资者，但平台还要不断地寻找新的投资者来弥补退出的资金，所以很容易遭到投资人挤兑和资金链断裂的风险。

（6）打着网络借贷平台的口号，进行企业自融资。很多缺少资金又具有大额负债且很难从其他渠道借得资金的企业，自己开始创立数字借贷平台，这些企业在平台上发布虚假的大额和利息高的借款标的，并采用借旧还新的“庞氏骗局”方法，短期内获得大量借款资金，用于自身经营，而实际上没有完善的风险控制措施和信贷部门，平台表面上是在搞数字P2P，实际上是搞非法集资。

（7）循环信用融资和资金空转。现在市场上的净值标，就是投资者以投资金额为担保在平台上发布的一种借款标，这样投资者不断地以低息借入资金再高息贷出，以较低的资本获得数倍的融资，这种净值标就是网络借贷黄牛进行信用融资的工具，增加了平台的交易量和手续费收益。有些平台大批发布秒标、天标等收益高、期限短的借款标的，这种标的一般是平台虚构出来的，24小时内还本付息，超短期标的没有任何融资意义，但是会有大量的投机者利用这种资金空转方式进行套利。

（8）形式上与第三方支付平台保持合作，实质上没有执行资金托管。数字借贷平台通过将客户沉淀资金存放于托管机构，并对客户资金动向进行监管。而我国的传统金融机构合作成本较高，合作条件严格，使得大量数字P2P借贷公司选择了第三方支付平台进行合作，而实质上这些第三方支付平台的资质和实力均不够，它们只具备转账支付功能，数字网贷平台仍然能够管控并随时提走这些沉淀资金。

6.3.2　数字金融模式的异化动因分析

（1）借款人的抗风险能力弱。数字借贷的借款人大多是工薪族、私营业主、大学生、小微企业或农民，他们的经济状况非常不稳定，相对于企业来说，不确定性更大，所以就有不能按时还本付息的风险，因此一些平台认识到这一点后，就更希望借款人是非金融企业，数字P2P就演变为P2B形式。

（2）征信体系不完善，线上资信审核不准确。我国目前还没有全面的个人信用评价体系，央行的征信记录也不对非银行金融机构开放，数字借贷平台建立了自己的信用审核系统，自己对用户的信用资质进行评级，从目前来看，这种单纯的线上审核对用户的资信评价很不准确，有很大的欺诈风险，所以大量平台引入线下模式，对借款对象进行评估。

（3）互联网自身虚拟性太强，数字网络信贷概念缺乏。数字互联网技术具有高效便捷的特点，但是自身的虚拟性却制约了网络借贷的规范发展，借贷双方通过网络提交自己的资料，很有可能大量伪造、设立多个虚拟账户，平台之间并没有信息共享，一人在多个平台借贷非常常见。居民对数字借贷观念认识不够深入，投资者不愿意把钱借给未曾见面的陌生人。另外，国外数字借贷的人群主要是用来个人消费，中国的数字 P2P 借贷群体 90%是小企业主。同时很多平台往线下模式方向转变，为了吸引投资者，大力宣传本金保障措施和担保措施。

（4）准入门槛空缺，法律监管不到位。数字金融平台的监管跟创新相比大为落后，2015~2017 年我国陆续出台《P2P 网络借贷中介管理办法》《网络借贷中介信息披露标准和自律规范》《网络借贷中介平台资金存管指引》，但是业界对这些监管办法的落实有很大的疑问，由于监管的缺位，市场上出现了很多钻法律空子的模式创新。

（5）行业发展混乱，借贷双方直接交易效率不高。截至 2016 年底，我国的数字金融借贷平台已经有 3000 多家，而发展成熟的欧美国家的数字金融借贷平台却很少，国内的数字借贷平台质量普遍较低，发展也相当混乱。借贷双方信息不对称，借款人和出借人根据平台的信用评级进行交易的匹配效果较差，国内的平台大多采取其他办法，选择与平台相关的第三方机构作为放贷人，脱离了作为信息中介的本质。

（6）资金第三方托管增加了平台运营成本。数字金融借贷平台本质上是信息中介平台，运营资金和客户借贷资金应当分离，但是大多数字金融借贷平台都宣布与第三方支付平台合作，但实际上这些第三方平台只进行简单的划拨与支付。

6.3.3 数字金融模式的异化风险分析

数字金融经过短短几年的发展，解决了我国国内庞大的金融需求，但是众多平台为了壮大发展规模和吸引人气，对平台的发展进行了异化。当然这些异化也是适应特殊国情和市场需求的一种创新，在一定程度上控制了风险，但是也带来了大量的异化风险。

（1）数字 P2B 模式集中了大量的投资资金，加大了违约风险。P2B 是将众多分散的资金集中起来贷给企业，是多对一的借贷模式。与 P2P 相比，风险更大，企业如果不能还本付息，所有投资者都会损失，这就要求数字金融平台对企业进行贷前审核、贷中管理和贷后追踪，也就增加了对平台风险控制能力的要求。有些平台以固定利率吸收大量投资人的资金，再以更高的利率把这些资金贷给企业，涉嫌非法吸收公众存款罪。

（2）线下运营成本和风险上升。数字金融借贷平台为了降低风险，采用线下审核，增加了投资者对平台的信任，也有效地控制了借款人的违约风险，但是却增加了平台的运营成本，借款人的费用也会增加，平台运营风险随之上升，线下网点需要去实地审核，使得平台的跨地区优势不再存在，与小贷公司的业务有所重复。

（3）提供担保会引发破产风险和关联风险。我国的数字金融借贷平台为了吸引客户，大都声称会保障本金。一种是平台自担保，即平台以自有资金或向投资人收取风险准备金的形式来担保投资者的本金或利息，其实平台已经不是中介平台。这种不受正规监管的数字借贷平台的担保行为其实不像担保公司那样受 10 倍杠杆率的上限制约，实际会出现杠杆率被严重放大。另一种是引入担保机构，但是担保信息披露不充分的话，可能存在关联交易。

（4）债权转让模式下的专业放贷人与数字金融网贷平台之间有很大的关联性，容易出现虚假增信的作假行为，引发平台道德风险。债权转让的特点就是把大额长期的债权拆分为小额短期的理财产品并出售给投资人，对于专业的放贷人账户来说，需要存有足够的资金来抵御流动性风险。

（5）异化的借款标会导致信用风险和诈骗风险。数字金融借贷中有净值标、秒标、天标等异化标的，净值标是投资人利用原始出借额作为抵押然后频繁借入借出资金，杠杆率被不断放大，任何环节都可能导致信用链条断裂，引发杠杆风险和信用风险。秒标和天标都会在短时间内吸引大量资金，但这种资金空转行为和大规模运作只是平台繁荣的假象，实质上并没有将资金投向实体。

（6）中间账户监管缺位风险。目前数字金融借贷平台出现的频繁跑路和诈骗，也与交易过程缺乏第三方资金托管有关，中间资金账户处于监管缺位，数字借贷平台随时可以携款跑路。

6.4 各个分业态的风险形式与监管问题分析

本节主要从各个业态的视角来看待数字金融风险的表现形式，并揭示各个业态的风险点和风险监管中的突出问题。

6.4.1 数字支付的风险形式与监管问题

6.4.1.1 数字支付的风险形式

在数字金融业务中，数字第三方支付发展较早，目前监管也较为规范，监管主体是中国人民银行，监管依据是《非金融机构支付服务管理办法的实施细则》《支付机构客户备付金存管办法》。目前数字支付的风险较小，主要是法律风险和操作风险。

（1）法律风险。数字支付已经被纳入央行的监管，数字支付在交易双方起到支付中介或信用担保作用，交易双方在数字支付平台上设立虚拟账户，随着日积月累，里面就会有大量的沉淀资金，那么这些沉淀资金的利息归属，将成为日后的法律问题。数字支付的注册具有一定的匿名性和隐蔽性，虚拟账户里面的资金可以随便跨地区、跨银行、跨境流动，数字支付机构无法辨别资金的真实流向，很容易促使洗钱等违法活动发生。数字支付平台如果经营不善就会退出市场，那么用户的资金清偿和个人信息资料保护将是重要的问题，很容易引发法律风险。

（2）数字支付操作风险。数字支付的操作流程错误会带来严重的操作风险，第三方平台的新技术很可能会使得用户容易出现操作失误，第三方平台的内部管理也很容易产生漏洞，尤其是因用户的各种信息等敏感数据泄露造成重大损失，例如，2013 年支付宝的内部员工工作失误泄露了用户数据，造成极大的社会恐慌。

6.4.1.2　数字支付的风险监管问题

数字支付已经有了很完善的监管依据，《非金融机构支付管理办法实施细则》明确央行为数字支付的监管部门，对数字支付的市场准入、退出机制、风险管理进行明确的监督管理，《支付机构客户备付金存管办法》对数字支付机构备付金的存放、归集、划转进行详细规定。《支付机构反洗钱和反恐怖融资管理办法》对数字支付的反洗钱管理提出了详细要求。《支付机构跨境电子商务外汇业务试点指导意见》对跨境电子支付业务进行了规定，《关于加强商业银行与第三方支付机构合作业务管理的通知》对二者的合作业务也有具体规范。

数字支付的监管也面临以下突出问题：

（1）立法层级问题。《非金融机构支付管理办法实施细则》立法层级较低，没有规定监管行政部门的职责分工，对数字支付机构的惩罚力度也不够严厉。

（2）消费者保护问题。现有立法对数字支付机构市场退出、清偿债务等治理措施和消费者权益保护没有规定，所以数字支付的消费者权益很难获得保护。

（3）监管协调问题。数字支付业务覆盖多个行业，包括基金、理财、保险、借贷等，支付宝推出的产品涉及打车、代缴水电煤气、交通违章等费用。混业经营给监管工作带来了很大挑战，如何做好监管协调任务至关重要。

6.4.2　数字 P2P 借贷的风险形式与监管问题

6.4.2.1　数字 P2P 借贷的风险形式

数字网络借贷的风险问题目前最为突出，当前各个数字 P2P 借贷平台的管理差异很大，因此数字网络借贷暴露出了很多问题和风险。

（1）信用风险。数字网贷的信用风险较高，比如：①对借款人的信用评级不够完善，社会信用体系不健全，借款人的身份、财务、资金用途、经营能力、负债、品行等信息无法共享。②信用数据共享机制缺乏。各个数字借贷平台之间的客户数据没有共享，借款人在不同的平台进行违规借贷，各个数字借贷平台根本无从得知。③发放净值标。净值标是以投资代收款账户额作为担保，在净值额度内发放借款需求的借贷标的，投资者可以频繁多次借入和借出。④平台信息披露不充分。对借款人信息披露不全面，平台自身年度财务报告不透明，投资人很难了解到平台的财务情况，一些平台经常会虚增信用，采用虚假债券大量投资和隐瞒资金用途。

（2）流动性风险。①平台的拆标行为。借贷双方的资金需求匹配不协调，平台就采取拆标的方式，进行期限错配、金额错配。②保本保息承诺。平台为了吸引更多的投资人，自身建立担保机制，有的平台还会承诺保本保息。不过，对于拆标行为和保本保息行为，平台需要承担垫付资金压力，一旦平台的自由资金不足以应对大量提现和挤兑，就会出现流动性风险。

（3）法律风险。①合规风险。目前数字 P2P 网贷处于监管空白阶段，并没有法律法规明确数字网贷的业务性质、主体责任、经营范围。大多平台在工行局注册的经营范围是金融咨询和信息服务，实际上数字 P2P 平台目前所从事的担保、债权转让、风险准备金等都存在合规风险。②非法集资风险。有些平台建立了自己的“资金池”，将所融资的资金用于高风险投资，特别是提供保本保息的平台都有非法集资的可能。③资金存管风险。有些平台设立有第三方存管，但存管账户并没有真正监管，平台可能是在随意支配中间存管的资金，还有很多平台并没有建立资金第三方存管，更容易发生卷款跑路的行为。④洗钱风险。数字 P2P 平台难以判断投资人和借款人的身份信息，不法人员可能通过数字借贷平台从事洗钱活动。

（4）技术风险。数字 P2P 平台的系统维护、病毒防护、数据备份等硬性条件要求较高。不少平台并不具备自主开发系统的实力，容易出现技术纰漏。平台的技术维护员工多数缺乏金融风险意识，对数字网贷的风险点和防范技术了解不够。

6.4.2.2　数字 P2P 平台的风险监管问题

数字 P2P 平台的问题日益显现，将会影响整个行业的发展，监管问题表现在：①法律定位不明。缺少专门的法规对数字 P2P 借贷平台进行明确规定，有很多数字 P2P 平台搞非法集资、设立“资金池”等。②监管主体缺失。工商行政管理局只是负责注册管理，工信部门负责平台的 ICP 备案，原银监会和央行都没有对数字 P2P 平台进行备案登记和业务规范，平台的日常运营更是没有监管。③征信困难。我国的征信体系落后，个人信息不完善，央行的征信系统只对传统银行开放，数字 P2P 平台无法接入央行征信系统的数据，而借款人的借款违约信息和信用逾期信息也不纳入央行征信系统，所以数字 P2P 平台难以全面评价借款人的信用风险。

6.4.3　数字众筹的风险形式与监管问题

6.4.3.1　数字众筹的风险形式

（1）数字众筹的法律风险。众筹是一种新的融资模式，从现有的立法中，很难找到相适用的法规，众筹的立法速度远落后于众筹的发展速度。众筹的法律风险表现有：洗钱诈骗风险、非法集资、突破债券发行限制、缺乏知识产权保护等。①洗钱诈骗。数字众筹平台的成立门槛很低，很容易出现诈骗和洗钱情况。②涉嫌非法集资。数字众筹平台通过互联网向公众推介，股权众筹承诺在一定时期内给予投资人股权回报，但这种模式与非法集资现象很吻合。③突破证券发行限制。《证券法》规定：向不特定对象发行证券或向超过 200 人的特定对象发行证券都属于公开发行证券，而股权众筹向不特定对象推介项目，人次还常常超过 200 人，其发展势必也会受到法律的影响。④数字众筹项目的侵权问题。奖励众筹以创新性产品为主，在筹资过程中，产品的图片、详解、创新性内容很有可能会被盗版商仿造，率先上市进行销售。

（2）数字众筹的信用风险。项目发起人的信用问题主要是虚假身份和筹资成功后项目发起人不兑现承诺的问题。现行法律对发起人的资格和信息披露没有规定，平台对募资成功的众筹项目也缺乏后续监督。平台自身的资金流转也没有第三方存管，项目的风险评估、募资金额、信息披露都由数字众筹平台来决定，一旦平台的信用有很大问题，投资者的权益将受到很大的损失。

6.4.3.2 数字众筹的风险监管问题

数字众筹是中小企业融资的新渠道，股权众筹已经得到国家层面认可，开展股权众筹试点也已写入政府工作报告，围绕如何监管众筹，证监会正在进行调研。《私募股权众筹融资管理办法》对众筹的准入资质、职责义务、投资者条件、信息报送等已有了明确规定。

数字众筹的风险监管问题：①立法供给不足。根据《中华人民共和国公司法》《中华人民共和国证券法》《中华人民共和国刑法》等法规，数字众筹很容易触犯非法集资和非法发行证券的红线，2013 年 9 月，证监会把淘宝网向社会发行股权众筹界定为非法证券活动。②监管体制缺位。证监会并没有实质地把众筹纳入到监管范围内，没有形成对众筹规则和流程的明确监管框架，众筹数据也没有被纳入央行监测管理系统。③信息披露有限。数字众筹发起人的项目运营情况和投资风险信息披露较少，众筹成功以后，募集资金的使用和回馈产品的进度还无法披露等。

6.4.4 数字理财的风险形式与监管问题

6.4.4.1 数字理财的风险形式

（1）数字理财的市场风险。首先是利率风险，数字理财产品的高收益得益于市场资金偏紧、利率较高的外部环境，随着利率市场化，数字金融理财将难以获得这种高利差收益。其次是数字理财流动性风险。数字理财产品一般都与货币基金连接，实行“T+1”赎回方案，货币基金通常以期限错配的方式投资期限较长的协议存款，但一旦出现利空因素或突发事件，就会引起用户大量恐慌性赎回，基金机构短期内无法变现兑付用户的赎回需求，造成流动性风险。

（2）数字理财的法律风险。①数字理财产品的风险提示不足，销售时过多强调安全性和收益率。②违规超范围经营。有些平台公司并没有获得证监会的基金销售资质，存在打政策“擦边球”的行为，随着规模加大，受到金融监管的政策风险可能很大。

（3）数字理财技术风险。数字理财依赖于信息技术和 IT 技术网络平台，技术上的漏洞很容易引起信息泄露、账户资金被盗等技术风险，技术故障也会导致服务中断，引发消费者心理恐慌，产生对账户资金的安全担忧。

6.4.4.2　数字理财的风险监管情况和问题

目前数字理财已经有了比较完善的监管体系。数字理财风险监管的突出问题：数字理财突破了各个业态边界，出现跨界经营和融合发展情况，目前的分业监管很难适应数字理财跨界监管的趋势，监管盲区和监管过严都会出现，监管的不适应性必然会制约数字理财的发展。

6.4.5　数字银行的风险形式与监管问题

6.4.5.1　数字银行的风险形式

数字银行本身是商业银行，具有商业银行的风险特征，但在诱发动因、表现形式、危害程度等方面有所不同。

（1）数字银行的市场风险。数字银行通常比实体银行所付出的存款利息和收取的贷款利率更高一些，故利率变动很容易给数字银行带来风险。

（2）数字银行流动性风险。数字银行的支付结算和现金管理手续不需要提交纸质文件，面临的流动性风险会比传统银行更为突然，集中支付、网络谣言都会引起数字银行的挤兑现象，数字银行如果无法迅速变现投资的资产，那么将无法应对挤兑问题，迅速产生的流动性风险也将难以控制。

（3）数字银行的信用风险。大数据在解决信息不对称和降低信用成本方面具有重要作用，但是信用数据缺失严重，大数据分析的结果就不可靠，银行无法识别客户所隐瞒的信息，无法实地考察和调研借款人，这种纯网络信用很容易造成信用风险隐患。

（4）数字银行的技术风险。一切网络交易过程都很容易受到网络病毒攻击，所有的数字证书、数字签名等电子证据并没有法律依据，对客户来说具有较高的技术风险。

（5）数字银行的声誉风险。数字银行具有互联网和民营银行的双重特点，其声誉风险取决于互联网的虚拟性和民营投资举措的安全性。

6.4.5.2 数字银行的风险监管问题

数字银行风险监管存在以下突出问题：①监管体制不适应。数字银行没有物理网点。按属地原则对分支机构进行监管，将风险隔离在相对独立的区域，这些传统银行的监管办法可能也行不通。②监管方式不适应。数字银行的电子交易所带来的运行机制和风险来源都与传统银行不同，所以传统银行的监管办法无法实现对数字银行风险的监管。③监管指标不适应。数字银行集中兑付的风险传播速度更快，传统银行的风险监管指标无法适应数字银行的风险监管方案。

第7章　国外数字金融风险监管经验启示与我国数字金融风险应对

7.1　国外的数字金融风险监管经验与启示

目前，由于欧美国家的数字金融业态成熟较早，发展也比较完善，金融企业、行业协会、政府都会很重视数字金融风险的整治和监管，学习国外的数字金融风险监管经验，对我国的数字金融风险防范具有重要的借鉴意义。

7.1.1　国外数字金融风险监管的主要经验

数字金融发展过程中，国外应对数字金融风险已经有了比较完整的风险管控体系。

7.1.1.1　企业层面的风险控制

Lending Club 成立于 2007 年，该公司具有强大的风险控制和管理能力，贷款利率长期维持在 4%。加强风险控制的检验主要有以下四个方面：

(1) 打造安全透明的平台。一是注重平台安全。计算机系统和网站安全性都达到了行业准入标准。二是注重信息披露。对于每一笔借款项目，系统都会要求披露借款项目信息和借款人详细信息。三是资金交由 Web-Bank 托管。该银行再将债权转让给平台收取本金和手续费，投资者在平台上购买收益权凭证。

（2）风险定价。这也是平台的核心技术和关键环节。一是对借款人进行审核。借款人的 FICO 得分要高于 660 分，债务收入不低于 35%，有 3 年以上信用记录。二是对通过初审的借款人进行信用评级。分为 7 个等级，每个等级包括 5 个子级，总共 35 个信用评级，根据 FICO 积分和其他数据，得到基准信用等级。三是根据信用评级决定贷款利率。借款利率与信用评级成反比，评级越低，借款利率会越高，借款利率等于基准利率加上风险波动率。利率确定以后，平台会公布借款人信息和借款项目信息，以便投资者进行选择。

（3）分散投资。对投资者也有一些规定，年收入在 7 万美元以上，投资于平台的个人财富不能超过总财富的 10%，一笔投资要尽量覆盖多个借款人的项目，投资可以自己手动选择不同的借款人和借款项目，也可以设置一定的收益目标、投资金额，从不同等级风险的借款项目中构建最优风险偏好的贷款组合，事实上，分散投资的风险防范效果很不错。

（4）债权交易。收益权凭证持有人可以在二级债权交易平台上把凭证转移给其他人，同时，投资者还可以把债权打折转让给其他专业的投资机构。

7.1.1.2 行业协会方面的自律管理

行业协会通过制定行业标准，对会员企业进行监督和管理。英国采取的是行业自律先行、监管随后跟进的办法，例如 2011 年成立的英国 P2P 金融协会、2012 年成立的英国众筹金融协会，全球第一家 Zopa 借贷 P2P 平台在英国诞生，所以英国的数字金融自律管理也很早。

英国的数字 P2P 金融协会成立以后，政府认可了其合法性，2011 年 8 月，Zopa 等 8 家数字 P2P 平台成立了英国 P2P 金融协会，它们的交易规模占到英国数字 P2P 网贷市场总额的 95%，该协会的主要目的是对行业进行监管，设立数字 P2P 公司运行标准，维护行业规范发展。该数字 P2P 金融协会制定了所有会员必须遵守的自律性运营规则，包括资金存管、信用和支付能力评估、反洗钱和反欺诈、计算机设施、客户投诉、平台破产等方面，英国政府要求其他数字金融企业也要遵守该运营法则。

英国数字P2P金融协会准则对数字P2P平台运营管理做出了详细规定，从而较好地规范了数字网贷中的各种风险。保证成员单位在数字P2P金融协会是受到严格监管的，有利于客户信任，行业自律的缺陷就是只对协会自身成员有约束力，对协会之外的企业和从业者没有约束力。

7.1.1.3 国家层面的风险监管

美国政府对数字金融的监管具有典型意义。美国已经将数字金融各个业态置于可以监管的法律之内。

（1）对数字支付的监管。美国法律主要是监管数字支付的电子转账、账单信息、消费者隐私保护、存款保险、反洗钱等方面。具体表现为：一是纳入现有法律。虽然没有专门的数字支付法规，但是会从现有法律中找到监管依据。二是联邦政府和州政府联合监管。联邦政府层面主要由联邦存款保险公司负责监管，州政府可以规定各自的数字支付标准。三是向数字支付机构颁发牌照。美国对非银行数字支付机构进行发放牌照管理。四是功能监管和资金第三方存管。监管重点为数字支付业务的交易过程，数字支付平台的沉淀资金存入联邦保险公司在商业银行开设的无息账户。五是接受反洗钱监管。数字支付机构要接受联邦和州两级政府的反洗钱监管。

（2）对数字P2P借贷的监管。一是数字网贷并没有专门的法律监管，2011年，美国政府问责办公室向国会提交了数字网贷监管报告，数字网贷涉及的监管法律有《诚信信贷法案》《平等信用机会法案》《民事救济法案》《公平信用报告法案》《金融现代化法案》《电子资金转移法案》《商业电子签名法案》《银行保密法案》《公平债务催收实践法案》。二是行为监管。网络借贷的不同业务行为由不同的机构监管，美国证券机构是数字网贷的主要监管机构，联邦证券交易委员会负责准入监管，各州监管机构实施地域准入监管，联邦贸易委员会监管不公平条款和在催收中使用威胁和骚扰的手段行为，联邦存款保险公司监管消费者个人信息安全，联邦消费者金融保护局受理消费者投诉。三是信息披露。证券交易委员会重点监管数字网贷平台是否按照要求定期进行信息披露。

（3）对数字众筹的监管。一是制定监管法规。美国2012年出台了《促进初创企业融资法案》，明确规定股权众筹平台性质，放宽初创企业公开发行证券的限制。同时，股权众筹融资必须在SEC注册的数字众筹平台进行。二是明确监管主体。《促进初创企业融资法案》授予了美国证券交易委员会对数字众筹平台的监管权、执行权和政策制定权。

（4）对数字理财的监管。美国将PayPal货币基金纳入证券监管体系，由美国证券交易委员会监管，监管依据主要有《证券法》《证券交易法》《投资公司法》《投资顾问法》《多德—弗兰克法案》。美国数字理财领域的监管重点有：一是信用质量，SEC规定数字基金只能投于高质量证券。二是到期期限，数字基金的最大加权期限从90天缩短为60天。三是投资多元化，数字基金不可都投资给某个发行者的证券。四是信息透明度，数字基金对基金投资组合要有信息披露。

（5）对数字银行的监管。美国的数字银行监管体系比较成熟。一是重视监管立法，政府监管部门制定了详细的数字银行监管章程。二是准入监管。要求新成立的数字银行必须符合相关标准，提交安全评估报告。三是功能监管。货币监理署、联邦储备委员会、联邦存款保险公司依据现有法律对数字银行业务进行监管，对业务和产品开发实行报备制，对其业务流程和系统安全进行风险评估。

（6）比特币的风险防范。主要在交易登记注册方式过程中。法国2012年批准了一家比特币交易数字平台，名为“比特币中央”，该平台也于2013年获得国际银行账号，正式接受政府机构监管。美国2013年发布了《个人申请管理、交换和使用虚拟货币的规定》，将比特币定位为虚拟货币和反洗钱范围，虚拟货币的管理者和交易员都要受到监管，对交易金额超过1万美元的要进行详细记录，并向监管部门报告。

7.1.2 国外数字金融风险监管经验对我国的启示

7.1.2.1 金融消费者权益保护是数字金融风险监管的根本出发点

从国外的数字金融风险监管来看，国家都制定有完善的消费者保护法规和防控措施，包括信息安全、资金存管、风险提示、投诉受理、反欺诈等。由国外经验可见，一切风险监管防范措施都要以消费者保护为基点，我国的风险防范和监管也应该以此为出发点，以完善金融消费者的法规为举措，使得消费者权益保护和数字金融健康发展相结合。

7.1.2.2 社会信用体系建设是数字金融风险防范的基础条件

国外的数字征信公司都以市场化盈利为目的，大数据可以提供大量的信息使得金融交易过程中信息对称，信用评级就可以使平台读取借款人的信用情况，并对不同的借款人评估风险和实行差异化利率。国外成熟完善的信用体系为数字金融风险监管起到了重要作用，国内央行的征信数据并没有公开，现在还没有统一的信用评价，所以必须加快建立数字金融的全社会信用体系，更好地服务于数字金融风险防范和监管。

7.1.2.3 完善数字金融法规体系是数字金融风险防范的重要依据

对数字金融监管需要有法规依据，但是国外目前的数字金融立法也很少，大部分都是根据业务性质，将数字金融监管纳入到现有的法规框架中，或增加相应的法律解释，例如，美国针对数字支付的反洗钱法规《爱国者法》，将数字网贷的监管纳入《诚信借贷法案》《平等信用机会法案》《电子资金转移法案》《商业电子签名法案》《信用报告法案》《多德—弗兰克法案》《民事救济法案》等。也有针对争议比较大的数字金融领域的立法，如股权众筹的立法《促进初创企业融资法案》。我国的数字金融发展目前日新月异，急需通过立法补充数字金融的法规体系。

7.1.2.4 功能监管是数字金融风险防范的内在需要

从美国实践来看，数字金融监管多以功能监管和行为监管为主，而不是单一监管。数字金融出现跨界跨区域混业经营，所以应该根据业务性质进行监管。我国的分业监管造成了监管缺位和空白，目前已经不适用于数字金融的混业经营，因此要改革分业监管体制，对于新型业务要根据其性质、功能、影响来归属监管部门。

7.1.2.5 自律监管和他律监管是数字金融风险防范的现实路径

在加强监管方面，国外注重行业自律和企业内部流程相结合。鼓励数字金融行业自律，由相关协会制定行业标准，推动行业监管，引导行业发展。尤其是在数字金融发展的初期，行业协会组织需要制定行业自律准则，规范数字金融机构的行为，弥补监管空白。目前，我国的数字金融发展较快，立法严重滞后，所以更需要强化政府监管的他律作用，充分做好数字金融的行业协会工作和机构内部风控的自律管理任务。

国外欧美的数字金融风险监管比较完善，通过总结国外数字金融的风险和监管情况，对我国的数字金融风险防范和监管具有重要的启示。

7.2　我国数字金融风险监管的空白

（1）资金筹集方面打法律“擦边球”。一是数字众筹模式。目前数字众筹所处的金融环境也很复杂，数字众筹平台主要在审核环节制定严格的标准，降低众筹的风险，数字众筹模式需要向社会不特定人群吸纳资金，按照现有法律很可能成为非法集资。目前数字众筹还处于发展初级阶段，单个项目融资金额不高，融资时也不许将股权作为标的。二是数字P2P借贷受法律约束，利率不得超过同期一般银行贷款利率的4倍，传统金融机构需要重视网络借贷模式的问题，加强网络借贷平台的管理。

（2）资金融通备付金账户形同虚设。证监会规定，从事基金销售的数字金融平台必须到证监会备案，而数字金融理财产品普遍存在误导消费者现象，数字金融理财缺乏有效监管。

（3）数字支付用户的身份验证不准确。数字支付的监管主要有四方面：一是准入监管。目前央行是数字支付监管的主体，央行要求所有的数字支付机构都要取得《支付业务许可证》。二是反洗钱监管。数字金融机构自身需要承担监管反洗钱和反恐怖融资的职责和义务，平台应该记录客户的每一笔交易。三是数字支付认证。原银监会规定，所有数字支付机构都需要完成安全认证。四是网络套现行为。数字支付机构为持卡人套取现金的行为属于违法行为，其支付账户将受到管制。

（4）虚拟货币威胁金融体系安全。虚拟货币目前市场庞大，主体较为年轻，监管机制不健全。当前主要的规定是限制用虚拟货币或游戏货币进行网络赌博，2013年发布的比特币风险通知也明确了三点：一是比特币为虚拟货币，不具有实体货币的法律地位。二是比特币需要与金融体系隔离，防止比特币监管不力引发对金融体系的风险。三是需要加强对比特币交易平台的监管。

7.3　我国数字金融监管的原则、方式和要素

7.3.1　数字金融监管原则

数字金融监管需要遵循鼓励创新、监管一致性、底线思维三个原则。

（1）鼓励创新原则。数字金融是一种金融服务创新，有利于金融资源配置效率。实行监管是为了其健康发展的需要，监管不能过度，过度监管不利于金融效率提高，要坚持风险防范与鼓励创新并重，并赋予一定的试错空间和风险容忍度。

（2）监管一致性原则。对于经营相同的业务，监管不一致会导致有些数字金融机构进行监管套利，损害监管的公信力和有效性，同一金融机构的线上和线下业务也应该受到同样的监管。

（3）底线思维原则。数字金融行业必须要坚持底线思维，不得以数字金融名义进行诈骗、非法吸收公众存款、洗钱活动。监管部门应该明确数字金融业务创新边界和监管底线，列出区域性风险和系统性风险的清单，同时允许数字金融机构积极探索进行创新。

7.3.2　数字金融监管方式

数字金融风险监管除了现行的审慎监管、机构监管以外，还应该强化功能监管、协调监管、技术监管。

（1）功能监管。根据各个业务的金融功能本质来进行监管，相比于机

构监管，功能监管更适用于金融创新，数字金融具有混业经营的特征，以机构监管为主的传统监管会导致监管套利和风险盲区，数字金融应以功能监管为主。首先要增强监管措施的针对性，根据各个业务的特点采取监管措施。其次是业务行为监管，不同的数字金融机构从事同样的数字金融业务，应该受到同样监管。

（2）协调监管。目前的金融监管体系是“一行三会”的分业监管，为了应对数字金融的挑战，就必须要按照互联网的特点加强协调、分工协作、推进监管的无缝对接。一是要明确各个业态的监管主体，每种数字金融业态应该划归到分业监管的部门。二是加强跨部门监管协调，扩大金融监管的参与范围，成立监管协调小组，解决混业经营带来的监管问题，形成数字金融的联合处置机制。三是加强与地方政府和公检法部门的合作，防范区域性和系统性金融风险。

（3）技术监管。数字金融依托于互联网技术，那么监管对象和数据不确定性就会增大，尤其是现场监管已经无法使用，必须推进监管技术化，具体措施有：①要建立数字金融监管平台。运用大数据模型的算法监管，通过信息网络对数字金融进行实时监管，确定监管重点，推送监管风险提示。②要优化数字金融运行的技术环境。制定数字金融信息安全的防护标准，建立一套加密技术、信息安全技术、数据灾备和恢复等信息安全解决方案。③推进数字金融新业务技术审查制度，对新业务实行入网审查和准入机制，实时跟踪新业务上线后情况。④抓好监管队伍建设，加强对各种监管技术的认知和跟踪研究，避免技术监管落后于技术应用情况。

7.3.3 数字金融监管体系的要素构成

从数字金融健康发展的角度来看，数字金融的风险监管体系主要由政府监管、行业自律、数字金融机构内部控制构成。

（1）政府监管。政府监管包括市场准入监管、过程监管和退出监管。目前的数字支付监管处于缺位状态，数字金融的违法范围以及破坏金融秩序并没有得到及时的惩治。

（2）行业自律。行业自律在数字金融发展过程中会起到重要的规范作用，加强行业自律关键是要建立行业自律组织，它可以维护行业竞争秩序，对恶性竞争的市场主体企业采取行业惩罚。

（3）数字金融机构内部控制。无论是政府监管还是行业自律，目标实现都需要通过数字金融机构加强内控机制建设来完成。内控机制建设需要结合数字金融业务的特点和风险特征，设计内部控制操作方案。

7.4　我国数字金融的风险防范对策

（1）构建信息安全风险防范体系。数字金融依托的是最新互联网信息技术，传统的信息安全防范体系难以应对这种形式，需要建立基于黑客攻击情景的防御系统。一方面是成立安全防范联盟，构建平安网络环境，国家金融主管部门、数字金融从业机构和大数据安全服务公司共同建立风险信息共享机制和网络黑名单，通过大数据挖掘网络安全隐患，及时做好防范预警。另一方面是各个参与主体要加强风险防范培训交流和资源共享，加强研发网络安全保密技术，着力提高软硬件设备的风险抵御能力。

（2）规范自身行为操作风险。首先要提高自身的风险防范认知度，使用无风险支付方式进行网络支付，尽量通过正规渠道和官方网站下载网银和支付 APP，注意手机、电脑、移动支付设备的安全，特别提防陌生邮件和网址链接，避免使用公共 Wi-Fi 进行手机支付，监测手机上收到的各种二维码支付工具，提高对图片视频中二维码扫描的防备，对银行或网银的链接短信不轻易进行网络转账。

（3）加强信用风险信息共享。美国联邦证券交易委员会要求：如果平台存在信息风险，投资者可以依据关键信息要求数字网贷平台赔偿相应的损失。我国也需要建立征信体系实现信息共享，数字金融企业应该与央行的征信系统进行资源对接，减少资金需求方的信用风险，还要对借款人的违约记录进行信息整合。欧盟对数字金融企业有很高的准入门槛，尤其是电子支付业务。我国可能无法照搬欧盟做法，应该鼓励企业先做好人才储备、基础设施、风险控制工作，之后再进行金融牌照的申请，监管部门也需要审核企业的资质，限制金融牌照发放。对于具有金融牌照但又没有道德底线的数字金融企业，应该建立监管黑名单。

（4）推动产品设计创新，规避业务风险。美国联邦证券交易委员会规定数字支付平台的沉淀资金都要存放在专门账户，这种机制有助于平台资金风险防范，这个专门账户是在央行，因此央行可以监控资金的流向。我国可以建立数字金融服务平台的风险保障基金机制，用于保障企业摆脱流动性困难，另外，还需要筹备存款准备金制度，防止大规模套现带来的流动性风险。我国的利率市场不够完善，还应该创新产品设计，因为更加多元的产品设计将是实现利率风险管控的有效办法之一。

（5）加强法律建设。我国应该结合数字金融的具体实情颁布法律法规，明确网上交易行为，建立公平的网络交易安全平台，保护消费者个人隐私信息。尽管我国的数字货币发展还不成熟，但是需要尽早考虑数字虚拟货币的监管措施，比特币的交易风险防范要以登记注册为主，美国的比特币已经被纳入反洗钱管理，1 万美元的交易都要进行记录和汇报，我国的虚拟货币发行较少，发行机构还要定期公布虚拟货币的销售情况，并要建立指定的虚拟货币交易平台，比特币是一种新型货币，需要积极探索其对人民币货币地位的影响。信誉风险需要求数字金融企业合规操作，只有获得消费者的信赖，才能维护数字金融的信誉。

第8章 促进数字金融产业规范化发展的政策建议

8.1 应对数字金融风险的五个体系构建

数字金融产业如果发生系统性风险，对经济、社会稳定将会造成严重的后果，加强数字金融的风险监管具有重要意义。这里我们提出有助于数字金融风险监管的五个体系的构建。

（1）创建数字金融普惠体系。虽然数字金融发展迅速，人们也有所了解，但是大多数人对其本质还不太清楚，以至于投资风险意识较为薄弱，因此需要加大数字金融风险普识力度，确认数字金融的功能并未超越一般金融体系的范畴，普及数字金融风险的知识，提高人们的诚信度，维护数字金融的规范发展。

（2）构建数字金融网络安全体系。数字金融的技术选择风险系数和系统安全风险系数都很高，构建数字金融安全体系至关重要。首先需要加快发展网络加密、密钥和签名技术，提高网络安全性。其次是增强网络防护能力，阻止黑客攻击和计算机病毒入侵，完善身份认证系统，对非法用户进行隔离，阻止非法访问，建立数字证书和各种加密技术，为网上交易提供安全保障。

（3）建立数字金融信用风险管理体系。信用风险是数字金融较大的风险之一。首先，加强数字金融企业内部风控机制的建设，设立专门的风控团队，高度重视风险管理。其次，完善个人征信系统建设，以数字金融企业的大量数据为优势，统一信用管理办法，将信用评价机制引进来，开展数字金融业务。最后，数字金融企业应该与传统金融企业合作，更好地服务自身客户。

（4）健全数字金融业务风险管理体系。业务运营风险是数字金融面临的最大风险。首先，数字金融企业需要建立信息收集机制，确保收集到的信息真实并不被滥用。其次，加强资金管理能力，数字金融平台聚集有大量的客户资金，需要确保资金安全。最后，加强对关联企业的跟踪和管理，数字金融企业与其他领域的机构企业有合作关系，需要规避给合作方带来的风险。例如合作方的担保企业发生债务危机，需要专门的风险管理团队进行跟踪管理。

（5）完善数字金融监管和法律体系。数字金融业务混合了银行、债券、保险的业务界限，由于法律滞后，导致很多数字金融企业游走于法律的边缘。首先，协调分业监管和混业监管两种模式，对数字金融行业进行综合监管。其次，进一步完善数字金融的立法法规，明确数字金融企业的具体规范。最后，加大数字金融企业客户权益的保护力度，政府和企业都应该采取措施来维护消费者权益。

8.2 基于国家、行业、企业层面的数字金融风险监管的建议

8.2.1 数字金融国家宏观层面的监管建议

（1）建立健全的法律监管体系。目前的监管办法主要在《支付业风险提示》《网络借贷中介机构信息业务管理办法》《网络借贷中介信息披露标准和自律规范》《征信业管理条例》等方面进行规范，法律监管还比较分

散，为了规范数字金融各类平台的发展，应该建立一个完善的法律规章。首先，应该以法律形式明确数字金融平台的定义、地位和各个参与法律主体资格，通过立法，使得各个参与方能够依法维护合法权益，并约束其活动，规范其行为。其次，2016年10月以“一行三会”为代表的16个国家部委下发了互联网金融风险整治文件，但是并没有明确监管主体分工，担任监管职能的群体监管部门工商行政管理局、工业和信息化部都没有列入监管序列，无论是数字金融的哪个模式出台监管办法，都应该明确监管主体，加强监管。

（2）建立完善的个人信用体系。数字金融在国外的发展是基于国外有较好的信用体系基础，而国内现在则亟须构建完整的个人信用体系。一是建立以央行征信体系为主、商业征信体系为辅的征信体系。央行征信体系目前处于主导地位，商业征信体系是借贷双方交易时留下的信用记录，可以将二者结合起来，有利于数字金融平台进行信息共享。二是由专业的第三方信用评级机构给出信用评级。如英国有三家信用评分体系，分别是Equifax、Callcredit、Experian，而Zopa的信用评定就是依据Equifax标准。也就是说，可以通过公信力较强的专业的第三方信用评级机构，对个人信用进行评级。

（3）建立严格的市场准入制度。各个数字金融平台应该提高注册资本门槛，降低平台破产跑路风险，使得平台网络借贷健康发展。同时可以实施对数字金融平台的牌照发放，通过原银监会及工业和信息化部对数字金融平台进行等级划分，规范行业发展。

（4）建立信息披露制度。国外成熟的平台都有完善的信息披露制度，而国内平台在经营模式、风险控制、借贷违约、坏账等方面的信息披露较少，这些都带来巨大的风险。信息披露主要从两个方面着手：一是资金需求者的信息披露，尤其是身份信息。二是平台的经营情况也需要及时的披露，尤其是具体运营、风险控制程序、借贷违约等状况，可以以类似于股票市场的信息披露机制进行信息披露。

（5）建立数字网贷平台的风险控制机制。数字网贷平台也是数字金融中介的主要组成部分，和传统银行中介作用不同，但有许多类似的地方。

数字金融借贷平台的风险控制可以从三个方面进行：①建立全国性统一的平台风险监控和控制体系。②设立数字金融的平台风险指标，将平台的借贷资金规模、资金流向、利率、违约等作为重点监控对象。③对各个平台的风险控制进行不定期的现场检查，对不合规平台采取处罚措施。

8.2.2 数字金融行业中观层面的监管建议

（1）充分发挥行业协会的作用。目前我国已经成立了一些数字金融行业协会，但大多数流于形式，没有得到实质性的监管作用。所以行业协会的自律管理应该从以下五个方面进行：①成立各个模式的行业协议，所有平台都要加入，设立会员制。②加强行业自律协会的作用，建立行业信息共享机制。③行业自律协会要对新进入会员定期进行经营模式和风控机制的培训。④加强对投资者的风险教育。⑤行业自律协会需要承担对会员的监督和处罚功能。

（2）培养第三方评级机构、咨询机构。第三方机构可以协调数字金融全行业，促进行业体系形成和有效监督。我国可以借鉴国外经验培养自己的第三方机构，具体有：①鼓励社会团体出资共同成立第三方信用评级机构，并保证其独立运行。②个人信用评级需要出具至少两家独立的第三方信用评级机构的评级报告。③定期对第三方信用评级机构进行检查和考核。

（3）加强媒体监督和网络曝光。媒体和网络已经成为对市场行为进行监督的重要渠道，具体表现在：①媒体监督对象可以覆盖所有的市场主体。②媒体对违法的、不合理的、不规范的现象具有强烈的报道意愿，报道也会对社会舆论产生引导作用。加强媒体和网络对数字金融行业的监督和曝光，制止参与主体的违法行为。

8.2.3 数字金融平台微观层面的监管建议

（1）建立第三方资金的银行存管制度。第三方资金银行存管制度是指数字金融平台在第三方金融机构开立专门账户，资金供给者的资金通过第三方存管机构进行操作，平台不能调用资金。非银行第三方资金存管一般指第三方支付公司，目前也有很多借贷平台将第三方支付公司指定为其资金托管机构，但是非银行第三方支付公司存在一定的风险。比如：①其是否具有托管资质，托管流程是否合规，平台与第三方支付公司是否存在私下关联。②无法通过银行系统查看第三方支付公司的账户资金是不是发生了内部转移，第三方支付公司会不会挪用资金。③第三方支付公司也有经营风险，一旦倒闭或跑路，数字金融平台也会被牵连，例如第三方支付公司的系统出现问题，平台业务和资金交易也会停止，而银行的资金托管经验和风险控制能力显然要优于第三方支付公司。

（2）建立第三方担保与风险准备金并存制度。该制度可以很好地控制风险，如出现大规模资金违约或坏账，给投资者赔付的顺序是先用第三方担保机构的保证金，再用平台的风险准备金，最后由第三方担保机构代偿。这两项制度并存就是提升数字金融平台风险抵抗力的一种创新。

（3）建立分散投资与投资者适当性管理制度。数字金融平台应该建议投资者分散投资，必要时建立强制性分散投资机制，英国的 Zopa 和美国的 Prosper 都会把投资者的资金分成若干等份，以分散风险确保稳定收益，投资者的适当管理能够提高投资者的风险意识。数字金融平台应该让投资者充分了解产品情况后再进行投资。

8.3　规范数字金融行业发展的根本手段和辅助措施

数字金融涉及的方面非常广泛，加强数字金融风险监管也是数字金融健康发展的现实要求，规范数字金融行业发展的根本手段主要有法律法规方面、征信体系建设、消费者权益保护、自律管理等。

8.3.1 法律法规方面

明确数字金融的法律定位，是制定数字金融风险监管的依据。各国都是把数字金融纳入已有的法规框架，强调数字金融要遵守现有的法律，但是现有法规对其业务范围、风险监管、法律责任均没有明确规定，甚至会制约数字金融发展。随着数字金融的飞速发展，“一行三会”也制定了一些政策规范文件，对数字金融业务也进行了一些规制。由于相关的法规不够完善，造成部分数字金融业务野蛮生长，随意越界经营，很容易滋生数字金融风险。

以立法形式为数字金融的各参与方提供详细的规范指引。《网上银行业务暂行管理办法》《支付结算办法》《银行监管管理办法》等法律已经不适应现有的数字金融发展需要，需要结合数字金融的特点，重新进行修订，并纳入数字金融的新条款，制定符合数字金融交易的配套规章和行业专门标准。

8.3.2 征信体系建设

数字金融的本质依然是金融，因此就该符合金融发展的一般规律，必须要以信用为中心，要有与之相配套的征信体系。数字金融对征信体系也是非常依赖的，综合判断交易人的信用状况就可以知道交易成本和交易的风险性。因此降低数字金融风险，必须要加强数字金融征信体系建设，重视数字金融信息安全监管和信息主体权益保护，强化数字金融失信惩戒手段。

数字金融征信必须以《征信业管理条例》为法律基础，在此基础上，考虑数字金融征信的配套规章制度，完善数字金融的信用评级，将数字网贷的信贷数据纳入数字征信业的管理范围，为数字金融征信创造优良的外部环境。数字金融征信要汇集不同企业和个人的信用信息，加强信息安全监管和信息主体权益保护是数字金融征信的重中之重，要探索数字金融征信的监管方式，鼓励民间资本进入征信领域，有大数据基础的数字金融企业可以积极申请征信牌照。

失信行为惩戒也是数字金融征信体系建设的重要内容，一方面，应该完善失信行为的信息记录，在法律允许的范围内适当披露失信主体名单，提高失信主体在数字金融市场活动中的交易成本；另一方面，利用好行政、司法等惩戒机制，对于严重的失信主体应当追究民事和刑事责任。

8.3.3　消费者权益保护

在数字金融活动中，消费者权益既包括公平交易权和求偿权等传统权利，也包括个人信息隐私权和数据安全权等新权利。要重点解决数字金融中交易欺诈、资金被盗、信息安全等问题。

目前，现有法规《商业银行法》《银行业监督管理办法》都不涉及金融消费者权益保护问题，监管部门面临法律缺失处境，需要制定金融消费者权益保护法。消费者风险防范能力较弱也是数字金融案件频发的主要原因，事实上，很多金融产品的消费者并不具备金融知识，所以需要开展数字金融的消费者教育。

要求数字金融经营者对各项业务进行信息披露和风险提示，及时更新产品的销售进度和资金占用，在风险提示方面，重点提示可能存在的风险和风险发生的可能性，做好数字金融产品电子合同的规则变动情况。有效的数字金融纠纷解决机制也是数字金融消费者权益保护的重要内容，建立跨行业、跨区域的数字金融消费者投诉受理平台，降低数字金融纠纷双方调解成本，探索数字金融风险赔偿准备金制度，切实保障数字金融消费者的合法权益。

8.3.4　自律管理

目前，我国的数字金融面临快速发展、监管滞后、风险高发等问题，抓好数字金融的自律管理，也是防范数字金融风险的根本之所在。

（1）健全数字金融企业的内控制度。内控制度是企业防范风险的第一道防火墙，它也有利于对企业风险进行事前防范、事中控制、事后监督和纠正。可以充分借鉴《商业银行内部控制评价试行办法》来梳理各项业务的特点和风险控制点，在重要业务的关键环节设置授权审批制度。

（2）实行客户资金第三方存管制度。数字金融的风险之一就是自有“资金池”引发的风险，由于资金第三方存管不健全，导致数字 P2P 跑路倒闭现象频发，应实行客户资金第三方存管制度，委托第三方存管银行负责客户的资金存取和交收。

（3）实际上，行业自律与监管强度有较强的负相关关系，行业自律在数字金融风险监管中发挥着重要作用，与外部监管相比，行业自律具有效果更为明显的优势。2016 年 4 月，已经成立了中国互联网金融协会，要充分发挥行业协会在制定行业服务准则、规范从业者资质认证方面的自律管理作用。另外，结合各个业态的发展实际，成立各类专业委员会，负责各类业态的自律管理。

8.3.5 规范行业发展的辅助措施

（1）培养投资者的风险意识。目前数字金融投资者更多是被高收益率所吸引，一旦平台出现问题，用户利益就会受到损失，所以应当宣传和教导投资者高收益就有高风险的道理，建立风险与收益相匹配的投资环境。

（2）强化数字金融平台信息安全技术。加大数据库和网站平台技术的研发力度，做好受黑客攻击的准备。确保个体交易指令发起方的身份、资金等信息的合法有效性，并保护好用户的隐私不被泄露，将中间账户资金托管在第三方机构。

（3）建立交易平台的债权转让市场。交易平台成交的贷款大都是到期或分期还本付息形式，建立借贷债权转让市场。一方面，借款人可以买卖权证实现自身资金的增值或转让，避免资金链断裂。另一方面，可以通过增加流动性加强客户对风险的抵抗力，扩大交易流量。

（4）维护数字金融交易平台的监管宽松度。数字借贷的存在和高速发展说明资金需求供需不对称，数字借贷的定价机制、信用数据、运作模式是对现有金融的补充。因此随着规范数字金融体系的发展，对其监管应该要把握力度，在不损害行业发展积极性的前提下对其逐步规范。

8.4　各个数字金融业态的发展监管

数字金融各个业态的发展和风险表现形式也各有不同，监管应该有所侧重，有针对性地投入监管资源。

（1）数字支付的监管重点。在准入门槛上，除了发放牌照、准入审批、内控制度、运营规模、技术条件等方面提高门槛，还要将数字支付纳入反洗钱监控范围，严格按照比例提取风险准备金，出台数字支付的信息系统安全评估机制，组织对其进行安全性评级。

（2）数字 P2P 网贷非法行为的界定。在准入门槛上，采取对数字 P2P 营业执照和网站 ICP 备案的前置审批，还要管理好牌照的发放工作。运营中要实行第三方存管，保障客户资金安全性，对平台进行分级，并分类监管，加快数字网贷数据与央行征信数据对接，建立平台风险评级制度，在信息安全上，要避免数据被盗、信息泄露造成经营风险。

（3）数字众筹的监管。要尽快出台数字众筹的法律法规，界定众筹与非法集资的界限，尤其是要肯定股权众筹的合法性。明确数字众筹的监管主体，对股权众筹平台资质要严格约束，还要监管数字众筹项目的风险提示和信息披露问题。实行数字众筹项目的第三方存管制度，建立平台风险评级。

（4）数字理财的监管重点。严格审查数字理财机构的违规超范围经营、违规销售私募产品、夸大虚假宣传等问题。强化数字理财业务的信息披露，动态跟踪数字理财平台的资金动向，防范平台挪用客户备付金问题，还要引入平台违规行为的集体诉讼制度。

8.5 探索协调统一的数字金融监管路径

我国对数字金融的监管实行的是分业经营，分业监管的体制，而数字金融的业务和产品往往跨越多个行业和市场，因此，传统分业金融监管很难应对数字金融的混业经营趋势。数字金融发展时间短、发展速度迅猛、影响大，所以对数字金融的监管路径都要有足够的探索，这也给数字金融监管带来了巨大挑战，监管机构更应该找到创新保护和加强监管之间的平衡点，不断完善监管体系。

（1）明确监管责任，分业监管与协同监管并重。传统金融监管一直采用分业监管模式，但是考虑到我国的现实和改革成本情况，数字金融监管可能还会沿用分业监管模式，如数字支付由央行来管，数字 P2P 借贷由银保监会来管，股权众筹和数字基金理财由证监会来管。随着数字金融的动态发展，监管责任会重新划分，监管协调性也会不断提高。

为了使监管效果达到更好，必须要加强监管协调性，着重解决监管缺位和多头监管的问题，具体来说：一是要明确各个主体之间的监管范围，“一行三会”、工商部门、税务部门，各个行政部门需要在各自职权范围内加大检查力度，共同防范数字金融的系统性风险。二是加强行业内部的信息共享，数字金融的发展使得金融业务的边界变得更为模糊，必须要加强监管部门的信息共享。三是要统一监管标准，注重与传统金融监管尺度的一致性。在数字金融监管的纵向协同方面，中央坚持以鼓励创新为主，跟随市场主导，地方政府在监管方面的探索已经远远超前。

（2）强化行业自律，规范行业行为。行业自律是同一行业的组织和人员实现自我管理、约束自身行为的一种方式。数字金融是一种新的金融业态，目前还没有有效的政府监管，数字金融的行业自律就具有重要意义。在行业自律的过程中，数字金融的龙头大型企业要发挥带头作用，引导其他企业成立自律组织，作为数字金融监管的重要环节，各个级别和类型的自律协会都要不断完善行业发展的规则和标准。未来，要在政府和企业之间培育更多的自律组织，使其成为数字金融成长中的润滑剂。

（3）处理好行业自律和政府监管的关系。政府监管和行业自律各有优势，行业自律在金融监管的基础上有更大的监管范围和更高的自觉性。在监管实践中，双方要定期在业务创新、风险界定、法律责任问题中及时沟通，既鼓励创新，又不至于带来太多风险，逐步建立健全数字金融行业规则。

参考文献

曹凤岐：《互联网金融对传统金融的挑战》，《金融论坛》2015 年第 1 期。

陈海强：《互联网金融时代商业银行的创新发展》，《宁波大学学报》2014 第 2 期。

陈霄：《民间借贷成本研究——基于 P2P 网络借贷的实证分析》，《金融经济学研究》2014 年第 1 期。

陈霄、叶德珠：《中国 P2P 网络借贷利率波动研究》，《国际金融研究》2016 年第 1 期。

陈跃平：《互联网金融助力传统金融模式并缓解中小企业融资困境》，《金融经济》2014 年第 6 期。

陈泽茂、吴晓平、沈昌祥：《基于操作系统安全的恶意代码防御研究述评》，《计算机工程与设计》2008 年第 21 期。

陈志武：《互联网金融到底有多新》，《新金融》2014 年第 4 期。

戴国强、方鹏飞：《利率市场化与银行风险：基于影子银行与互联网金融视角的研究》，《金融论坛》2014 年第 8 期。

丁杰：《互联网金融与普惠金融的理论及现实悖论》，《财经科学》2015 年第 6 期。

丁捷：《我国 P2P 网络借贷平台及借款人行为研究》，西南财经大学硕士学位论文，2012 年。

丁蔚：《数字金融：商业银行的未来转型发展之路》，《清华金融评论》2016 年第 4 期。

杜晓峰：《我国互联网金融征信体系建设研究》，厦门大学博士学位论文，2014 年。

高善文：《利率市场化和余额宝的兴起》，《国际金融》2014 年第 4 期。
龚明华：《互联网金融：特点、影响与风险防范》，《新金融》2014 年第 2 期。
何启志、彭明生：《基于互联网金融的网贷利率特征研究》，《金融研究》2016 年第 10 期。
宏浩：《互联网金融的风险与监管》，《武汉金融》2014 年第 4 期。
黄倚嘉：《以电商平台为核心的互联网金融行业发展研究》，首都经贸大学硕士学位论文，2014 年。
黄益平、沈艳、王靖一：《哪类 P2P 平台最容易出问题?》，北京大学国家发展研究院工作论文，2015 年。
黄震、王兴强：《第三方支付的法律风险及其防范机制建设》，《南方金融》2014 年第 11 期。
黄子健、王龚：《大数据、互联网金融与信用资本：破解小微企业融资悖论》，《金融经济学研究》2015 年第 1 期。
胡滨：《数字普惠金融的价值》，《中国金融》2016 年第 22 期。
胡滨、郑联盛：《非传统信贷视角下的中国影子银行》，《上海证券报》2014 年 5 月 9 日。
贾甫、冯科：《当金融互联网遇上互联网金融：替代还是融合》，《上海金融》2014 年第 2 期。
焦瑾璞、孙天琦、黄亭亭、汪天都：《数字货币与普惠金融发展——理论框架、国际实践与监管体系》，《金融监管研究》2015 年第 7 期。
蒋莎莎：《网络贷款“宜信模式”的风险特点及监管回应》，《武汉金融》2014 年第 5 期。
金立印：《企业声誉、行业普及率与服务保障有效性——消费者响应视角的实验研究》，《管理世界》2009 年第 7 期。
郎岩、赵玥婷：《互联网金融加速利率市场化进程》，《时代金融》2014 年第 7 期。
李博、董亮：《互联网金融的模式与发展》，《中国金融》2013 年第 10 期。
李克穆：《互联网金融的创新与风险》，《管理世界》2016 年第 2 期。
李耀东、李钧：《互联网金融框架与实践》，北京电子工业出版社 2014 年版。

李焰、高弋君、李珍妮、才子豪、王冰婷、杨宇轩：《借款人描述性信息对投资人决策的影响——基于 P2P 网络借贷平台的分析》，《经济研究》2014 年第 1 期。

李友量、陈飞、金幻芳：《互联网金融监管的探析》，《浙江大学学报》（人文社会科学版）2014 年第 4 期。

李真：《互联网金融：内在风险与法律监管逻辑》，《武汉金融》2014 年第 5 期。

廖理、吉霖、张伟强：《借贷市场能准确识别学历的价值吗？——来自 P2P 平台的经验证据》，《金融研究》2015 年第 3 期。

廖理、李梦然、王正位：《聪明的投资者：非完全市场化利率与风险识别》，《经济研究》2014 年第 7 期。

廖理、李梦然、王正位，贺裴菲：《观察中学习：P2P 网络投资中信息传递与羊群行为》，《清华大学学报》（哲学社会科学版）2015 年第 1 期。

廖理、李梦然、王正位：《中国互联网金融的地域歧视研究》，《数量经济技术经济研究》2014 年第 5 期。

刘芬华、吴非、李华民：《互联网金融：创新金融体征、泡沫风险衍生与规制逻辑》，《经济学家》2016 年第 6 期。

刘海二、石午光：《互联网金融的理论焦点与理论分歧》，《经济学家》2015 年第 5 期。

刘澜飚、齐炎龙、张靖佳：《互联网金融对货币政策有效性的影响》，《财贸经济》2016 年第 1 期。

刘晓娜：《金融消费者保护对金融包容影响的研究》，对外经贸大学博士学位论文，2014 年。

刘源：《余额宝的扩展解读及互联网金融展望》，《商业会计》2013 年第 11 期。

路鹏、方勇、方昉、蒲伟：《iOS 系统代码签名机制研究》，《信息安全与通信保密》2013 年第 5 期。

陆晓明：《中美影子银行系统比较分析和启示》，《国际金融研究》2014 年第 1 期。

罗明雄、唐颖、刘勇：《互联网金融》，中国财政经济出版社 2014 年版。

吕家进：《发展数字普惠金融的实践与思考》，《清华金融评论》2016 年第

12 期。
缪海滨：《利率市场化与互联网金融：传染效应与联动效应》，《金融监管研究》2014 年第 9 期。
Peter Renton：《Lending Club 简史》，中国财政经济出版社 2013 年版。
皮天雷、赵铁：《互联网金融：逻辑、比较与机制》，《中国经济问题》2014 年第 7 期。
秦洪涛：《数字普惠金融环境下的小额信贷的发展》，《清华金融评论》2016 年第 12 期。
钱炳：《借款人声誉对融资成本的影响研究——来自 P2P 网络借贷平台“拍拍贷”的经验证据》，《东北大学学报》（社会科学版）2015 年第 3 期。
乔海曙等：《互联网颠覆金融》，经济管理出版社 2014 年版。
乔海曙、李颖：《余额宝的鲇鱼效应、存款利率市场化及其应对》，《当代财经》2014 年第 8 期。
乔海曙、吕慧敏：《中国互联网金融理论研究最新进展》，《金融论坛》2014 年第 7 期。
邱冬阳、肖谣：《互联网金融本质的理性思考》，《新金融》2014 年第 3 期。
邱勋：《余额宝对商业银行的影响与启示》，《金融发展研究》2013 年第 9 期。
曲速资本：《2016 互联网保险行业研究报告》，2016 年。
屈援、李安：《互联网金融的风险特征、监管原则与监管路径》，《学术交流》2014 年第 8 期。
融 360 大数据研究院：《2016 互联网众筹发展趋势报告》，2016 年。
芮晓武、刘烈宏：《中国互联网金融发展报告》，社会科学文献出版社 2014 年版。
郭品、沈悦：《互联网金融对商业银行风险承担的影响：理论解读与实证检验》，《财贸经济》2015 年第 10 期。
沈悦、郭品：《互联网金融、溢出效应与商业银行全要素生产率》，《金融研究》2015 年第 3 期。
孙浩：《互联网金融的新兴商业模式》，《中国信用卡》2013 年第 9 期。
谈超、王冀宁、孙本芝：《P2P 网络借贷平台中的逆向选择和道德风险研究》，《金融经济学研究》2014 年第 5 期。
谭天文、陆楠:《互联网金融模式与传统金融模式的对比分析》,《中国市场》2013 年第 12 期。
童文俊:《互联网金融洗钱风险与防范对策研究》，《金融会计》2014 年第 8 期。
王达:《美国互联网金融的发展及中美互联网金融的比较——基于网络经济学视角的研究与思考》，《国际金融研究》2014 年第 12 期。
王达:《美国互联网金融的发展与影响》，《世界经济研究》2014 年第 12 期。
王国刚、张扬:《互联网金融之辨析》，《财贸经济》2015 年第 1 期。
王会娟、廖理:《中国 P2P 网络借贷平台信用认证机制研究——来自“人人贷”的经验证据》，《中国工业经济》2014 年第 4 期。
王会娟、何琳:《借款描述对 P2P 网络借贷行为影响的实证研究》,《金融经济学研究》2015 年第 1 期。
王曙光、张春霞:《互联网金融发展的中国模式及其创新》，《中国农村金融》2014 年第 1 期。
王永进、盛丹:《政治关联与企业的契约实施环境》,《经济学季刊》2012 年第 4 期。
王峥:《我国互联网金融的风险分析及防范措施》，《时代金融》2014 年第 8 期。
魏明侠、黄林、夏雨:《网上理财行为致因：基于余额宝用户的经验证据》，《管理评论》2015 年第 9 期。
文学舟、梅强:《中国三种模式信用担保机构研究》，中国社会科学出版社 2012 年版。
伍戈、刘琨:《金融脱媒与货币政策传导：基于中国的实证分析》,《金融监管研究》2013 年第 12 期。
吴晓光:《第三方支付机构的信用风险评估研究》,《新金融》2011 年第 3 期。
吴晓光:《从互联网金融看新金融的发展空间》,《清华金融评论》2014 年第 9 期。
吴晓求:《互联网金融的逻辑》，《中国金融》2014 年第 3 期。

吴晓求：《互联网金融：成长的逻辑》，《财贸经济》2015年第2期。
吴诗伟、朱业、李拓：《利率市场化、互联网金融与商业银行风险》，《金融经济学研究》2015年第6期。
吴悠悠：《我国互联网金融：问题、前景和建议》，《管理世界》2015年第4期。
武志伟、陈莹：《我国证券市场出借人忠诚度影响因素的实证研究》，《软科学》2010年第1期。
肖峻、石劲：《基金业绩与资金流量：我国基金市场存在“赎回异象”吗?》，《经济研究》2011年第1期。
谢平、刘海二：《ICT、移动支付与电子货币》，《金融研究》2013年第10期。
谢平：《互联网金融的现实与未来》，《新金融》2014年第4期。
谢平、石午光：《金融产品货币化的理论探索》，《国际金融研究》2016年第2期。
谢平、邹传伟、刘海二：《互联网金融手册》，中国人民大学出版社2014年版。
谢平、邹传伟：《互联网金融模式研究》，《金融研究》2012年第12期。
谢平、邹传伟、刘海二：《互联网金融的基础理论》，《金融研究》2015年第8期。
谢平、邹传伟、刘海二：《互联网金融监管的必要性与核心原则》，《国际金融研究》2014年第8期。
徐娇：《中国互联网金融发展研究》，辽宁大学硕士学位论文，2014年。
阎庆民：《银行业金融机构信息科技风险监管研究》，中国金融出版社2013年版。
闫真宇：《关于当前互联网金融风险的若干思考》，《浙江金融》2013年第12期。
姚文平：《互联网金融——即将到来的新金融时代》，中信出版社2014年版。
杨东：《互联网金融的法律规制——基于信息工具的视角》，《中国社会科学》2015年第4期。
杨涛：《互联网金融理论与实践》，经济管理出版社2015年版。

杨玉波、胡啸兵:《互联网金融平台演化机制与风险构成研究》,《价格理论与实践》2015 年第 1 期。

叶湘榕:《P2P 借贷的模式风险与监管研究》,《金融监管研究》2014 年第 3 期。

易传和、曹坤:《基于顺周期性的信用风险预期损失模型和已发生损失模型的对比分析》,《系统工程》2012 年第 2 期。

盈灿咨询:《2015 全国众筹行业年报》。

余点点:《互联网技术、金融包容与经济增长》,广东财经大学硕士学位论文,2013 年。

余丰慧:《互联网金融革命——中国金融的颠覆与创建》,中华工商联合出版社 2014 年版。

俞林、康灿华、王龙:《互联网金融监管博弈研究:以 P2P 网贷模式为例》,《南开经济研究》2015 年第 5 期。

于宏凯:《互联网金融发展、影响与监管问题思考》,《内蒙古金融研究》2013 年第 9 期。

余永定、马骏、哈继铭:《也论经济危机的可能触发点》,《国际经济评论》2014 年第 4 期。

袁新峰:《关于当前互联网金融征信发展的思考》,《征信》2014 年第 1 期。

约翰·赫尔:《风险管理与金融机构》,机械工业出版社 2014 年版。

曾建光:《网络安全风险感知与互联网金融的资产定价》,《经济研究》2015 年第 7 期。

曾响铃:《互联网保险的三大趋势:场景化、高频化、碎片化》,《创业邦》2016 年第 2 期。

赵国栋、易欢欢、糜万军、鄂维南:《大数据时代的历史机遇——产业革命与数据科学》,清华大学出版社 2013 年版。

张安晓:《互联网保险深度研究》,《和讯保险》2015 年 11 月。

张海滨:《我国互联网理财业务风险及其防范措施研究》,《金融监管》2015 年第 1 期。

张红伟、许镱菲:《基于动态博弈模型透视互联网金融监管的适度性》,《金融经济学研究》2016 年第 5 期。
张晶：《互联网金融：新兴业态、潜在风险与应对之策》，《经济问题探索》2014 年第 4 期。
张晓朴：《互联网金融监管的原则：探索新金融的监管范式》，《金融监管研究》2014 年第 2 期。
张雪梅：《中国互联网金融模式分析及启示》，外交学院硕士学位论文，2014 年。
张守霞：《不确定理论在金融风险管理领域中的应用》，天津大学博士学位论文，2010 年。
郑联盛：《中国互联网金融：模式、影响、本质与风险》，《国际经济评论》2014 年第 5 期。
郑联盛、刘亮、徐建军：《互联网金融的现状、模式与风险：基于美国经验的分析》，《金融市场研究》2014 年第 2 期。
中国保监会：《互联网保险业务监管暂行办法》，2015 年。
中国人民银行金融分析稳定小组：《中国金融稳定报告》，中国金融出版社 2014 年版。
中国人民银行征信中心与金融研究所联合课题组、纪志宏、王晓明等：《互联网信贷、信用风险管理与征信》，《金融研究》2014 年第 10 期。
庄雷、周勤：《身份歧视：互联网金融创新效率研究》，《经济管理》2015 年第 4 期。
邹新月、罗亚南、高杨：《互联网金融对我国货币政策影响分析》，《湖南科技大学学报》2014 年第 4 期。
Agrawal A., Catalini C. and Goldfarb A., "The Geography of Crowd-funding", SSRN Working Paper, 2010.
Ajay Agrawal, Christain Catalini and Avi Goldfarb, "The Simple Economics of Crowd-funding", *Policy and Economy*, No. 6, 2013, pp.10-34.
Akerlof G. A., "The Market for 'Lemons': Quality Uncertainty and the Market Mechanism", *Quarterly Journal of Economics*, Vol.84, No.3, 1970, pp. 488-500.

Bai C., Lu J. and Tao Z., "Property Rights Protection and Access to Bank Loans", *Economics of Transtion*, No.14, 2006, pp. 611–628.

Barasinska N. and Schafer D., "Are Women more Credit-constrained than Men? Evidence from a Rising Credit Market?" Working Paper of German Institute for Economic Research, 2010.

Barasinska N. and Schafer D., "Is Crowd-funding Different? Evidence on the Relation between Gender and Funding Success from a German Peer-to-Peer Lending Platform", *German Economic Review*, Vol.15, No.4, 2014, pp.436–452.

Benjamin Collier and Robert Hampshire, "Sending Mixed Singnals: Multilevel Reputation Effects in Peer-to-peer Lending Markets", 2010.

Berger S. and Gleisner F., "Emergence of Financial Intermediaries in Electronic Markets: The Case of Online P2P Lending", *BuR Business Research Journal*, Vol.2, No.1, 2009, pp. 39–65.

Bester H., "Screening vs. Rationing in Credit Markets with Imperfect Information", *American Economic Review*, Vol.75, No.4, 1985, pp.850–855.

Chen N. and Han C., "A Comparative Study of Online P2P Lending in the USA and China", *Journal of Internet Banking and Commerce*, Vol.16, No.2, 2012, pp. 2–15.

Cho J. and Lee J., "An Integrated Model of Risk and Risk-Reducing Strategies", *Journal of Business Research*, No.59, 2006, pp.112–120.

Claessens S., Feijen E. and Laeven L., "Political Connection and Preferential Access to Finance: The Role of Campaign Contribution", *Journal of Financial Economics*, Vol.88, 2008, pp. 554–580.

Din I., "Politicians and Banks. Political Influences on Government-owned Banks in Emerging Markets", *Journal of Financial Economics*, No.77, 2005, pp.453–479.

Duarte J., Siegel S. and Lance Y., "Trust and Credit: The Role of Appearance in Peer-to-peer Lending", *Review of Finance Studies*, Vol.25, No.

8, 2012, pp. 2455-2484.

Financial Stability Board, "Shadow Banking: Scoping the Issues", Basel, 2011.

Gwinner K. P., Gremler D. D. and Bitner M. J., "Relational Benefits in Service Industries", *Journal of Academy of Marketing Science*, No. 26, 1997, pp.101-114.

Herzenstein M., Andrews R. L.and Dholakia U., "The Democratization of Personal Consumer Loans? Determinants of Success in Online Peer-to-Peer Lending Communities", Working Paper, 2008.

Herzenstein M., Dholakia U. M. and Andrews R. L., "Strategic Herding Behavior in Peer-to-Peer Loan Auctions", *Journal of Interactive Marketing*, Vol.25, No.1, 2011, pp. 27-36.

Herzenstein M., Sonenshein S. and Dholakia U., "Tell Me a Good Story and I May Lend You My Money: The Role of Narratives in Peer-to-peer Lending Decisions", *Journal of Marketing Research*, No.48, 2011, pp.138-149.

Hirst D. E., Koonce L. and Simko J., "Investor Reactions to Financial Statements: Effects on Investor Judgment", *Journal of Accounting Research*, No.33, 1995, pp.335-351.

Hodge F. D., "Hyperlinking Unaudited Information to Audited Financial Statements: Effects on Investor Judgment", *Accounting Review*, No.76, 2001, pp.675-691.

Iyer R., Khwaja A. and Luttmer E., et al, "Screening in New Credit Markets: Can Individual Lenders Infer Borrower Credit Worthiness in Peer-to-Peer Lending?", Working Paper, 2009.

Kempf A. and Ruenzi S., "Family Matters: The Performance Flow Relationship in the Mutual Fund Industry", University of Cologne Working Paper, 2004.

Kempf A., Ruenzi S. and Thiele T., "Employment Risk, Compensation Incentives, and Managerial Risk Taking: Evidence from the Mutual Fund

Industry", *Journal of Financial Economics*, No.92, 2009, pp.92–108.

Kumar A. and Lee C., "Retail Investor Sentiment and Return Comovements", *The Journal of Finance*, Vol.61, No.5, 2006, pp.2451–2486.

Lee E. and Lee B., "Herding Behavior in Online P2P Lending: An Empirical Investigation", *Electronic Commerce Research and Applications*, Vol.11, No.5, 2012, pp. 495–503.

Lin M., Prabhala N. R. and Viswanathan S., "Judging Borrowers by the Company They Keep: Social Networks and Adverse Selection in Online Peer-to-Peer Lending", Working Paper, 2009.

Lin M. F. and Viswanathan S., "Home Bias in Online Investments: An Empirical Study of an Online Crowd Funding Market", Working Paper, 2013.

Lin M. F., Viswanathan S. and Prabhala N. R., "Judging Borrowers by the Company they Keep: Social Networks and Adverse Selection in Online Peer-to-peer Lending", *Management Science*, No.1, 2012, pp.17–35.

Michels J., "Do Unverifiable Disclosures Matter? Evidence from Peer-to-Peer Lending", *The Accounting Review*, No.87, 2012, pp. 1385–1413.

Mollick E., "The Dynamics of Crowd-funding: An Exploratory Study", *Journal of Business Venturing*, No.1, 2014, pp.1–16.

Nijskens R. and Wagner W., "Credit Risk Transfer Activities and Systemic Risk: How Banks Became Less Risky Individually but Posed Greater Risks to the Financial System at the Same Time", *Journal of Banking &Finance*, Vol.35, No.6, 2011, pp.1391–1398.

Ostrom L. and Iacobucci D., "The Effect of Guarantees on Consumers' Evaluation of Services", *Journal of Services Marketing*, Vol.12, No.5, 1998, pp. 362–378.

Pope D. G. and Sydnor J. R., "What's in a Picture? Evidence of Discrimination from Prosper.com", *Journal of Human Resources*, No.46, 2011, pp. 53–92.

Puro L., Teich E. and Wallenius H., et al., "Bidding Strategies for Real-life

Small Loan Auctions", *Decision Support Systems*, Vol.51, No.1, 2011, pp.31–41.

Ravina E., "The Effect of Beauty and Personal Characteristics in Credit Markets", Working Paper of Columbia University, 2008.

Samuel R., Garman R. C. and Hampshire, et al., "Person–to–person Lending: The Pursuit of Competitive Credit Market", ISIS Proceedings, 2008.

San jeev Kumar, "Bank of one: Empirical Analysis of Peer–to–peer Financial Market places", AMCIS Proceedings, 2007.

Sapienza P., "The Effect of Government Ownership on Bank Lending", *Journal of Financial Economics*, No.172, 2004, pp.357–384.

Shen D., Krumme C. and Lippman A., "Fellow the Profit or the Herd? Exploring Social Effects in Peer–to–Peer Lending", Social Computing, 2010 IEEE 2nd International Conference on ISBN, Houston, 2010, pp. 137–144.

Stiglitz J. E. and Weiss A. M., "Credit Rationing in Markets with Imperfect Information", *American Economic Review*, Vol.71, No.3, 1981, pp. 393–410.

Stiglitz J. E. and Weiss A. M., "Incentive Effects of Terminations: Applications to Credit and Labor Markets", *American Economic Review*, Vol.73, No.3, 1983, pp.912–927.

U.S. Government Accountability Office, "P2P Lending: New Regulatory Challenges Could Emerge as the Industry Grows", 2011.

Wirtz J., "Development of a Service Guarance Model", *Asia Pacific Journal of Management*, No.15, 1998, pp.51–75.

Zhang J. and Liu P., "Rational Herding in Microloan Markets", *Management Science*, Vol.58, No.5, 2012, pp. 892–912.

Zheng L., "Is Money Smart? A Study of Mutual Fund Investors' Fund Selection Ability", *Journal of Finance*, No.54, 1999, pp.901–933.

索 引

后　记

两年的博士后工作生涯很快结束，这段时间对于我来说，既是学生时代的终点，又是独立开展研究工作的起点。当要静心撰写后记的时候，心情却是格外复杂，既有含泪离别的感伤，又有庆幸收获的感激之情。

感激母校北京大学，感叹时光荏苒，当要说再见的时候，心中充满了不舍之情。一时间在脑海中，很怀念国家发展研究院的众多名师、学术大家们的醉心讲演和激扬文字，紧密联系国内现实的政策研讨会，还有每周的朗润格政论坛，当然也有历史悠久、环境优美的未名湖和博雅塔。

感谢我的合作导师黄益平教授，两年前的相遇，黄老师把我领进数字金融这一片有待开垦的新天地，让我有幸看到了互联网金融的发展。师恩难忘，我唯有铭记于心，加倍努力。同时，还要感谢北京大学数字金融研究中心的王海明主任、沈艳、黄卓、徐建国、孔涛、谢绚丽、薛兆丰、邢惠清等各位老师和教授，以及郭峰、任洁、刘子琪、邹欣、周伊敏、王旭、王靖一、张皓星、梁小芳等同事。感谢各位领导和同事对我的支持与帮助，感恩之情一生珍藏！

最后，要深深感谢我的父母和家人，他们总是为我的学习和生活无私地默默付出着，你们的温情必将激励我一路成长、风雨无阻，你们的理解和支持将是我奋进永远的动力。

求学时光倍感珍惜，求知生涯漫漫探索！

专家推荐表

第七批《中国社会科学博士后文库》专家推荐表 1			
推荐专家姓名	黄益平	行政职务	副院长
研究专长	金融	电　　话	
工作单位	北京大学	邮　　编	
推荐成果名称	数字金融产业创新发展、传导效应与风险监管研究		
成果作者姓名	姚博		

(对书稿的学术创新、理论价值、现实意义、政治理论倾向及是否达到出版水平等方面做出全面评价，并指出其缺点或不足)

该书稿以数字金融的相关理论分析为基础，深入分析当前我国数字金融发展的几种业态模式，包括发展现状、存在问题、有何解决办法，以及未来的发展趋势；之后实证分析数字金融对实体经济和传统金融的传导影响的计量研究，包括对传统金融模式业务的冲击，对经济增长的推进，对商业银行效率和风险承担的影响，在货币市场通过利率、资产价格、信贷发挥传导作用，与利率市场、债券市场的波动关联性，对小微企业成长的影响效果等；然后结合数字金融几种模式的潜在风险点，提出数字金融监管过程中面临的诸多复杂问题，并以当前数字金融风险专项整治文件为基础，提出数字金融行业未来的风险监管重点和促进健康发展的政策建议。

该书稿在数字金融领域具有很大创新，对于保障我国数字金融产业健康有序发展具有重要的理论价值和实践意义，政治理论倾向正确，达到出版水准，因此同意推荐！

签字：

2018 年 1 月 15 日

说明：该推荐表由具有正高职称的同行专家填写。一旦推荐书稿入选《中国社会科学博士后文库》，推荐专家姓名及推荐意见将印入著作。

第七批《中国社会科学博士后文库》专家推荐表 2

推荐专家姓名	魏　玮	行政职务	副院长
研究专长	经济	电　　话	
工作单位	西安交通大学	邮　　编	
推荐成果名称	数字金融产业创新发展、传导效应与风险监管研究		
成果作者姓名	姚　博		

（对书稿的学术创新、理论价值、现实意义、政治理论倾向及是否达到出版水平等方面做出全面评价，并指出其缺点或不足）

在过去的几年里，我国的数字金融实践活动如火如荼地进行，尤其是以余额宝、支付宝、微信红包为代表的数字金融产品，正在急速地改变着人们的思维和生活方式甚至是现实的商业形态，也形成了两种观点：一种观点认为，数字金融大大地提高了交易效率，能够实现去中介化，是一种新金融模式；另一种观点认为，数字金融借助大数据和互联网等数字技术手段开展金融行业的业务，因此数字金融只是金融销售和获取渠道上的创新。

该书稿在数字金融领域具有很大理论创新，其探讨了数字金融各个创新模式的发展现状、在实体经济和传统金融领域发挥的传导作用，以及针对不同业态的风险点做好监管并结合国家层面的数字金融风险专项整治方案的贯彻实施等内容，对于保障我国数字金融产业健康有序发展具有重要的实践意义。此外，该书稿政治理论倾向正确，达到出版水准，因此同意推荐！

签字：

2018 年 1 月 15 日

说明：该推荐表由具有正高职称的同行专家填写。一旦推荐书稿入选《中国社会科学博士后文库》，推荐专家姓名及推荐意见将印入著作。

经济管理出版社《中国社会科学博士后文库》成果目录

第一批《中国社会科学博士后文库》(2012年出版)		
序号	书　名	作　者
1	《“中国式”分权的一个理论探索》	汤玉刚
2	《独立审计信用监管机制研究》	王　慧
3	《对冲基金监管制度研究》	王　刚
4	《公开与透明：国有大企业信息披露制度研究》	郭媛媛
5	《公司转型：中国公司制度改革的新视角》	安青松
6	《基于社会资本视角的创业研究》	刘兴国
7	《金融效率与中国产业发展问题研究》	余　剑
8	《进入方式、内部贸易与外资企业绩效研究》	王进猛
9	《旅游生态位理论、方法与应用研究》	向延平
10	《农村经济管理研究的新视角》	孟　涛
11	《生产性服务业与中国产业结构演变关系的量化研究》	沈家文
12	《提升企业创新能力及其组织绩效研究》	王　涛
13	《体制转轨视角下的企业家精神及其对经济增长的影响》	董　昀
14	《刑事经济性处分研究》	向　燕
15	《中国行业收入差距问题研究》	武　鹏
16	《中国土地法体系构建与制度创新研究》	吴春岐
17	《转型经济条件下中国自然垄断产业的有效竞争研究》	胡德宝

第二批《中国社会科学博士后文库》（2013 年出版）		
序号	书　名	作　者
1	《国有大型企业制度改造的理论与实践》	董仕军
2	《后福特制生产方式下的流通组织理论研究》	宋宪萍
3	《基于场景理论的我国城市择居行为及房价空间差异问题研究》	吴　迪
4	《基于能力方法的福利经济学》	汪毅霖
5	《金融发展与企业家创业》	张龙耀
6	《金融危机、影子银行与中国银行业发展研究》	郭春松
7	《经济周期、经济转型与商业银行系统性风险管理》	李关政
8	《境内企业境外上市监管若干问题研究》	刘　轶
9	《生态维度下土地规划管理及其法制考量》	胡耘通
10	《市场预期、利率期限结构与间接货币政策转型》	李宏瑾
11	《直线幕僚体系、异常管理决策与企业动态能力》	杜长征
12	《中国产业转移的区域福利效应研究》	孙浩进
13	《中国低碳经济发展与低碳金融机制研究》	乔海曙
14	《中国地方政府绩效评估系统研究》	朱衍强
15	《中国工业经济运行效益分析与评价》	张航燕
16	《中国经济增长：一个“被破坏性创造”的内生增长模型》	韩忠亮
17	《中国老年收入保障体系研究》	梅　哲
18	《中国农民工的住房问题研究》	董　昕
19	《中美高管薪酬制度比较研究》	胡　玲
20	《转型与整合：跨国物流集团业务升级战略研究》	杜培枫

第三批《中国社会科学博士后文库》(2014 年出版)		
序号	书　名	作　者
1	《程序正义与人的存在》	朱　丹
2	《高技术服务业外商直接投资对东道国制造业效率影响的研究》	华广敏
3	《国际货币体系多元化与人民币汇率动态研究》	林　楠
4	《基于经常项目失衡的金融危机研究》	匡可可
5	《金融创新及其宏观效应研究》	薛昊旸
6	《金融服务县域经济发展研究》	郭兴平
7	《军事供应链集成》	曾　勇
8	《科技型中小企业金融服务研究》	刘　飞
9	《农村基层医疗卫生机构运行机制研究》	张奎力
10	《农村信贷风险研究》	高雄伟
11	《评级与监管》	武　钰
12	《企业吸收能力与技术创新关系实证研究》	孙　婧
13	《统筹城乡发展背景下的农民工返乡创业研究》	唐　杰
14	《我国购买美国国债策略研究》	王　立
15	《我国行业反垄断和公共行政改革研究》	谢国旺
16	《我国农村剩余劳动力向城镇转移的制度约束研究》	王海全
17	《我国吸引和有效发挥高端人才作用的对策研究》	张　瑾
18	《系统重要性金融机构的识别与监管研究》	钟　震
19	《中国地区经济发展差距与地区生产率差距研究》	李晓萍
20	《中国国有企业对外直接投资的微观效应研究》	常玉春
21	《中国可再生资源决策支持系统中的数据、方法与模型研究》	代春艳
22	《中国劳动力素质提升对产业升级的促进作用分析》	梁泳梅
23	《中国少数民族犯罪及其对策研究》	吴大华
24	《中国西部地区优势产业发展与促进政策》	赵果庆
25	《主权财富基金监管研究》	李　虹
26	《专家对第三人责任论》	周友军

第四批《中国社会科学博士后文库》（2015 年出版）		
序号	书　名	作　者
1	《地方政府行为与中国经济波动研究》	李　猛
2	《东亚区域生产网络与全球经济失衡》	刘德伟
3	《互联网金融竞争力研究》	李继尊
4	《开放经济视角下中国环境污染的影响因素分析研究》	谢　锐
5	《矿业权政策性整合法律问题研究》	郗伟明
6	《老年长期照护：制度选择与国际比较》	张盈华
7	《农地征用冲突：形成机理与调适化解机制研究》	孟宏斌
8	《品牌原产地虚假对消费者购买意愿的影响研究》	南剑飞
9	《清朝旗民法律关系研究》	高中华
10	《人口结构与经济增长》	巩勋洲
11	《食用农产品战略供应关系治理研究》	陈　梅
12	《我国低碳发展的激励问题研究》	宋　蕾
13	《我国战略性海洋新兴产业发展政策研究》	仲雯雯
14	《银行集团并表管理与监管问题研究》	毛竹青
15	《中国村镇银行可持续发展研究》	常　戈
16	《中国地方政府规模与结构优化：理论、模型与实证研究》	罗　植
17	《中国服务外包发展战略及政策选择》	霍景东
18	《转变中的美联储》	黄胤英

第五批《中国社会科学博士后文库》(2016 年出版)		
序号	书　名	作　者
1	《财务灵活性对上市公司财务政策的影响机制研究》	张玮婷
2	《财政分权、地方政府行为与经济发展》	杨志宏
3	《城市化进程中的劳动力流动与犯罪：实证研究与公共政策》	陈春良
4	《公司债券融资需求、工具选择和机制设计》	李　湛
5	《互补营销研究》	周　沛
6	《基于拍卖与金融契约的地方政府自行发债机制设计研究》	王治国
7	《经济学能够成为硬科学吗?》	汪毅霖
8	《科学知识网络理论与实践》	吕鹏辉
9	《欧盟社会养老保险开放性协调机制研究》	王美桃
10	《司法体制改革进程中的控权机制研究》	武晓慧
11	《我国商业银行资产管理业务的发展趋势与生态环境研究》	姚　良
12	《异质性企业国际化路径选择研究》	李春顶
13	《中国大学技术转移与知识产权制度关系演进的案例研究》	张　寒
14	《中国垄断性行业的政府管制体系研究》	陈　林

第六批《中国社会科学博士后文库》（2017 年出版）		
序号	书　名	作　者
1	《城市化进程中土地资源配置的效率与平等》	戴媛媛
2	《高技术服务业进口技术溢出效应对制造业效率影响研究》	华广敏
3	《环境监管中的“数字减排”困局及其成因机理研究》	董　阳
4	《基于竞争情报的战略联盟关系风险管理研究》	张　超
5	《基于劳动力迁移的城市规模增长研究》	王　宁
6	《金融支持战略性新兴产业发展研究》	余　剑
7	《清乾隆时期长江中游米谷流通与市场整合》	赵伟洪
8	《文物保护经费绩效管理研究》	满　莉
9	《我国开放式基金绩效研究》	苏　辛
10	《医疗市场、医疗组织与激励动机研究》	方　燕
11	《中国的影子银行与股票市场：内在关联与作用机理》	李锦成
12	《中国应急预算管理与改革》	陈建华
13	《资本账户开放的金融风险及管理研究》	陈创练
14	《组织超越——企业如何克服组织惰性与实现持续成长》	白景坤

第七批《中国社会科学博士后文库》（2018 年出版）		
序号	书　名	作　者
1	《行为金融视角下的人民币汇率形成机理及最优波动区间研究》	陈　华
2	《设计、制造与互联网“三业”融合创新与制造业转型升级研究》	赖红波
3	《复杂投资行为与资本市场异象——计算实验金融研究》	隆云滔
4	《长期经济增长的趋势与动力研究：国际比较与中国实证》	楠　玉
5	《流动性过剩与宏观资产负债表研究：基于流量存量一致性框架》	邵　宇
6	《绩效视角下我国政府执行力提升研究》	王福波
7	《互联网消费信贷：模式、风险与证券化》	王晋之
8	《农业低碳生产综合评价与技术采用研究——以施肥和保护性耕作为例》	王珊珊
9	《数字金融产业创新发展、传导效应与风险监管研究》	姚　博
10	《“互联网+”时代互联网产业相关市场界定研究》	占　佳
11	《我国面向西南开放的图书馆联盟战略研究》	赵益民
12	《全球价值链背景下中国服务外包产业竞争力测算及溢出效应研究》	朱福林
13	《债务、风险与监管——实体经济债务变化与金融系统性风险监管研究》	朱太辉

《中国社会科学博士后文库》征稿通知

为繁荣发展我国哲学社会科学领域博士后事业，打造集中展示哲学社会科学领域博士后优秀研究成果的学术平台，全国博士后管理委员会和中国社会科学院共同设立了《中国社会科学博士后文库》（以下简称《文库》），计划每年在全国范围内择优出版博士后成果。凡入选成果，将由《文库》设立单位予以资助出版，入选者同时将获得全国博士后管理委员会（省部级）颁发的“优秀博士后学术成果”证书。

《文库》现面向全国哲学社会科学领域的博士后科研流动站、工作站及广大博士后，征集代表博士后人员最高学术研究水平的相关学术著作。征稿长期有效，随时投稿，每年集中评选。征稿范围及具体要求参见《文库》征稿函。

联系人：宋　娜　主任

联系电话：01063320176；13911627532

电子邮箱：epostdoctoral@126.com

通讯地址：北京市海淀区北蜂窝 8 号中雅大厦 A 座 11 层经济管理出版社《中国社会科学博士后文库》编辑部

邮编：100038

经济管理出版社